纺织品
如何
塑造世界

How
Textiles Made the
World

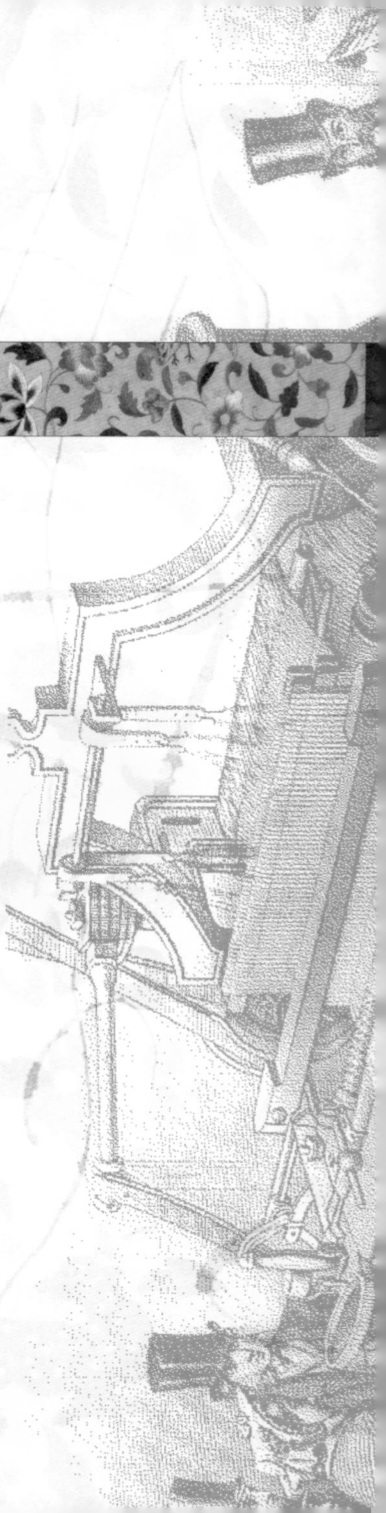

文明的经纬

经纬

The Fabric of Civilization

〔美〕弗吉尼亚·波斯特雷尔

（Virginia Postrel）

著

张 洁 译

社会科学文献出版社

SOCIAL SCIENCES ACADEMIC PRESS (CHINA)

献给我的父母
萨姆·英曼（Sam Inman）和苏·莱尔·英曼
（Sue Lile Inman）
还有，献给史蒂文（Steven）

目　录

前言：文明的经纬

> 影响最深远的技术是那些业已消失的技术。它们把自己编织进日常生活的结构中，直到与之融为一体。
> ——马克·韦泽（Mark Weiser），《21 世纪的电脑》，《科学美国人》（*Scientific American*），1991 年 9 月

1900 年，一位英国考古学家做出了有史以来最伟大的考古发现之一。阿瑟·伊文思（Arthur Evans）在克里特岛发掘出了克诺索斯（Knossos）宫殿建筑群，他后来凭借这一考古发现而被封为爵士。宫殿遗址上有错综复杂的建筑和华丽的彩绘壁画，见证了一个高度发达的青铜时代的文明，比在希腊大陆上发现的任何一个文明都古老。伊文思是一个受过古典教育，又充满诗人气质的考古学家，他把这里消失的居民命名为"米诺斯人"。在希腊传说中，克里特岛的第一位国王米诺斯（Minos）要求雅典人每隔九年送来七对童男童女，用于献祭米诺牛（Minotaur）。

"在这里，"伊文思在一篇刊登在报纸上的文章里写道，"代达罗斯（Daedalus）建造了迷宫，这是米诺牛的巢穴，他还在这里制作了翅膀——也许是帆——他和伊卡洛斯（Icarus）借助它们飞越了爱琴海。"也正是在克诺索斯，雅典英雄忒修斯（Theseus）顺着解开的线团穿越迷宫，杀死了凶猛的公牛，又循着细线逃出了迷宫，重获自由。

就像之前的特洛伊城一样，这座传说中的城市也被证明是真实存在的。考古发掘揭示这是一个使用文字、组织完善的文明，与巴比伦和埃及一样古老。这一发现也揭示了一个语言之谜。除了艺术品、陶器和宗教仪式用品外，伊文思还发现了数千块泥板文书，这些泥板文书上刻着他曾在古器物上看到过的文字，正是这些古器物最初吸引他来到克里特岛。他辨认出了两种截然不同的文字，另外还有一些象形文字，这些象形文字表示的是物品，比如公牛头和瓶，还有一个在伊文思看来是宫殿或塔的东西：一个在对角线上平分的长方形，顶部有四个尖刺。但他看不懂这些泥板文书。

尽管伊文思花了几十年的时间研究这个问题，他还是没能破译这些文字。直到1952年，他去世11年后，其中一种文字才最终被确认为希腊文的一种早期形式。另一种文字的大部分内容仍无法解读。但我们确实知道，伊文思把代表"塔"的象形文字弄颠倒了，完全误解了它的意思。这个象形文字描绘的不是一个有雉堞的城垛，而是一块带流苏的织物，或者可能是一台加了经纱的织布机。它的意思不是"宫殿"，而是"纺织品"。

激发了救命线团故事灵感的米诺斯文化保存了关于大规模羊毛和亚麻生产的详细记录。在克诺索斯出土的泥板文书中，超过一半是关于纺织品的记录。一位历史学家写道，这些记录跟踪"纺织品的产量、羊羔的出生数量、每头羊的产毛目标、羊毛征收者的工作、分派给工人的羊毛数量、接收成品织物的情况、向隶属人员分配布料和衣物的情况，以及宫殿仓库中储存布料的情况"。一个季节中，宫殿作坊要加工7万~8万头绵羊的羊毛，纺织60吨羊毛，这一数字是惊人的。

伊文思忽略了这座城市的财富来源及其居民的主要活动，即克诺索斯是个强大的纺织业城市。与在他之前和之后的许多人一样，这位开拓性的考古学家忽视了纺织品在技术史、商业史以及文明史上的中心作用。[1]

*

我们这些身上不长毛的猿人和我们的织物共同进化。从出生时披上毯子开始，我们就置身于纺织品的包围之中。它包裹我们的身体，装扮我们的床，覆盖我们的地板。我们使用的安全带和沙发垫、帐篷和浴巾、医用口罩和强力胶布都是用纺织品制作而成的。它无处不在。

然而，把阿瑟·克拉克（Arther C. Clarke）关于魔法的著名格言反转过来，就是任何完全为人类所熟悉的技术与自然没什么区别。[2]它似乎是直观的，是显而易见的——完全和我们的生活融为一体，以至于我们将其视为理所当然。我们无法想象一个没有织物的世界，就像我们无法想象一个没有阳光和雨水的世界一样。

我们习以为常地说着祖传的比喻——"如坐针毡"（on tenterhooks）、"一头亚麻色的头发"（towheaded）、"疲惫不堪"（frazzled）——完全没有意识到我们谈论的是织物和纤维。我们重复着陈词滥调："编造"（whole cloth）、"命悬一线"（hanging by a thread）、"彻头彻尾"（dyed in the wool）。我们搭乘班机（airlines shuttles），穿梭于车流中（weave through traffic），紧跟评论趋势（comment threads）。我们谈论寿命（life span）和副产品（spinoff），却从未想过为什么拉出纤维、捻成细线如此频繁地出现在我们比喻的语言之中。我们处在纺织品的包围中，但基本上忘记了它们的存在，忘记了每一块织物所蕴含的知识和成就。

然而，纺织品的故事就是人类聪明才智的故事。

发展农业既是为了获取食物，也是为了获取纤维。节省劳力的机器，包括那些工业革命时期的机器，都是出于对纱线的需要而被发明的。化学的起源在于布料的染色和精细加工；二进制码的起源——以及数学本身的某些方面——则在于编织。就像香料和黄金一样，对织物和染料的追求也吸引着商人跨越大陆，吸引着水手探索陌生的海洋。

从最古老的时代到现在，纺织品贸易促进了远距离交流。米诺斯人出口羊毛布料，其中一些染成了珍贵的紫色，最远出口到埃及。古罗马人穿戴来自中国的丝绸，其价值堪比黄金。纺织业为意大利文艺复兴和莫卧儿帝国提供了资金，从而给我们留下了米开朗琪罗的《大卫像》和泰姬陵。它传播了字母文字和复式记账法，催生了金融机构，并助长了奴隶贸易。

纺织品以一种既微妙又明显、既美丽又可怕的方式，塑造了我们的世界。

纺织品的全球历史揭示了文明自身的特征。我使用这个术语不是为了暗示道德优越感或一种不可避免的进步的最终状态，而在于以下定义所表明的更中性的含义："知识、技能、工具、艺术、文学、法律、宗教和哲学的积累，它介于人和外部自然之间，是人对抗敌对力量的堡垒，如果没有它，人就会被毁灭。"[3] 这个描述抓住了两个关键的维度，它们一道将文明与其他相关的概念——比如文化——区分开来。

首先，文明是**累积的**。它存在于时间之中，今天的版本是建立在以前的版本之上的。一旦这种连续性被打破，一个文明就不复存在了。米诺斯文明就消失了。相反，一个文明可能会在很长一段时间内不断进化，尽管构成它的文化消失或无可挽回地改变了。1980 年的西欧在社会习俗、宗教习惯、物质文化、政治组织、技术资源和科学认识等方面都与 1480 年的基督教世界截然不同，然而我们认可两者都是西方文明。

纺织品的故事证明了这种累积的特征。它使我们得以追踪实用技术和科学理论的进步和互动：植物的种植和动物的饲养，机械创新和测量标准的传播，图案的记录和复制，化学品的使用。我们可以看到知识从一个地方传播到另一个地方，有时是通过书面形式，但更多时候是通过人类交往或商品交换，我们也可以看到不同文明相互交织在了一起。

其次，文明是一门**生存技术**。它孕育出许多人为或自然发展而来的、有形或无形的人工产物，它们为脆弱的人类抵御大自然的威胁，并为世界赋予意义。为人类提供保护和装饰的纺织品，就是这样的产物。它所激发的创新也是如此——从更好的种子到织出的图案，再到记录信息的新方法。

文明除了保护我们免受冷漠的大自然带来的危险和不适，还保护我们免受他人造成的威胁。理想情况下，它能让我们和谐相处。18 世纪的思想家用这个术语来表示商业城市中的思想和艺术修养、交际活动以及和平互动。[4] 然而，不存在有组织的暴力行为的文明实属罕见。在最好的情况下，文明鼓励合作，抑制人类的暴力冲动；在最坏的情况下，它放纵人类去征服、掠夺和奴役。纺织品的历史揭示了这两个方面。

它还提醒我们，技术远远不只意味着电子产品和机器。古希腊人崇拜雅典娜，将其视为技艺女神——所谓"技艺"即工艺和生产性的知识和文明的技巧。她是橄榄树、船只和纺织术的赐予者和保护神。希腊人用同一个词来命名他们最重要的两项技术成果——织布机和船桅都被称为"histós"，又根据同一个词根，将船帆称为"histía"，字面意思就是"织布机的产物"。[5]

织布就是设计，就是发明——用最简单的元素来设计功能和美。在《奥德赛》（*The Odyssey*）中，当雅典娜和奥德修斯密谋时，他们是在"编造一个计划"。"织物"（fabric）和

5

"编造"（fabricate）有一个共同的拉丁语词根"fabrica"，意为"制作精巧的东西"。与此相似，文本（text）和纺织品（textile）也是相关联的，它们都源自动词"texere"，意为"纺织"，而"texere"又和"techne"一样，是从印欧语系中的单词"teks"衍生而来的，意为"纺织"。顺序（order）和法语中表示电脑的单词"ordinateur"一样，都来源于拉丁语中的"ordior"，意思是设置经纱。法语单词"métier"表示贸易或工艺，也用来表示织布机。

这样的联系并非仅仅出现在欧洲语言中。在基切玛雅（K'iche' Maya）语中，表示织布图案和书写象形文字的术语都使用词根 –"tz'iba"–。梵语单词"sutra"，现在指的是文学格言或宗教经文，最初的意思是细绳或线；"tantra"一词指的是印度教的或佛教的宗教文本，来自梵语中的"tantrum"，意思是"经纱"或"织布机"。汉语中的"组织"，也是组合、交织的意思，而"成绩"，最初的意思是将纤维捻在一起。6

织布是一种创造性行为，与其他创造性行为一样，是高超和精细技艺的象征。哲学家大卫·休谟（David Hume）在1742年写道："我们能指望一个不知道如何制造手纺车，也不知道如何利用织布机的民族，有能力组建一个好的政府吗？"7 这种知识几乎是人人都懂得的。很少有人不纺纱织布，也很少有社会不从事与纺织品相关的贸易。

纺织品的故事就是一个由著名的科学家和被遗忘的农民、逐步的改进和突然的飞跃、重复多次的发明和偶然一次的发现组成的故事，一个由好奇心、实用性、慷慨和贪婪驱动的故事，一个关于艺术和科学、女人和男人、意外的发现与有计划的实施、和平的贸易和野蛮的战争的故事。简而言之，这是人类自身的故事——一个发生在每一刻、每一地的全球性故事。

就像精心设计的西非条纹布一样，《文明的经纬》一书是由不同部分组成的整体，每一部分都由自己的经纱和纬纱交织而成。[8] 每一章的经纱都代表了纺织品旅程中的一个阶段。我们从生产纤维、线、布和染料开始，然后像织物本身一样，转移到商人和消费者。最后，我们回到对纤维的新视角，与那些在 20 世纪彻底改变了纺织品的创新者以及如今一些希望用织物改变世界的人见面。在每一章中，大致按事件发生的先后顺序书写。可以把经纱看作这一章的"是什么"。

纬纱构成的是"为什么"——纺织原料、制造商和市场对文明的特征和进步产生的一些重要影响。我们探索"天然"纤维背后的技巧，并发现纺纱机引发经济革命的原因。我们研究布和数学之间的深层关系，以及染料告诉我们的化学知识。我们观察"社会技术"在促进贸易方面的重要作用，对纺织品的渴望如何扰乱世界的众多方面，以及纺织品研究甚至吸引纯理论科学家的原因。纬纱为这一章的历史提供了更广阔的背景。

每一章都可以单独阅读，就像一块肯特布（kente cloth）可以制成一条披肩一样。但是作为一个整体，它展示了一幅更大的图案。本书讲述的是从史前一直到不久的将来，人类过去在编织、现在仍然在编织的文明的故事。

第一章
纤维

耶和华是我的牧者。我必不至缺乏。

——《诗篇》第23首（Psalm 23）

在这个充斥着氨纶混纺纤维和性能优良的超细纤维的时代，李维斯还在售卖一些老式的纯棉牛仔裤。仔细观察一下，可以看到布料的结构。其中的每一根线都很精细，很长，很均匀，从裤腰一直伸展到裤脚，没有断头。经纱是蓝色白芯的，而透过巧妙设计的裂缝露出来的纬纱，则全是白色的。在磨损的地方和裤子反面，可以看到斜纹织法的图案，这种斜纹图案赋予牛仔布耐久性和天然弹性。

我们称棉花为"天然纤维"，这是相对聚酯纤维与尼龙等合成纤维而言的主观说法。但事实并非如此。线、染料、布，甚至是提供原材料的动植物，都是几千年来大大小小的改进和创新的产物。是人类的作用，而不仅仅是大自然，造就了今天的棉花。

棉花、羊毛、亚麻、丝以及它们不那么显眼的同类可能源于生物，但这些所谓的天然纤维是人类技艺的产物，这种技艺是如此古老和熟悉，以至于我们忘记了它的存在。要制成一块成品布，首先要反复试验，培育出植物和动物，让它们产出异常多的适合纺线的纤维。这些改变了基因的生物是精巧的技术成就，和我们膜拜为工业革命的机器别无二致。它们对经济、政治和文化的影响同样深远。

*

我们通常说的"石器时代"（Stone Age）也可以简单地称为"绳索时代"（String Age），因为这两项史前技术成果实际上是交织在一起的。早期的人类用绳子把石刃固定在手柄上，创造出斧头和长矛。

这些石刃保存了数千年，直到被考古学家发掘出来。但绳子却腐烂了，肉眼完全看不到它残留的痕迹。学者根据他们发现的石器的复杂程度，依次将史前时代命名为"旧石器时代"（Paleolithic）、"中石器时代"（Mesolithic）和"新石器时代"（Neolithic）。"lithic"的意思是"石头的或与石头有关的"。没有人想到那些消失了的线。但是，当我们仅仅想象那些轻易地经受住了时间侵蚀的坚硬工具时，我们对史前生活和人类聪明才智的最早产物的认识就是错误的。今天的研究人员可以检测到较软物质的遗迹。

俄亥俄州凯尼恩学院（Kenyon College）的古人类学家布鲁斯·哈迪（Bruce Hardy）专门从事所谓的残留物分析，即研究最早的石器切割其他材料时留下来的微小碎片。为了建立一个比较样本库，他用复制品把早期人类可能使用过的植物和动物切碎，然后在显微镜下仔细观察这些工具。通过了解它们的显微特征，他可以辨认块茎细胞、蘑菇孢子、鱼鳞和羽毛碎片。他还能识别纤维。

2018年，他在玛丽－赫勒·蒙克莱尔（Marie-Hélène Moncel）的巴黎实验室工作，仔细观察她在法国东南部一个名为阿布里·杜·马拉斯（Abri du Maras）的遗址中发掘出的工具。在那里，四五万年前，尼安德特人生活在一块悬岩的保护之下。在今天的地表底下三米处，他们留下了一个包含灰烬、骨头和石器的地层。哈迪之前在他们的一些工具上发现了单捻植物纤维。这是一个有力的证据，表明他们可能制作过绳子。但是单根纤维并不等于一根绳子。

这一次，哈迪在一个两英寸①的石器上发现了一块丘疹大小的精华。这块遗迹在沙色的燧石表面上很容易被忽视，但在他的火眼金睛下，它就可能是一个闪烁着的霓虹灯标志，发出"就是它！"的信号。"我一看到它，就知道这里会有发现，"他说，"我在想，'哇，就是它了。我想我们现在找到了'。"石头里夹着一束捻过的纤维。

当哈迪和他的同事用灵敏度越来越高的显微镜仔细观察这一发现物时，事情变得更加令人兴奋。有三束分开的纤维，每束都顺着同一方向弯曲，原来它们曾经被顺着相反的方向捻成一条三股绳。尼安德特人利用针叶树的韧皮纤维制作了绳子。

与蒸汽机和半导体一样，绳子是一种应用广泛的通用技术成果。有了它，早期人类可以制作渔线和渔网，制作狩猎用的弓或生火，设置捕获小猎物的陷阱，捆扎和携带包裹，悬挂食物以便晾干，把婴儿绑在胸前，制作腰带和项链，以及缝制兽皮。绳子扩展了人类双手的能力，增强了人类大脑的智能。

哈迪和他的合著者写道："随着结构变得越来越复杂（多条细绳捻成粗绳，粗绳相互交织成绳结），它证明了一种'有限手段的无限使用'，并需要一种类似于人类语言所需的认知复杂性。"无论是用来制作陷阱还是捆扎包裹，绳子都使捕获、携带和储存食物变得更容易。它赋予早期的狩猎采集者更多的灵活性和对环境的控制力。它的发明是人类走向文明过程中极其重要的一步。

---

① 1 英寸 =0.0254 米。

纺织史学家伊丽莎白·韦兰·巴伯（Elizabeth Wayland Barber）写道："事实上，这根小小的绳子的力量是如此强大，使世界服从于人类意志和聪明才智，我认为它是让人类征服地球的隐形武器。"[1]我们的远古祖先可能很原始，但他们也很聪明，富有创造力。他们留下了引人注目的艺术作品和改变世界的技术：洞穴壁画、小雕像、骨笛、珠子、骨针和复合工具，包括可拆卸的矛头和鱼叉尖。虽然绳子在几千年的历史中只留下了少量的遗迹，但它同样也是这种充沛创造力的一部分。

绳子的最早来源是韧皮纤维，它生长在树皮内部和诸如亚麻、大麻、苎麻、荨麻和黄麻等植物的外茎中。树木的纤维往往比较粗糙，需要花更大的力气来提取。另外，哈迪指出："亚麻生长所需的时间比树木要短得多。"

因此，发现如何从野生植物中获取纤维是一个重大的进步。很容易想象这是怎么发生的。当植物茎干倒在地上时，外表层在露水和雨水的浸泡下腐烂，露出里面长长的丝状纤维。早期的人类可以剥除纤维，把它们捻成绳子，方法是把韧皮纤维放在手指间或大腿上搓。

无论韧皮纤维是取自生长缓慢的树木还是其他生长迅速的植物，光靠它们不能制作出大量的绳子。根据巴布亚新几内亚的传统做法，如果制作粗绳的唯一方法是把韧皮纤维放在大腿上搓，制作出足够做一只网兜袋所需的绳子需要 60~80 个小时，相当于两个现代工作周的时间。再将这些绳子做成网兜袋还需要 100~160 个小时——相当于一个月的劳动时间。[2]

*

绳子或许是一种强大的工具，但它不是布。为了生产足够的线来制作织物，需要更大规模、更可预测的原材料供应，需要成片的亚麻、成群的绵羊，还要有时间把杂乱无章的纤维变成几十码②长的线，需要农业——这是一场技术飞跃，它从食物领域迅速扩展到纤维领域。

这被称为"新石器时代革命"（Neolithic Revolution）。大约 12000 年前，人类开始建立永久定居点，栽培植物和驯养动物。虽然他们继续狩猎和采集，但这些人不再仅仅依靠自然所给予的东西生存。通过了解和控制繁殖，他们开始改变植物和动物，来达到自己的目的。除了新的食物来源，他们还发明了"天然"纤维。

11000 年前，在亚洲西南部的某个地方，绵羊与狗一道成为最早的驯养动物。这些新石器时代的绵羊不是出现在耶稣诞生图、床垫广告或澳大利亚牧场上的白色毛茸茸动物。它们的皮毛是棕色的，粗糙的毛发每年春天都会一簇一簇地脱落，而不是不断生长。早期的牧民在绵羊还是羊羔的时候就宰杀了大部分的公羊和许多母羊，以获取肉食。他们只让那些长得最强壮的绵羊成熟和繁殖。随着时间的推移——一段非常非常长的

左图是一只原始的索厄绵羊（Soay sheep），是现存与人类饲养前的绵羊最接近的绵羊。注意看正在脱落的羊毛。可以与右图的现代美利奴绵羊（Merino sheep）做一比较。（*iStockphoto*）

---

② 1 码 =0.9144 米。

时间——人类的选择改变了绵羊的特性。这种动物变矮了，羊角缩小了，皮毛变得越来越毛茸茸的，虽然古代牧羊人不会给绵羊剪毛，而是给它们拔毛，这些绵羊最终还是停止了换毛。

经过大约 2000 代的时间——距今超过 5000 年，或者说一半的年代——选择性饲养使绵羊变成了美索不达米亚的艺术和埃及的艺术中描绘的那种产毛动物。它们的羊毛很厚，有各种各样的颜色，包括白色。为了支撑它们更重的皮毛，它们的骨头变得更粗了。随着时间的推移，它们的羊毛纤维变得更精细、更均匀。发掘出的骨头显示，羊群的成分也发生了变化。在早期的遗址中，考古学家发现的几乎都是羔羊的骨头，人类宰杀它们获取肉食，而在后来的遗址中，发现了许多存活到成年的绵羊的骨头，包括（很可能是阉割过的）公羊。这说明古人已经开始生产羊毛了。[3]

类似的情况也发生在被称为亚麻的草本野花上。在野外，亚麻蒴果成熟了会裂开，微小的种子落在地上，几乎不可能收集起来。早期的农民会从这种稀有的植物身上把尚处于闭合状态的蒴果收集下来。就像蓝色的眼睛一样，这些完整无缺的蒴果表现出一种隐性基因特征，因此它们的种子产生的后代，其蒴果也是保持闭合的。大多数收获的种子要么被人类吃掉，要么用来榨油，但种植者把最大的种子保留到下一季种植。随着时间的推移，驯化的亚麻种子比野生的亚麻种子长得更大，为人类提供更多的油和营养。[4]

农业的开拓者随后创造了第二种驯化的亚麻。他们将一些长得较高、分枝和蒴果较少的亚麻的种子保留下来。在这些亚麻中，植物的能量进入茎秆，产生更多的纤维。成片种植这种亚麻，可以提供足够多的原料来制作亚麻布。[5]

但是，仅仅靠种植亚麻植物并不能生产出适合织布的线。首先，纤维需要收割和加工——即使在今天，这也是一项费时

12

在这幅公元 1673 年前后绘制的不具名荷兰版画中，一个妇人幻想从亚麻加工的繁重劳动中解脱出来。（*Rijksmuseum*）

费力的工作。第一步是把每一根茎秆连根拔起，保持纤维的完整长度。随后，把收获的茎秆晒干。接下来是一个充满臭味的加工步骤，叫作"沤麻"（retting），要把茎秆浸泡在水里，这样细菌就能分解使有用纤维黏附在内茎上的黏性果胶。除非利用自由流动的活水进行沤麻，否则这个过程臭气熏天。"ret"（沤麻）和"rot"（腐烂）这两个词如此相似绝非巧合。

13 　　判断把茎秆从水中取出来的合适时间是一件很难的事情。沤浸时间太短，纤维就很难分离，沤浸时间太长，纤维又会破裂成微小的碎片。一旦从水中取出，茎秆必须彻底干燥，随后经捶打和刮削，把纤维从茎秆上分离出来，这个步骤叫作"打麻"（scutching）。最后一个步骤叫作"梳麻"（hackling），用梳子梳理纤维，把长长的纤维和短而蓬松的纤维分开。只有这样，亚麻纤维才能纺成线。

　　考虑到所有这些费力的劳作，早期人类显然很重视亚麻布。我们不知道人们开始将种植的亚麻用于生产布而不是榨油的确切时间，但我们知道这一定发生在农业的早期阶段。1983年，考古学家在以色列犹大沙漠（Judaean Desert）中死海附近的纳哈尔·赫马尔（Nahal Hemar）洞穴遗址工作时，发现了亚麻纱线和织物的残片，其中包括一些似乎是某种头饰的残留物。经放射性碳定年法测定，这些纺织品可以追溯到距今约9000年前，其年代比陶器还要早，甚至可能比织布机还要早。这些布不是织出来的，而是用搓拢、打结和打环等类似于在篮子编制、结绳艺术和钩针编织时会使用的那些技巧制成的。

　　这些洞穴里的纺织品不是初期的试验品，而是技术熟练的工匠的作品，他们清楚地知道自己在做什么。残留物揭示，他们所用的技巧需要经年累月地完善，绝非一日而成。一位考古学家对它们进行了分析，他提到"这些纺织品呈现出精湛的工艺、整齐和精美的造型、复杂的细节和对装饰的敏锐感觉。最后的点睛之笔包括缝纽扣孔和'平整'的针脚"，这些刺绣针脚间隔一致，相互平行且长度相同。这种纱线很结实，纺得很顺滑，不是那种你从地上随意散落的茎秆中剥下一些纤维，然后用手指捻出的线。在有些情况下，还要将两股纺过的线搓拢在一起，以增加强度。[6]

　　换言之，在9000年前，新石器时代的农民已经不仅知道如何培育和种植亚麻可以得到纤维，还知道如何加工纤维和将其纺成高质量的纱线，以及如何把纱线变成装饰性的缝制布料。纺织品可以追溯到最早的人类永久定居和农业时期。

　　将绵羊和亚麻转化为可靠的纱线原料来源，需要仔细观察、聪明才智和耐心。但是，这与将棉花变成占世界主导地位、历史上最重要的"天然"纤维所需的想象力和基因上的好运相比，根本不算什么。

*

在我的头顶上方一英尺 ③ 左右的地方，悬挂着一些看起来像茧的东西，透过一缕缕的纤维可以看到模糊的棉核。其中一个像一只毛茸茸的白蜘蛛，悬荡在一根三英寸长的细线上。当我摘下它的时候，线很柔软，略微有些曲度，完全不像带有黏性的蚕丝。暗黑色的棉核是一颗坚硬的种子。这就是棉花，来自尤卡坦半岛（Yucatan Peninsula）的陆地棉（*Gossypium hirsutum*），是当今主要商业棉花品种的野生版本。看着这根被大自然拉伸和扭曲过的细线，我明白了早期人类如何意识到这些细丝可能是有用的。

进化生物学家乔纳森·温德尔（Jonathan Wendel）说："正是这样的植物形式，在至少四个时期——每个时期都可以追溯至 5000 年前甚至更早——在四种不同文明里引起了原住民的注意。人们慢慢熟悉了这种植物，用它的种子榨油，喂养他们驯养的动物，或用它来制作灯芯、枕头的填充物、伤口敷料——这种植物的用途多得令人难以置信。"

我们现在在爱荷华州立大学一栋建筑顶楼的温室里，这里完全不像玉米地带（Corn Belt），而是一位世界一流的棉花基因专家的家。温德尔也是棉花稀有标本最忠实的收藏者和培育者之一。温室里生长着数百棵棉花，这些棉花代表了世界各地大约 20 个不同的棉花品种，还有与棉属植物（*Gossypium*）亲缘关系最相近的植物样本：夏威夷的木果棉（*Kokia*）和马达加斯加的拟似棉（*Gossypioides*）。棉花四处传播。温德尔

---

③　1 英尺 =0.3048 米。

说："所有这些植物都有自己的故事，"他是一个身材精瘦的马拉松跑者，对棉花奇特的自然史表现出极富感染力的热情。

世界上有 50 多种野生棉花品种，其中大部分对制线毫无用处。它们种子上的绒毛并不比桃子上的绒毛多。但是，大约在 100 万年前，一种非洲棉花品种的种子开始长出更长的绒毛，每根纤维都是一个单独的、扭曲的细胞。"这种情况只在这个非洲类群中发生过一次，"温德尔说。

在他的办公室里，温德尔递给我一个塑料袋，里面装着小小的野生草棉（*Gossypium herbaceum*）的棉铃，这些棉铃来自现存与这株非洲棉花品种最相近的后代，而所有的棉花纤维都出自这一非洲棉花品种。它们大多是种子，只有表面的少量的绒毛粘在一起。他说："早在人类出现以前，大自然就给了我们这些。"科学家不确定这种纤维进化的原因。它不是为了吸引鸟类，因为鸟类很少传播棉花种子。当有足够的水分存在时，或许它能通过吸引微生物来分解坚硬的种皮，从而帮助种子发芽。我们真的一无所知。不管是什么原因，一种独特的能产生纤维的棉花基因组存活了下来。科学家称之为 A 基因组。

对未来的牛仔布穿着者而言，这次产生纤维的突变是他们的第一个好运。不久之后，更惊人的事情发生了。一粒非洲棉花种子不知怎么地漂洋过海，到了墨西哥。它生根发芽，并与当地的一个棉花品种杂交，这一品种已经进化出自己独特的基因组——D 基因组。就像世界上其他棉花品种一样，D 棉本身不产生纤维，但是新的杂交品种能产生纤维。事实上，它具有遗传潜势，能用它培育出比非洲亲本产生更多纤维的品种。这是因为它得到了两个亲本的各一个染色体副本，而不是通常的单个副本，这使它拥有了 26 对染色体，而不是 13 对。[相对于通常的二倍体（diploidy），这类个体被称为"多倍体"（polyploidy），在植物中很常见。] 遗传学家把这种新大陆杂

15

交品种称为 AD 棉。

就像最初发生在非洲的突变一样，这种越洋的 AD 杂交也只发生过一次。当温德尔在 20 世纪 80 年代开始研究棉花时，关于 A 基因组和 D 基因组是如何结合在一起的，有两种相互竞争的理论。第一种理论认为，这一杂交品种出现于至少 6500 万年前，当时南美洲和非洲仍属于同一个陆块，然后地球构造板块的移动导致两块大陆漂移开来。他回忆道，"持另一种理论的是康蒂基主义者。"他们认为这些种子一定是人类乘着船带来的，所以"多倍体棉花可能有 5000 年或 10000 年的历史"［为了验证古人可能进行长距离海上航行的假设，1947 年，托尔·海尔达尔（Thor Heyerdahl）乘坐一艘名为"康蒂基号"（*Kon-Tiki*）的轻木筏，从秘鲁航行到法属波利尼西亚］。

16　　　　这两种理论都是错误的。遗传学家现在可以通过对一个物种的 DNA 进行测序，观察它的组分碱基对与其近缘种的组分碱基对有多少不同，从而估算出它的年龄。突变是以一种合理的可预测的速度发生的，可以用化石证据来校准，以表明两个物种是何时分化于一个共同的祖先的。突变率各不相同——例如，在植物世界，树木的变化要比一年生植物慢得多——而且不是每个物种都有化石记录，因此这种估算并不精确，但它们可以让你得到大致正确的数字。温德尔说："你的误差可能是 2 倍、3 倍或 4 倍，但不是 10 倍、100 倍或 1000 倍。"

对于这个神秘的棉花杂交种而言，这已经足够了。亲本 A 基因组和 D 基因组以及 AD 杂交种太相似了，无法将它们的合并追溯到恐龙还在地球上行走的时候——A 基因组和 D 基因组本身仅仅分化于 500 万~1000 万年前。但它们之间差异又很大，杂交种不可能是人类运输的产物。温德尔说："根本不可能是靠'康蒂基号'传播的。多倍体棉花肯定是在人类在地球上行走之前形成的。"

我们不知道棉花种子是如何穿越大洋的，甚至不知道它是向西穿越了大西洋，还是向东穿越了太平洋。也许它漂浮在一块浮石上，或者遇上了一场飓风。不管是什么，一定是发生了极不可能的事情。温德尔说："这是极其罕见事件的进化意义。"

在这个情况下，这种意义不仅体现在进化上，还体现在商业和文化上。一旦人类到来，额外的基因互补给了美洲的种植者更多创造的可能性。因此，温德尔说："人类的选择能够创造出比旧大陆驯化的 A 基因组纤维更长、更结实、更精细的棉花。"拥有 AD 基因组的新大陆棉花，是孕育了工业革命并给我们带来蓝色牛仔裤的物种的祖先，它的存在要归功于惊人的运气。

然而，在自然状态下，即使是最多产的棉株也无法提供足够多的棉花来制成线，更不用说织成布了。在大西洋两岸，野生棉花是一种稀少而杂乱的灌木。它的棉铃长得小小的，里面主要是种子，由于种皮非常坚硬，这些种子很少发芽。早在有

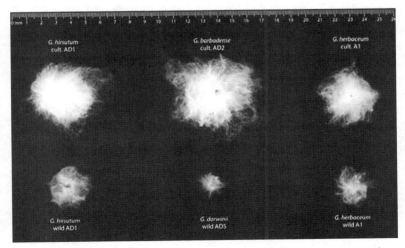

与野生棉花相比，驯化的棉花能产生更长、更白、更丰富的纤维。（Jonathan Wendel）

17　　人提出"转基因生物"这个术语之前，人类的行动就把这种毫无希望的植物变成了温德尔所说的"产果机器"。人们创造了这种富含纤维的棉铃，我们现在称之为棉花。

　　在非洲南部、印度河流域、尤卡坦半岛和秘鲁海岸，农民将这种能产生更长、更丰富的纤维的植物种子保存下来，用于下一次种植。他们学会了在坚硬的种皮上划一道口子，以帮助种子发芽，并寻找表皮不那么坚硬的种子。他们更喜欢白色的棉铃，而不是自然形成的棕色。在同一时间下，他们偏爱那些能够较快成熟的作物。通过这种生物操纵，产生了四种驯化的棉花品种：两种在旧大陆，即树棉（*Gossypium arboretum*，又称亚洲棉）和草棉；两种在新大陆，即陆地棉和海岛棉（*Gossypium barbadense*）。

　　温德尔和他的合著者在一篇关于棉花驯化的概述中写道："这四种棉花品种原本是无序生长的多年生灌木和小乔木，它们的种子小小的，种皮非常坚硬，上面稀疏地覆盖着粗糙的、很难区分开来的茸毛；人类将它们改造成矮小紧凑的一年生植物，它的种子变大了，上面长出了大量白色的长棉绒，这种种子也很容易发芽生长。"[7]

　　到目前为止，情况还不错。但在数千年的时间里，许多今天最重要的棉花种植区都不支持这四种驯化品种中的任何一
18　种生长。当时在密西西比三角洲、得克萨斯的高原、中国的新疆地区或乌兹别克斯坦都无法种植棉花。培育的棉花只能在没有霜冻的气候下生存。这是因为棉花植株通常根据一天的日照时间长短来决定何时开花。只有当日照时间变短时，它们才开花，然后结籽并长出围绕在种子上的纤维。（有些品种还需要低温。）因此，在它原本生长的热带地区，棉花要到12月或1月才能开花，到早春时才结棉铃。在易受霜冻影响的地方，这些植物无法存活到可以繁殖的时候。

这就是为什么当麦克·马斯顿（Mac Marston）看着显微镜下的样本时，他不太相信自己的眼睛。加州大学洛杉矶分校考古学专业的研究生伊丽莎白·布赖特（Elizabeth Brite）请他鉴定她从卡拉－特佩（Kara-tepe）收集到的一些种子，卡拉－特佩是乌兹别克斯坦西北部咸海附近一个前伊斯兰时代（pre-Islamic）的遗址。在公元 4~5 世纪的某个时候，一场大火席卷了那里的一栋房子，使屋内所有的东西都碳化并保存了下来，其中包括大量的种子，这些种子似乎是为了将来种植而储存起来的。布赖特把这些种子放在一桶水里，然后用筛子过滤，把它们和包裹着的泥土分开。她把样品密封在胶卷筒大小的小瓶里，交给马斯顿。他的任务是弄清这些是什么植物的种子。

马斯顿回忆说："当我把第一个样本放在显微镜下观察，发现它完完全全是一颗棉花种子时，我非常震惊。"他现在在波士顿大学工作。他当时的想法是："不，这不是棉花。我犯了个错误。这是别的植物。它看起来有点像棉花，但它肯定是别的植物，因为棉花不可能出现在那里。"没有人想到会在如此遥远的北方，在一处至少可追溯到公元 500 年的遗址中发现棉花。但是这些样本保存得很好，种子毫无疑问是棉花，而且它们数量极多，不可能是偶然出现的零星碎片。卡拉－特佩的人们一直在种植棉花。

撇开霜冻的问题，这是说得通的。棉花需要充足的阳光、炎热的气候，而且降水量不能太高。因此，它很好地适应了这个炎热、干旱的地区，那里的土壤是盐渍土，有一条河流，春末夏初时河水上涨，为灌溉提供了水源。它的生命周期填补了当地粮食作物的生长空档。而且，居住在卡拉－特佩的人们也可能得到棉花种子。

马斯顿说："这是一个与印度有明确贸易往来的地区。所

19　以这并不像我们发现了玉米或其他根本不可能的东西。"因为玉米只生长在世界的另一边。这些棉花一旦移植到卡拉－特佩就生长起来，但印度农民为什么会发现和培育了它们呢？为什么无霜冻地区的人们会关心那些对日照长度不敏感的植物呢？

　　或许这种变化是由商业竞争驱动的。早在公元前5世纪希罗多德（Herodotus）的著作中，这里就被认为是棉布的出产地。假设你在印度河流域种植棉花，如果你的棉树——它们真的长成了大树——比邻居家的棉树开花早，你就可以更早地把棉花拿到市场上卖，就能更快得到报酬。根据买家的渴望程度，你甚至可以要求更高的价格。棉花收获得越早，农民的生活就越富裕。

　　因此，随着时间的推移，以营利为目的的种植者可能会青睐那些对日照长度不敏感的早开花树木。他们会重新种植这些树木结的种子，或者可能把这些种子卖掉。竞争会把花期推得越来越早，直到原本要等到冬季才迎来的收获，现在在夏末秋初就出现了。农民不必知道或关心棉花对日照长度不再敏感，也不必考虑霜冻问题。他们只需要青睐那些能让他们更早收获的植物。通过这样做，他们逐渐培育出甚至可以在像卡拉－特佩这样的地方开花的棉花品种。在那些北方地区，霜冻仍然会冻死棉花植株——但只是在收获之后。到了春天，人们需要重新种植新的作物。在较为寒冷的地区种植的棉花不再是果园里的树木，而成了一年生的条播作物。8

　　不到最后的阶段，我们无法知道到底发生了什么。但我们确实知道，要想让棉花在乌兹别克斯坦北部生长，人类首先必须以某种方式改变其性质。"除非这种作物已经发生了生物的、基因的变化，否则人们不会把它带到那里去种植，"马斯顿说，"话虽如此，我并不认为我们真的发现了这种新的转基因作物的第一个实例。"就像纳哈尔·赫马尔洞穴里的亚麻布一样，卡拉－特佩遗址里的棉花种子是一项重大创新的标志，这种创新已经成为一种公认的实践。

　　在之后的几个世纪里，伊斯兰哈里发在传播其新信仰的同时，也在推广早花棉种植，这使棉花的地位更加稳固。伊斯兰教允诺天堂里有为忠诚的信徒准备的丝绸，却禁止穆斯林男性在活着的时候穿着它们。穿棉布成了虔诚的标志，对棉花的需求随着新的皈依者的增加而增长。历史学家理查德·布利特（Richard Bulliet）写道："纯白色棉布（或者埃及的亚麻布）象征着伊斯兰教徒的虔诚，标志着穿着它的人认同阿拉伯征服者的审美观。"

　　他认为，随着穆斯林的征服，棉花种植和贸易使伊朗高原成为"伊斯兰哈里发所辖最具生产力和文化活力的地区"。从公元9世纪开始，穆斯林企业家（很有可能是来自也门的阿拉伯移民）开始在干旱的地方［如库姆（Qom）地区］建立新城镇。他们声称自己是这些土地的主人，因为根据伊斯兰法，谁把一块"不毛之地"改造成耕地，谁就最有权力拥有这块土地。为了灌溉庄稼，他们修建了地下水渠，或称为"坎儿井"。尽管修建费用昂贵，但坎儿井可以全年从周围的山上引水，非常适合种植棉花，棉花的价格比主粮还要高。布利特写道："与通常作为冬季作物种植的小麦和大麦不同，棉花是一种夏季作物，它既需要漫长、炎热的生长季节，也需要持续稳定的灌溉，这是坎儿井所能提供的。"

　　棉花的传播——其中大部分出口到伊拉克——反过来又促进了伊斯兰教的发展。经济回报的承诺吸引劳动者来到这些新建的村庄，他们在那里拥护新贵们的信仰。皈依令琐罗亚斯德教的地主们对移民劳工的要求减少，这使得迫使人们返回故土变得更加困难。布利特观察到："正是通过这种方式，棉花工业促成了伊斯兰教在靠近阿拉伯主要统治区和驻军中心的农村

20

地区的迅速传播。"不到一个世纪，这些新建的村庄迅速发展成了城市。穆斯林企业家，其中很多是宗教学者，变得非常富有。

在伊朗发生的事件在整个伊斯兰世界都发生过。伊斯兰教促进了人们对棉花的需求，穆斯林种植者增加了棉花的供应量。布赖特和马斯顿写道："到公元 10 世纪，从美索不达米亚和叙利亚到小亚细亚，从埃及和马格里布（Maghreb）到西班牙，伊斯兰世界几乎所有地区都种植了棉花。"9 当西班牙人在美洲遇到棉花时，他们完全清楚自己看到的是什么植物。

*

从墨西哥南部到厄瓜多尔，棉花是新大陆的珍宝之一。原住民用精心纺织的棉布作为贡品、贸易商品和仪式用品。棉布做成的船帆为在拉丁美洲太平洋沿岸进行贸易的轻木筏提供动力。阿兹特克武士和印加武士所穿的布甲和皮甲里填充着棉絮。棉花提供了结绳记事所用的绳子，印加人在绳子上打结，作为记录。当印加人第一次与西班牙人交战时，他们搭起的棉布帐篷绵延了三英里半④的土地。一位西班牙编年史学家写道："我们看到了这么多帐篷，真的吓坏了。我们从来没有想到印第安人能维持如此宏伟的庄园，也没有想过他们能拥有如此多的帐篷。"10

然而，直到 19 世纪初，美洲的棉花种植仍主要局限在热带地区。一种品质极佳的、长纤维的海岛棉可以在美国沿海一些较温暖的地区生长，但是，由于致命的霜冻，尝试在南方的其他地区种植这种棉花的结果令人沮丧。在冬季霜冻来临前开花的两个棉花品种容易患病，它们的棉铃很小，很难采摘和清理。

---

④　1 英里 =1609.344 米。

种植者渴望培育出一种能在密西西比河谷下游——这里是合众国早期的西南边疆——肥沃的土地上茁壮成长的棉花品种。[11]

1806年，沃尔特·伯林（Walter Burling）在墨西哥城发现了这种棉花。

伯林是那种不择手段的冒险家，败坏了早期资本家的名声。1786年，在20岁出头的时候，他在一场决斗中杀死了自己小外甥的父亲——至于他的妹妹是否秘密结婚一直存在争议。六天后，在贩卖人口赚取钱财的诱惑下，他与人合伙，在现在的海地开展奴隶贸易。1791年，当岛上被奴役的人民发起反抗，引发了海地革命（Haitian kevolution）的时候，伯林大腿中枪，回到波士顿。1798年，他开始了第一次从美国到日本的航行，两年后，他带着满满的货物返回，其中包括日本的手工艺品和装满一货舱的爪哇咖啡。

伯林娶了一位波士顿妇女，然后前往密西西比州边境地区，大约于1803年在纳奇兹（Natchez）定居。几年后，他成了另一位不择手段的冒险家的助手。这位冒险家就是路易斯安那领地（Louisiana Territory）的总督詹姆斯·威尔金森（James Wilkinson）将军，他与阿伦·伯尔（Aaron Burr）密谋在西南部建立一个独立国家，同时为西班牙做秘密间谍。正是威尔金森派遣伯林前往墨西哥城。他的任务是把威尔金森的信交给西班牙总督，信中要求西班牙人支付12.2万美金作为报酬，买取伯尔入侵墨西哥城的计划，而与此同时，他也为美国政府绘制了可能的入侵路线。威尔金森是那种只要能拿到报酬，就可以为任何一方工作的人。

伯林没能收到钱；西班牙显然认为它已经给予威尔金森足够的报偿。但他确实发现了一种他认为可能在密西西比州茁壮成长的棉花品种，并把它的种子走私运回美国。关于这段历史，密西西比州的孩子们从小听到的其实是一个杜撰的故事，

22

即伯林请求西班牙总督允许他带回这些棉花种子，结果总督告诉他这种出口是非法的，但"伯林先生想带多少**洋娃娃**回家就带多少；而这些洋娃娃体内**塞满了棉花种子**"。1810年伯林去世，他没有留下遗嘱，还欠下了一大堆债务。[12] 但他在墨西哥的发现改变了历史。

事实证明，这个新的棉花品种非常适合在密西西比州边境地区种植。它成熟得很早，避开了霜冻。几乎所有的棉株都能在同一时间结出棉铃，这样就能保证可观的收获，这些棉铃长得很大，铃壳完全开裂，这使它们更容易被采摘。农业史学家约翰·希布伦·穆尔（John Hebron Moore）写道："正是由于这种非同寻常的特性，采摘者一天能采摘到的墨西哥棉是他们以前使用的普通佐治亚绿籽棉的三倍到四倍。"纤维与种子的比率显著提高，轧棉后可用棉花的产量增加了1/3。墨西哥棉对一种名为棉花枯萎病的疾病免疫，这种疾病威胁到整个地区的棉花生产。到19世纪20年代，密西西比河谷下游的农民已经广泛采用了这种新品种。

他们还改良了这一品种，既有偶然的因素，也有刻意为之的时候。由于不小心让它与佐治亚绿籽棉发生了异花授粉，他们无意间创造了一个杂交种，既保留了墨西哥棉的大部分优点，又消除了它最大的缺点：如果棉铃成熟后不立即收获，就很容易掉在地上。育种员随后有意地对这一品种进行改良。到19世纪30年代初，密西西比河谷主要种植的是一种基于墨西哥棉改良而成的新杂交品种，名为"小海湾"（Petit Gulf）棉，小海湾棉在更远的东部地区的红色黏土中也茁壮成长。

穆尔宣称，伯林的发现"极大地提高了美国棉花的产量和质量，足以使其与发明了轧棉机的伊莱·惠特尼（Eli Whitney）齐名，一同进入美国南北战争前的南方名人堂"。1794年，惠特尼的发明获得专利，这项发明——以及几年后，霍金·霍姆斯（Hodgen Holmes）对锯片进行的一次不那么受到赞誉，但更为成功的设计——利用轧辊和刷子将棉籽和棉绒分开，使先前费时费力的过程机械化，大大增加了棉花的供应潜力。[13]

　　有了更好的种子、加工棉花的新轧棉技术和英格兰北部纺织厂迅速增长的需求，吸引伯林这样的开拓者前往边疆的"棉

24

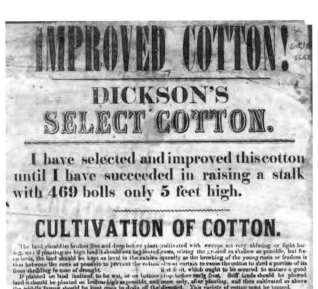

1858 年的棉花种子广告。19 世纪 50 年代，在许多农业出版物上都刊登了同样的广告。（*Duke University Library, Emergence of Advertising in America: 1850–1920 Collection*）

花热"愈演愈烈。一位经济史学家写道："美国的棉花需求以每年超过 5% 的速度增长，这种情况一直持续到 1860 年，在前灌溉时代，南方几乎成为一个理想的棉花种植区。据说，美国的陆地棉'兼具纤维的强度及短纤维的平滑度和长度'，这一点令它无可匹敌。"在棉花边疆上可以赚大钱。从 1810 年到 1850 年，密西西比州的人口增长了大约 14 倍，从 40352 人增长到 606526 人。[14]

并非所有密西西比河谷的开拓者都是怀揣着棉花财富梦想的雄心勃勃的种植园主。其中将近一半的人——在奴隶获得解放前的半个世纪里，有 100 万人——是被迫远离家人、朋友和熟悉的环境的奴隶工人。这段痛苦的经历被视作第二次流亡，是从非洲而来的中途航道在美国本土的重演。受害者将这段经历比作盗窃和绑架。简·萨顿（Jane Sutton）曾经是一个奴隶，她回忆起自己的祖母时说："他们把她从弗吉尼亚偷回来，然后把她带到密西西比州，卖给了贝里主人（Marse Berry）。"[15]

在某些情况下，这些非自愿的移民是被奴隶贩子绑架的自由公民，所罗门·诺思拉普（Solomon Northrup）就是一个例子。2013 年奥斯卡获奖影片《为奴十二年》（*Twelve Years a Slave*）就是根据诺思拉普的同名回忆录改编的。更多的情况下，这些人是奴隶，东部的奴隶主把他们卖掉以便偿还债务，或仅仅为了从西部对劳动力的需求中获利。奴隶贩子把这些可怜人塞进开往新奥尔良的船上，或者用铁链把他们捆在一起，一路往西押送到数百英里之外的地方。夏末秋初的道路上，这样的一队队被链锁着驱赶前行的奴隶队伍很常见，那时的天气适合两个月的长途跋涉。

其他被奴役的移民是和他们的主人一起来到西部的，他们往往被迫离开配偶和孩子。1835 年，菲布·布朗宁（Phebe

Browning）在给她的自由民女儿埃米·尼克松（Amy Nixon）的信中写道："我亲爱的女儿——曾经有一段时间，我希望能在这个世界上再次见到你，但现在，这个希望已经完全破灭了。"不久之后，她的主人就把她从北卡罗来纳州带到了密西西比州。这是一封罕见的信件，由一位西进的奴隶为自己而写，信的最后写道："愿我们在天父的宝座旁相聚，从此永不再分离。"

没有奴隶，美国人也可以在棉花边疆定居和耕种。毕竟，在南北战争和奴隶解放之后，棉花产量迅速回升，并超过了以前的水平，小农场源源不断地供应越来越多的棉花收成。但是，要吸引移民自愿到艰苦的边疆生活，来到这片炎热、潮湿、疾病肆虐的土地，需要花费更长的时间。通过强迫被奴役的工人迁移，棉花种植户可以很快开垦新的土地。

一位历史学家指出："种植户和奴隶贩子进口奴隶的速度高于白人开拓者移民的速度。到1835年，密西西比州的人口中黑人占大多数。"肥沃的土地和改良的种子加速了奴隶制的扩张，使其更加有利可图。在这个国家，劳动力是最稀缺的资源，棉花种植先驱们拥有一支不可缺少的劳动大军，这支劳动大军甚至可以作为担保品，为他们的经营提供资金。[16]

在大众的想象中，南北战争前的美国南方是一个技术落后、自满和传统的地方——与北方诸州人的聪明才智形成鲜明对比。甚至连轧棉机也是新英格兰（New England）的发明家发明的。事实上，南方培育了自己的科技雄心，更注重农业而不是制造业。霍姆斯来自萨凡纳（Savannah），他的锯齿轧棉机胜过惠特尼的辊式轧棉机。在一个名叫乔·安德森（Jo Anderson）的奴隶的帮助下，赛勒斯·麦科米克（Cyrus McCormick）的机械收割机诞生于弗吉尼亚的一个种植园里，它随后征服了中西部的麦田。[17]奴隶制是不人道的，但并非与创新不相容。

　　南北战争前的美国南方在技术上停滞不前的形象也混淆了"技术"和机器，遮蔽了其他同样重要的技术形式，比如杂交种子。与北方的种植园主不同，南方的种植园主主要的兴趣不在于节省劳力的设备。他们渴望从土地和奴隶劳工身上收获更多的创新。他们奖励那些售卖有望获得更高产量种子的企业家。

　　1847年，一位具有科学头脑的密西西比种植园主马丁·菲利普斯（Martin W. Philips）写道："在过去的二三十年里，棉花的品质明显有了很大的改进，而这完全是通过选择实现的。"[18] 由于种植品种的改良，从1800年到1860年，南方各州每个工人每天摘棉花的平均数量翻了两番，从大约25磅⑤增加到大约100磅（技术最好的采摘者可以摘得更多，其他人则少一点）。

　　对更好的棉花品种的需求尤其集中在密西西比河沿岸的新州，创新也集中于此。经济史学家艾伦·奥姆斯泰德（Alan Olmstead）和保罗·罗德（Paul Rhode）为了追踪新种子的影响，分析了数百份种植园收获记录，他们写道："大多数技术都是在密西西比河谷开发的，它们更适应当地的地理气候条件，而不是佐治亚州、南卡罗来纳州和北卡罗来纳州大部分地区常见的地理气候条件，更不用说印度和非洲的地理气候条件了。"随着棉田产量的逐步提高，南方的棉花种植稳步向西部转移。[19]

　　因此，改良棉花的培植对人类和历史产生了巨大的影响。棉花的改良鼓舞了西进运动，包括对被奴役工人的强迫迁移。它进一步巩固了奴隶制在经济上的作用，加深了北方自由州和南方蓄奴州之间的分歧，最终导致了美国内战。它增加了对英国和新英格兰的工厂的供应，促进了工业腾飞，从而将全球生

---

⑤　1磅≈453.59克。

活水平提高到历史上前所未有的水平。它使美国的棉花生产商比印度、西印度群岛和其他地方的农民更具优势。

棉花种植者没有想到这些地缘政治后果，就像他们没有想象过蓝调音乐和爵士乐、威廉·福克纳（William Faulkner）和托妮·莫里森（Toni Morrison）的小说，或者牛仔裤和 T 恤在 20 世纪末成为年轻和自由的象征一样。他们只是想种出更多更好的棉花。但是纺织品从未与人类生活的其他部分隔绝开来。无论是好是坏，它们都将自己编织进了文明的经纬中。

*

养蚕是一门古老的技艺，指的是饲养和收获蚕。在距今 8500 年的中国古墓中，人们在尸体下面的土壤中发现了丝蛋白。这些蛋白质的位置表明死者被埋葬在丝织物中，这种丝织物可能是由野生蚕茧制成的。随着时间的推移，中国的养蚕者将其幼虫驯化成了家养的桑蚕，并从它的茧中收获蚕丝。迄今为止发现的最早的丝织物可以追溯到 5500 年前，似乎是用来包裹尸体的，然后将尸体埋葬进一个形似蚕蛹的棺材里。到了商代（公元前 1600~ 公元前 1050 年），养蚕业已经相当成熟，成为占卜和宗教祭祀的常见对象。[20]

几千年来，随着人类出于自身的目的而培育桑蚕，这种昆虫开始依赖人类的保护。成年蚕蛾不会飞——最好把它囚禁起来——而且缺乏能让它在野外生存的保护色。为了生产蚕丝，养蚕者用新鲜的桑叶喂养幼虫，把这些昆虫放在托盘上饲养，以免受到天气影响。他们让正在吐丝的蚕在木棍上结茧，然后仔细观察蛹化过程。在一位宋代旅行者的记述中，一位采摘桑叶的老妇人说："从我们把蚕卵扫到纸盒上的那天起，我们就一直像照顾刚出生的婴儿一样照顾它们。"[21]

27

对养蚕活动的描绘，出自《御制耕织全图》，1696 年刊行。(*Library of Congress, Chinese Rare Book Collection*)

就在蚕蛾破茧而出前，饲养结束了。蚕农收获蚕茧，加热蚕茧以杀死昆虫，这样蚕蛾就不能破茧而出并对蚕丝造成损坏。他们只让少数蚕蛾出茧并繁殖。在这个过程中，每一个阶段都需要精确性：蚕的数量要适当，喂养的桑叶要适量，温度要适宜，时机要恰当。渐进式的改进可以产生很大的影响。

在宋朝，蚕丝的需求量上升。为了给不断增加的军队提供衣服，并维持宫廷穿着的体面，政府增加了对所需的丝线和布料的征税。与此同时，城市的工匠们购买了越来越多的丝线，织成奢华的丝织物，出售给新兴的官僚机构。就像美国南部的棉花种植户一样，蚕农们也在想方设法从同样数量的土地和劳动力中收获更多的蚕丝。纺织学者盛玉容（Angela Yu-Yung Sheng，音译）写道，为了实现这一目的，他们"设计了一些新的生产技术，回过头看这些技术是很简单的，但实际上非常巧妙。这些新方法节省了时间，提高了产量"。

蚕农们想出了将中国两个不同地区的桑树嫁接在一起的方

法，把树叶特别多的鲁地的桑枝嫁接到树干更结实的京城的桑树上。他们还总结出了能提高桑叶产量的修剪方法。这两项改进带来了全年充足的蚕粮供应。这样，他们就能够饲养一年繁殖多次的桑蚕，这种蚕被称为"多化性昆虫"。通常情况下，一年可以收获桑蚕两次到三次，但一些特别珍贵的品种一年内可以繁殖多达八代。

和棉花一样，理想的桑蚕茧应该在同一时间成熟，但在加工前不会变质。因此，蚕农想出了一些技术手段来间隔和协调收获时间。为了控制蚕卵的孵化时间，他们学会了调节蚕卵的温度。他们把蚕卵铺在厚厚的纸卡上，然后把十张左右的卡片叠在一起，放在一个浸泡在冷水中的陶罐里。他们定期把卡片从陶罐里拿出来，把它们放在阳光下晒热，然后再把它们放入浸在水中的陶罐里。除了推迟蚕卵的孵化时间外，这个过程还产生了达尔文效应。盛玉容说："因为只有强壮的蚕卵才能经受住寒冷和大风，这个方法还有一个额外的好处，就是把弱小的蚕卵淘汰掉。"

蚕卵一旦孵化出来，蚕农就用桑叶喂养桑蚕。为了让桑蚕尽快成熟，加快蚕丝收获，需要给这些昆虫一个温暖的生长环境。加热是一个技术难题，因为现有的燃料有明显的缺点。木材燃烧产生的烟雾会损坏蚕丝；燃烧粪肥不会造成伤害，但产生的热量并不多。

一个解决办法是使用便携式火炉，先在室外将火炉里的木头燃烧加热，然后在火炉上盖上灰烬或粪肥，带进养蚕室。大规模养蚕者更喜欢另一种方法，即在房间的中央挖一个坑，用一层层的干木材和粪肥填满坑洞，在蚕卵孵化前一周点燃这些干木材和粪肥。大火持续燃烧，直到蚕孵化出来前一天左右。到那个时候，养蚕者会打开房门，保持房间敞开，让烟雾逸出，然后关闭房门，在蚕孵化和成熟期间保持房间温暖。盛玉

29

容写道，通过这两种方法，"宋代的蚕农缩短了幼虫在第二个形态阶段的生长时间"，在这一阶段，幼虫在结茧前要经历多次蜕皮，"从34天或35天缩短到29天或30天，甚至缩短到25天"。

养蚕者还发现，一旦蚕茧到了收获的时候，可以通过在蚕茧上撒盐的方式使其多保存一周。这项发明使蚕农能有更多的时间完成缫丝的艰苦工作，也使同样数量的蚕农每次收获都能生产更多的蚕丝。另外还有一个额外的好处，盐提高了蚕丝的质量。

单独来看，这些创新都不重要，但它们结合在一起，让蚕农用同样数量的土地和劳动力生产出了明显更多的蚕丝。生产力的提高使他们能够承受更重的税收负担，同时还能利用新的商业市场。一些农民完全放弃了自给自足的农业，转而专注于纺织品生产。[22]就像美国南北战争前南方的棉花一样，中国宋代蚕丝的故事表明，技术创新并不需要涉及机器。

*

大自然中不仅有可供人类获取纤维的动物和植物，还有威胁要摧毁它们的敌人——并非所有这些威胁都像美国南方种棉区臭名昭著的棉铃象甲那样容易识别。微生物学彻底改变了人类对传染病的认识，拯救了数百万人的生命，这一切始于对蚕丝生产的挽救。

大约就在沃尔特·伯林将墨西哥棉籽走私运到密西西比州的时候，一个充满好奇心的意大利人开始实验，想弄清楚为什么蚕会成群地死去。阿戈斯蒂诺·巴西（Agostino Bassi）的父母是农民，他还有一个双胞胎兄弟。巴西接受过律师培训，并在米兰以南约20英里的洛迪（Lodi）担任过各种官职。然而，他真正热爱的是科学和医学。巴西把家庭农场作为自己的实验室，在那里进行实验，并发表了关于饲养绵羊、种植土豆、熟化奶酪和酿制葡萄酒的论文。他最重要和最耗时的研究是关于蚕的。

1807 年底，34 岁的巴西开始了长达 30 年的实验，目的是找到一种疾病的病因，并寻求应对的方法。这种疾病被冠以多种名称，比如蚕僵病（*mal del segno*），或因被它杀死的幼虫全身覆盖的白色粉末而被称为"钙化病"（*calco* 或 *calcino*）或"白僵病"（*calcinaccio*）。病蚕会停止进食，变得虚弱，然后死去。它们的尸体会变得僵硬、易碎，其上会产生一层白色物质。养蚕者认为这种疾病一定是由昆虫生长环境中的某种东西引起的，于是巴西开始研究这种东西是什么。

他最初八年的实验结果令人沮丧，而且显然是徒劳无益的。他后来写道：

> 我运用了许多不同的方法，用最残酷的手段对待昆虫，使用了大量的有毒物质，包括矿物毒药、植物毒药和动物毒药。我尝试了单一物质和复合物，刺激性的和腐蚀性的，酸性的和碱性的，土壤和金属，固体、液体和气体——所有已知最有害的物质，它们都能对动物机体造成致命伤害。一切都失败了。没有任何化合物或有害生物会在蚕体内引起这种可怕的疾病。

到 1816 年，巴西深受打击。他在这些毫无结果的研究上花费了巨大的努力和几乎所有的金钱。他的视力正不断下降。他"受一股强烈的忧郁情绪困扰"，放弃了自己的研究。但一年后，他重新振作起来，决心"反抗不幸的命运，以新的方式质问大自然，下定决心在她真诚地回答我的问题前绝不抛

31

弃她"。

当巴西观察到，蚕在相同条件下饲养、被喂食相同食物，但被放在相邻的房间会产生不同的结果时，一条重要的线索出现了。这种疾病会席卷一整个房间，但对相邻房间的蚕几乎不会造成伤害。他总结道，差别在于"一个房间里没有白僵菌，或者白僵菌的数量很少，而另一个房间里有大量的白僵菌。蚕僵病并非像人们以前认为的那样，是在对毒素的反应中自发产生的"。

经过更多的实验，巴西发现活着的昆虫不会相互传染。相

疾病的细菌理论始于阿戈斯蒂诺·巴西对杀死蚕的神秘钙化病的研究。（*Wellcome Collection*）

反，这种疾病是由尸体上出现的白色粉末传播的。这种粉末侵
入了活虫的体内，会在昆虫，无论是幼虫、蚕蛹还是蚕蛾体内
繁殖，并以昆虫的身体为食，直到最终杀死它。只有到那时，
它才会传播。巴西写道："尽管它依赖被侵入个体的生命来发
育、生长，并使自己能够繁殖，但它不会产下后代或产卵，或
至少它们不会成熟或受精，直到它消灭了接纳和喂养它的动
物……只有尸体才具备污染的能力。"他断定，入侵者是一种
真菌，白色物质是它的孢子。

通过把一只死虫放在温暖潮湿的环境中，巴西发现他可
以培养出足够多的真菌，用肉眼就能看出菌柄的迹象。在单一
镜头的显微镜下，他可以看到曲线，表明入侵者是一种活的
有机体，而不是晶体。1824 年，乔瓦尼·巴蒂斯塔·阿米奇
（Giovanni Battista Amici）发明了功能强大的新型复式显微
镜，巴西写道，在这种镜头下，人们可以看到"它所有的微小
分枝，甚至还可能看到它的生殖器官"。

在确定了罪魁祸首后，巴西试验了多种在不伤害蚕的情
况下杀死真菌的方法，确定了几种有效的消毒剂。为了遏止瘟
疫，他建议采取卫生措施，包括用消毒液处理所有的蚕卵；把
器具放在沸水里煮；对托盘、桌子和工人的衣服进行消毒，并
要求每个照顾蚕的工人都要用消毒剂洗手。

正如这些医院式的措施所表明的，巴西的发现是一个
突破，其意义超越了养蚕业。他的研究早于路易斯·巴斯德
（Louis Pasteur）和罗伯特·科赫（Robert Koch）在发展疾
病的细菌理论方面更为著名的工作。这位地方律师是一位走在
时代前列的科学家。

一篇纪念巴西 200 周年诞辰的期刊文章宣称："这是人类
首次提出了疾病的寄生虫理论。"权威文献《消毒、灭菌和保
存》（*Disinfection, Sterilization, and Preservation*）称巴

西的实验"第一次明确证明了动物疾病的微生物起源"，并指出他将自己的工作拓展到"起源于受感染伤口中活寄生虫的传染病理论，包括坏疽、霍乱、梅毒、鼠疫、斑疹伤寒，以及诸如此类的传染病。他建议使用杀菌剂，包括酒精、酸、碱、氯和硫"。[23]

33　　巴西于 1856 年去世，九年后，巴斯德承担起一项类似的科学挑战，他接受了慷慨的资助，并且比他的意大利前辈更擅长公关。法国政府聘请这位著名科学家调查一种新的、更具破坏性的蚕病，名为"家蚕微粒子病"（*pébrine*）。当他开始这项调查时，巴斯德对蚕一无所知，事实上，他此前从未研究过任何动物疾病。他之前的研究是关于发酵和酵母的。但他非常自信，而且学得很快。在他手头的资料中，有巴西研究成果的法文译本。

　　经过五年的实验，巴斯德发明了一种方法，将受到家蚕微粒子病感染的蚕卵和未受感染、能孵化出健康幼虫的蚕卵区分出来。他还发现了另一种蚕病——蚕软化病，这种疾病有时会和家蚕微粒子病同时出现，并且他还找到了可以防止其传播的措施。蚕的实验使他接触了动物生物学，改变了他的科学生涯。巴斯德的传记作者帕特里斯·德勃雷（Patrice Debré）写道："阿莱（Alès）的蚕引领巴斯德从微生物学转到兽医学，再转到医学。"德勃雷本人也是一名免疫学家。巴斯德发明了炭疽疫苗和狂犬病疫苗，最终在公共卫生领域取得巨大成功，显著提高了人类的预期寿命，这一切始于蚕丝。[24]

*

　　巴斯德并没有找到治愈家蚕微粒子病的方法。他只是找到了一种识别和销毁受感染蚕卵的方法，减轻了瘟疫，但离终结这场瘟疫还差得远。到 19 世纪 60 年代初，法国的蚕丝产量是十年前的 1/5。意大利的产量下降了一半。

　　为了获得未受感染的蚕卵，欧洲的丝织业越来越多地将注意力转向亚洲，特别是新近开放的日本。在欧洲市场，日本蚕卵的售价是法国蚕卵的十倍。1864 年，德川幕府向拿破仑三世赠送了 15000 张蚕卵卡片 ⑥ 作为外交礼物。尽管中国仍然是生丝的主要出口国，但日本超越了它的邻国，成为欧洲最重要的蚕卵来源国。[25]

　　和欧洲的养蚕业一样，日本的养蚕业也起源于中国，并在 17 世纪开始迅速发展。由于幕府限制从中国进口，扩大了国内市场，蚕农们开始专攻培育蚕卵或养蚕。通过实验和细致的观察，他们逐渐改进了技术，提高了质量和产量。比如，为了喂养正在生长的蚕，日本蚕农效仿中国人的做法，把桑叶切碎。但他们并没有就此止步。他们把树叶放在越来越细密的筛子上过滤，把最小的叶片留给最小的幼虫吃，把较大的叶片留给稍大的蚕吃，并把残破的叶片都清理掉。

　　历史学家泰萨·莫里斯－铃木（Tessa Morris-Suzuki）写道："人们对关于蚕健康生长的几乎所有方面都给予了同样细致入微的关注。"放置蚕的托盘经常从房子的一个地方移到另一个地方，以保护它们免受冷热侵袭。根据温度的变化，喂养幼虫的食物量也要相应调整。托盘和器皿要定期清洗，在阳光下晾晒。对养蚕工人的个人清洁也有严格的规定。

　　19 世纪初，一位名叫中村善右卫门（Nakamura Zen'emon）的蚕农开始仿照荷兰进口的产品制作自己的温度计，并用它们进行实验。他发现，在某些阶段，比如蚕蛾产卵的时候，需要稍高的温度，而其他阶段则需要较低的温度。1849 年，中村

34

―――――――――

　　⑥　蚕卵卡片是蚕种（蚕卵）的一种储存和运输形式。

出版了一本带插图的养蚕手册，将自己的研究成果传播到日本各地。

日本的蚕对家蚕微粒子病、蚕僵病，以及其他疾病也没有免疫力。（巴斯德在一些赠送给拿破仑三世的蚕卵中也发现了家蚕微粒子病。）但一些良好的做法降低了疾病传播的可能性。养蚕工人只采摘健康桑树的桑叶喂养蚕，在托盘上放置适量的蚕，不造成拥挤，并清理掉任何看起来患病的幼虫。他们经常洗手、换衣服——这些都是巴西推荐的做法。

为了保证蚕的质量，日本养蚕者从专门培育蚕卵的人那里购买蚕卵，而不是依靠自己的蚕蛾产卵。蚕卵培育者通过培育新的杂交品种致富，这种杂交品种旨在提高蚕丝的质量和数量，并为特定用途生产特别的丝织物。优良的家蚕品种和精心的饲养技术结合，产生的结果是生产力的巨大飞跃。

35

19 世纪初，蚕从孵化到结茧需要 40 天的时间，而一个世纪以前需要 50 天。每个蚕茧的蚕丝量增加了 1/3 以上，并且在 19 世纪上半叶又增加了 40%。到 19 世纪 40 年代，随着那本带有插图的养蚕手册的法文译本于 1848 年出版，日本的养蚕做法引起了欧洲的注意。莫里斯 – 铃木评论说，这本书"不仅成为日本第一部向西方输出技术的著作，也是第一部被翻译成欧洲语言的日本著作"。

在美国海军准将马修·佩里（Matthew Perry）和他著名的"黑船"抵达江户港后，1854 年，日本被迫开放了与美国的贸易，最终也开放了与其他西方国家的贸易，日本的养蚕者已经做好了进入世界市场的准备。在此之前的两个世纪，他们已经培育了一个繁荣的产业，有大量有价值的产品可以出口。生丝和蚕卵带来的资金可以投资于日本缺乏的铁路和工厂。

同样重要的是，养蚕者创造了一种日本文化，即随时准备充分利用和改进外国知识。莫里斯 – 铃木写道："关于这一切，重要的不仅仅是德川幕府时期日本生丝生产的扩张和质量的提高，而是许多蚕农改变了观念，认识到实验和技术变革的必要性，甚至在生产过程中引入了像温度计这样的西方理念。"²⁶

随着 1868 年的明治维新，日本开始实施一项官方的现代化政策，立誓"求知识于世界"。一个日本代表团花了一个月的时间在意大利北部一个新的桑蚕研究所学习，带着最先进的显微镜和测量湿度的湿度计等工具回国。1872 年，政府资助了第一家缫丝厂，进口了法国机械；私营企业纷纷效仿。到 19 世纪 90 年代中期，手工缫丝占该国生丝产量的不到一半。

在日本德川时代，不同地区生产的丝绸的品质有着细微的差别，这可以反映出穿着者在时尚、身份和社会地位上的精细区分，然而，这种地区差异为工业生产带来了难题。一位经济史学家写道，日本的缫丝厂"长期以来一直认为，生产如此多不同种类的蚕茧是生丝质量参差不齐的最大原因"。

这种情况在 20 世纪第二个十年发生了改变，当时日本科学家将该国历史悠久的蚕卵培育传统与孟德尔（Mendelian）的遗传学结合起来，培育出一种高产的家蚕杂交种。它的蚕茧质量非常好，特别适合机器缫丝，因此这种新的蚕种迅速风靡全国。通过建立一种事实上的标准，这种杂交蚕种使得日本蚕丝更加一致。与此同时，在缫丝过程中采用了全新的精确温度控制，使丝线的质量得到了提高。

日本的生丝为美国的丝绸厂提供了完美的供应。美国大西洋中部地区新泽西州［该州的帕特森（Paterson）被称为"丝城"（Silk City）］、纽约州和宾夕法尼亚州的丝绸厂是由英国移民建立的，这里的丝绸生产和欧洲不同。它依靠快速动力织布机生产出大量廉价的标准化丝织品，这种丝织品在欧洲大陆市场是大众化的奢侈品。与法国和意大利使用手摇纺织机的织布工不同，美国的工厂没有国内的养蚕业可利用，而中国的蚕

36

丝对于高速自动织布机来说太不平整了。这种新的日本蚕种是完美的。美国和日本的丝绸产业相互依存，共同成长。到 20世纪初，这些丝业新贵主宰了世界市场。[27]

*

2009 年，在巴西开始研究导致意大利蚕死亡的原因差不多整整 200 年以后，湾区的三位科学家创办了一家公司，试图扭转微生物和蚕丝之间的关系，并在这个过程中让人类能更好地控制这种纤维的性能。博尔特生物纺织品制造公司（Bolt Threads）的宗旨不是保护蚕免受微小捕食者的伤害，而是将微生物转变为产丝机器。在硅谷一些最重要的风险投资公司的资助下，这家公司通过生物工程制成酵母，使细胞分泌丝蛋白而不是酒精。巴斯德的职业生涯始于发酵研究，现在它又以一种 19 世纪科学家无法预料的方式回到了蚕丝生产中。

当我们参观博尔特公司的实验室时，公司首席科学官大卫·布雷斯劳尔（David Breslauer）从柜子里拿出一个一磅重的罐子，舀出一些米白色的蛋白粉。这东西看起来可以做奶昔了。但这可不是健康食品。这种物质由超强蜘蛛拖丝中的蛋白质组成，是几十年来第一种全新纤维的主要成分。公司首席商务官苏·莱文（Sue Levin）说，这一罐"丝蛋白粉比以往任何时候在一个地方所装的都要多"。为了把粉末变成纱线，博尔特公司将其溶解成类似糖蜜的混合物，然后挤压和湿纺成精细而有光泽的纤维，可以针织或梭织成布料。[28]

博尔特将自己定义为一家生物布料公司；它还用菌丝体（*mycelium*，构成蘑菇的细胞）制造出一种叫作"麦洛"（Mylo）的皮革替代品。它用一种被称为"微丝"（Microsilk）的材料作为支架，制造出一种比蜘蛛丝大得多的东西：这是自 1935

年杜邦公司（DuPont）的化学家华莱士·卡罗瑟斯（Wallace
Carothers）发明尼龙并引领聚合物革命以来，第一种全新的纺
织品。博尔特公司将其生产的纺织产品称为"蛋白质聚合物超
细纤维"。

蛋白质纤维并不是一个全新的概念。受到用再生木浆成功
制造出人造丝的启发，科学家在 20 世纪 30 年代将注意力转向
蛋白质。亨利·福特（Henry Ford）资助了大豆纤维的研究，
希望能找到一种用于汽车内饰的羊毛替代材料。英国帝国化学
工业公司（Imperial Chemical Industries）从花生中研制出
花生蛋白质纤维（Ardil）。其他公司则用鸡蛋蛋白、玉米中的
玉米醇溶蛋白和羽毛做实验。

最成功的新型蛋白质纤维是酪蛋白纤维（Lanital），这是
意大利人从脱脂牛奶中提取出来的。为了鼓励国内自给自足，
意大利法西斯政府资助了一些企业，意大利最重要的人造丝生
产商斯尼亚纺织公司（SNIA Viscosa）得到赞助，在 1937 年
生产了 1000 万磅的酪蛋白纤维。这种纤维的生产商夸耀说，
美国版的酪蛋白纤维是"人类第一次成功研制出一种可以和羊
毛、马海毛、羊驼毛、骆驼毛和动物皮毛等天然蛋白质纤维媲
美的纤维"。柔软、温暖、防皱缩，这种以牛奶为原料的材料
听起来像是羊毛的良好替代品。但它们也有明显的缺点。人们
觉得它们湿漉漉的时候闻起来像奶酪或变质的牛奶。这种材料
保持形态的性能也不好。一位意大利时装设计师还记得她姐姐
将酪蛋白纤维称为"马苏里拉奶酪纤维（mozzarella fabric），
因为当你熨烫的时候，布料上的线就会变得像细细的奶酪丝一
样"。第二次世界大战结束后，人们又重新使用羊毛或合成纤
维，如聚酯纤维、尼龙和丙烯酸纤维。[29]

博尔特公司想要取代的正是这些石油衍生聚合物。公司首
席执行官丹·维德迈尔（Dan Widmaier）表示，他们用不到

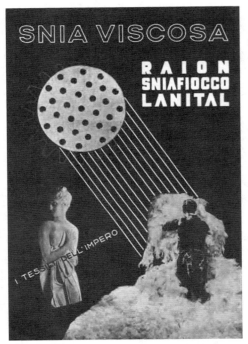

20世纪30年代，人造丝和酪蛋白纤维这类新型纤维的出现令人兴奋，它们由脱脂牛奶制成。为减少羊毛进口，意大利法西斯政府对这些新型纤维的生产进行了资助。[人造丝的主要形式是粘胶短纤维（Sniafiocco）。]（*Author's collection*）

一百种可能的化合物改变了世界。基于蛋白质的聚合物提供了更多的可能性。他说："地球上所有生物的**每一项**机能都基于制造蛋白质聚合物。"他说，分子生物学家了解DNA序列是如何形成其结构的，因此，"如果我们能制造出蜘蛛拖丝，用相同的方法制造蛋白质并大规模生产，就能制造出几乎任何结构的蛋白质。当我计算数量有多少时，差不多有 10^{106} 个聚合物"。

通过选择合适的氨基酸序列，博尔特公司可以赋予纤维特定的性能。该公司设想了无数新材料，每一种材料都能满足特定的需要——弹性、强度、精细度、抗紫外线、透气性、耐水性，你能想到的都有。永远不会发臭的透气运动衫；不会沾上红酒的白色沙发靠垫；可以杀死传染性微生物的医院床单；柔韧性相当好，让人感觉就像第二层皮肤的织物；像山羊绒一样柔软的羊毛衫，但没有让像我这种超级敏感的人皮肤发痒的微小鳞片，也不需要为此饲养成群的山羊，它们的胃口足以把整个蒙古变成一个干旱尘暴区。这些全部都是用环保成分生产的，扔掉后能自然分解。

如果这项努力成功了，我们就不再需要昆虫来制丝。它可以像啤酒一样在巨大的发酵桶中酿制。这种制作方法的意义不仅仅局限于丝。羊毛也是一种蛋白质聚合物。山羊绒也是。还有无数我们几乎无法想象的纤维。另外，和石油化工聚合物一样，蛋白质既可以形成固体，也可以形成凝胶。博尔特公司曾用固体丝纽扣做过实验，只是为了证明理论上它可以制作一件全丝绸的衣服。

这是一幅令人陶醉的画面。但目前为止，微丝产品只是一时的噱头。2017 年，博尔特公司出售了少量的丝质领带和丝毛混纺帽子。时装设计师斯特拉·麦卡特尼（Stella McCartney）对"素食丝绸"（vegan silk）的前景很有信心，她用博尔特公司的纤维制作了几件 T 台服装和一件亮黄色连衣裙，在纽约现代艺术博物馆（Museum of Modern Art）的一场展览中进行展示。两年后，她再次使用了微丝，将其与一种名为"天丝"（Tencel）的纤维素基纤维混合，制作了一款供展示用的网球裙。英国内衣品牌斯特伦彭特与平克（Strumpet & Pink）的设计师为罗德岛设计学院（Rhode Island School of Design）的一场时装秀用钩针编织了一条纤细的女式短裤。博尔特公司的设计师用固体丝蛋白制作了眼镜框，配以用微丝制作的挂绳和用麦洛制作的眼镜盒，在一场生物制造会议上进行展示。维德迈尔说："用一个小胶囊就可以把所有这些超酷的生物材料装在一起。"

但问题就在于此：这些只是很酷的概念验证，而非设计师们能够用来生产可销售产品的大量面料。微丝产品目前无法在商店里购买到，在未来的一段时间里，也不太可能买得到。

到 2019 年，距离我第一次访问四年后，这家公司已经开发出一条供应链，据称可以大量生产这种材料。但它并没有提高微丝的产量，而是将注意力转向了麦洛。潜在客户对皮革替代品比对蛋白质超细纤维更感兴趣。维德迈尔说，当你追随金钱的流向，"你会发现用皮革和纯素皮革制成的配饰"。博尔特是一家企业，不是慈善机构。皮革市场可能比纺织品市场小得多，但它提供了更高的利润率，竞争也更少。

每一个关于纤维的新概念最终都要面对纺织品的基本事实：它古老而普遍，是无数代人试验的结果。人类改良纤维已有数万年的历史。即使是合成纤维也经过了 80 年精益求精的改良。只有最好的材料才能在竞争中生存下来。从龙舌兰纤维和荨麻纤维，到酪蛋白纤维和花生蛋白质纤维，许多材料基本上已经消失了。以前的一些主要材料，包括羊毛和大麻纤维，现在只占据了特色小众市场。

博尔特公司相信，利用最新的科学知识和技术工具可以克服困难。它把赌注压在两个因素上：一是日益增加的环保关注，二是多功能的可能性。通过对蛋白质进行微调，科学家可以在几天之内使其取代数千年纤维培育的成果。维德迈尔说："我们发现，我们可以很快产生想法和做出演示，但要真正实现规模化生产，则要花长得多的时间。"因此，关键在于找到最具商业潜力的配方。生物工程蛋白质 - 聚合物纤维既不属于天然纤维，也不属于合成纤维，在以选择性育种为起点的纺织进程中，这一发现可能意味着一个新阶段的到来。[30]

这是斯特拉·麦卡特尼用博尔特公司生产的生物工程微丝制作的连衣裙的局部。她在纽约现代艺术博物馆的一场展览中进行了展示。（*Bolt Threads*）

第二章

线

在亚当耕田、夏娃织布之初，谁为绅士，谁又是贵族？

——英语谚语

在阿姆斯特丹的荷兰国立博物馆的底楼，也就是比伦勃朗（Rembrandt）和维米尔（Vermeer）的作品低两层楼的地方，悬挂着两幅16世纪的画作，展现着物质文化的进步——财富的积聚为荷兰的艺术繁荣提供了资金支持。这两幅肖像画的是一对年轻夫妇，据说是彼得·比克（Pieter Bicker）和他的妻子安娜·科德（Anna Codde）。这两幅画作是梅尔滕·范·海姆斯凯克（Maarten van Heemskerck）于1529年绘制的，也是最早的荷兰公民肖像之一。

这两个人物是以展示3/4脸部的时髦肖像法描绘的，而不是老式的侧脸描绘法，这两幅作品显然展现的是两个具体的人，而不是泛泛的人像。安娜的头发是浅金色的，拥有一双梦幻般的眼睛，额头上有一丝浅浅的皱纹，与她黑头发的丈夫相映生辉。她的丈夫表情很警觉，颧骨轮廓分明。

安娜和彼得，是两位真实的历史人物。不过，他们各自拿着自己的行业工具摆出姿势，这两幅画作也可以被视作两幅寓意画。她坐在手纺车前，左手拉出纱线，纱线从一团纤维中向着纺锤拉伸。他左手拿着一本账簿，右手在数硬币。他们双手的位置是相互映照的：安娜的右手捏着纺轮的把手；彼得的右

一对夫妇的肖像，可能是安娜·科德和彼得·比克，由梅尔滕·范·海姆斯凯克于1529年绘制。（*Rijksmuseum*）

手拿着硬币；安娜左手的拇指和三根手指紧紧抓住纺线，彼得的左手也以同样的方式拿着账簿。这些是塑造荷兰繁荣必不可少的努力：工业和商业的象征。[1]

如今，我们一提到**工业**就联想到工厂的大烟囱。但直到19世纪，大烟囱才成为工业的象征。从文艺复兴时期开始，工业的视觉表现就是一位正在纺线的妇女：勤奋、多产、绝对重要。

今天的评论家倾向于强调那个时代的纺纱妇女形象所隐含的家庭生活和从属地位。一位艺术史学家评论说："彼得·比克被描绘成一个大胆而精明的商人，而他的妻子被描绘成一位正在纺纱的妇女，象征着贤惠的家庭主妇。"[2]这种观点将纺纱妇女塑造成顺从的、经济上依赖的、文化上低人一等的形象，与独立的、公开活动的男性商人形象形成了鲜明对比。它把账房想象成一个真实而重要的企业，而把手纺车仅仅当作一种图像材料，认为它象征着"贤惠的家庭主妇"，就像钥匙可以用来指代圣彼得（Saint Peter）一样[①]。

事实上，范·海姆斯凯克的手纺车就像他的会计账簿一样真实，而且在经济上同样不可或缺。1977 年，帕特里西娅·贝恩斯（Patricia Baines）出版了她的权威研究著作《手纺车、纺纱工和纺纱》（*Spinning Wheels, Spinners and Spinning*），她在书中写道，"没有一张图片可以像这张画这样，清楚地展示如何用单手纺长纤维纱线"。"它们由食指和拇指牵伸，无名指和小孔之间的线保持张力"，线筒上的缺口可以让新纺出的纱线卷绕在线筒上。"你可以看到拇指是如何完美地随着食指转动的，以及在选取更多的纤维前，为了将线弄平整，手腕是如何转动的。"[3] 安娜不只是在摆姿势，她知道如何纺纱。

将纺纱视为家务劳动与顺从的象征而非生产性行业的象征，就忽略了**为什么**自古以来它就被视为女性美德的标志，以及为什么工业革命始于纺纱机。仅仅因为 200 年来纱线的供应一直很充足，使得它的生产看起来不像是富有成效的劳动的缩影。在人类历史的大部分时间里，生产足够的纱线来制作布料一直是一种非常费时的劳作，因此这种重要的原材料总是供应不足。对线的追求推动了世界上一些最重要的机械创新，最终导致了"大富裕"（Great Enrichment），提高了整个世界的生活水平。线的故事说明，尽管会出现一时的运转不正常，但节省劳力的技术可以创造出充足的资源，让人们能自由地支配时间，实现更具经济价值和更令个人满意的目的。

---

① 在圣经故事中，耶稣将天国的钥匙交给了圣彼得。圣彼得被认为是第一位教皇和基督教会的奠基者，因此，在基督教艺术中，"钥匙"通常被用来象征圣彼得以及他被赋予的责任与权力。这也是为什么在许多描绘圣彼得的图像中，他往往持有一把或两把钥匙。

*

锭盘的样子看起来没什么特别的。它是一种小小的圆锥体、圆盘或球体，由石头、黏土或木头等硬质材料制成，中间有一个洞。博物馆通常藏有数千件锭盘，但只向公众展示其中的一小部分。即使是这些因表面的装饰性涂画或雕刻而被精心挑选出来的少数展品，也很容易被人忽视，人们更青睐它们周围那些更显眼的花瓶、碗和小雕像。一位研究人员承认："锭盘不是考古学家发现的最引人注目的物品。"[4] 然而，它们是人类最早和最重要的技术成果之一，从制作少量的细绳到制作织布所需的大量纱线的过程中，这种简单的机器的作用与农业一样至关重要。

伊丽莎白·巴伯（Elizabeth Barber）告诉我："纺锤是最

44

锭盘，从左上角开始顺时针方向：苏美尔文明，陶瓷，公元前 2900~ 公元前 2600 年；米诺斯文明，玛瑙，公元前 2450~ 公元前 2200 年；塞浦路斯，赤陶，公元前 1900~ 公元前 1725 年；古罗马，玻璃，公元 1~2 世纪；秘鲁，可能是北海岸，陶瓷，带有颜料，公元 1~500 年；墨西哥，陶瓷，公元 10 世纪至公元 16 世纪早期。（*Metropolitan Museum of Art*）

早的纺车。"她向我演示了一下，"它还不能承重，但已经有了旋转的原理"。巴伯是一名专业的语言学家，也是一位织布的业余爱好者。她在 20 世纪 70 年代开始注意到散落在考古文献中的关于纺织品的注释。她原本以为自己只要花九个月的时间来整理这些已知的信息。结果，她的这个小项目变成了一项长达数十年的探索，帮助纺织品考古学发展成为一个全面成熟的领域。巴伯写道，纺织品生产"比制陶和冶金更古老，甚至可能比农业和畜牧业还要古老"。[5] 而纺织品生产依赖于纺纱。

我们稍后会讲到丝，这里先撇开不谈，即使是最好的植物纤维和动物纤维也是短小、易坏和杂乱无章的。亚麻纤维可以长到 1~2 英尺，但羊毛最多只能长到 6 英寸。棉花纤维通常只有 1/8 英寸长，即使是最好的棉花品种，其纤维长度也不超过 2.5 英寸。这些纤维通常被称为"短纤维"，人们将它们拉长，捻在一起——换句话说，就是"纺纱"——就可以制成结实的纱线，因为当单个纤维螺旋缠绕在一起就会产生摩擦力。一位生物力学研究人员解释说："你越是用力往纵向拉伸，纤维之间的横向挤压就越用力。"[6] 纺纱还可以拉伸短纤维的长度，如有需要，可以纺出能拉长至数英里的纱线——通常情况下就是这样。

从中国到马里，从安第斯山脉到爱琴海，尽管有细微的变化，但许多不同的人在不同的地方都发明了一种由两部分组成的机械装置（即手纺锤），锭盘是手纺锤上的一个耐用部件。将一根小棍穿过锭盘上的洞，把锭盘放在靠近小棍顶端的地方。为了纺线，纺纱工要拉出一些纤维，这些纤维仍然连在一团干净的羊毛、亚麻或棉花上，这些羊毛、亚麻或棉花已经刷过了，因此它们或多或少地沿着同一个方向伸展。纺纱工把一些捻过的纤维系在小棍上，然后把锭盘放下，让它旋转。锭盘增加了重量，增加了纺锤的角动量，使纺纱工在保持锭盘旋转的同时，还能继续添加新的纤维，因为重力将线往下拉伸。当线纺得太长，纺纱工无法把它拉离地面时，她就把新纺出来的纱线缠绕在小棍上，以保持其捻度。**牵伸**、**加捻**和**缠绕**，这三个步骤共同构成了手纺锤纺纱的过程。

　　在一位技艺娴熟的纺纱工手中，使用精心准备的纤维纺纱看起来毫不费力。纱线似乎是自己长出来的。但使用手纺锤纺纱是一件非常困难的事情。在持续添加新纤维的过程中，你必须保持合适的张力——足够的张力可以使纱线精细而均匀，但张力过大会使纱线断裂——与此同时，还要保持稳定的旋转。在一场为期六个小时的手纺锤纺纱工作坊体验活动中，我在众人的慷慨帮助下，成功地纺出了大约 10 码不均匀的两股羊毛纱线。这听起来令人赞叹，你可以将此想象成一个直径约 1 英寸的球。这个长度只适合打成结。要做成布则远远不够。

46

古希腊花瓶，约公元前 460 年。（*Yale University Art Gallery*）

然而，一旦你找到了感觉，纺纱就会变成习惯。爱好者称之为"解压器"。纺纱工希拉·博斯沃思（Sheila Bosworth）说："当你第一次开始纺纱时，没有人会相信它能让你平静和放松，但一旦你知道自己在做什么，这个节奏会让你陷入冥想。"无论走到哪里，博斯沃思都随身带着她的手纺锤，排队、坐在餐馆里或坐车时，她都在纺纱。[7]

在这一点上，她模仿了无数代迫于生计而纺纱的人。有了手纺锤，前工业时代的纺纱工可以在照看孩子、照料羊群、闲聊、购物或煮饭时劳作。他们可以在室内纺纱，也可以在室外纺纱；可以结伴纺纱，也可以单独纺纱；可以在狭窄的地方纺纱，也可以在开阔的空间纺纱。

手纺车虽然不像手纺锤那样便于携带，但它们通常也非常轻便，天气好的时候可以带到室外。文艺复兴时期的佛罗伦萨禁止纺纱工聚集在公共长椅上。公元17世纪末，日记作家西利娅·菲恩斯（Celia Fiennes）在萨福克（Suffolk）和诺福克（Norfolk）旅行时，观察到"在经过大街小巷时，妇女们在室外纺纱"。在北欧，纺纱工带着各自的工具开展公共"纺纱聚会"，在漫长的冬夜里，她们一起享受温暖、光亮，有时甚至是闹哄哄的陪伴。1734年，一位德国农民的妻子公然反抗当地禁止此类集会的命令，理由是"光靠她自己一个人是赚不到照明费的"。对其他纺纱工，包括那些顺道来和她们调情的青年男子来说，"纺纱聚会"的吸引力在于联谊。[8]

与纺织品生产中的其他步骤不同，纺纱几乎一直都是由女性完成的。1350年，印度历史学家和诗人阿卜杜勒·马利克·伊萨米（Abdul Malik Isami）写道："只有一直坐在手纺车前纺纱的女人才是好女人。"[9]英语单词"distaff"既是一个名词——指的是纺纱时用于固定纤维的手工纺纱杆——也是一个形容词，表示与女性有关的事情，通常指母亲或妻子一方的家庭关系。

"spinster" 既可以表示从事纺纱的女子，也可以表示未婚女子。

在古希腊陶器上，纺纱既是贤惠的家庭主妇的标志性活动，也是妓女在接客间隙会做的事情。一位艺术史学家写道："就像性是妓女的交易一样，纺织品的制作也是如此。"[10]类似的对比也出现在16世纪和17世纪的欧洲艺术中。在昂贵的绘画作品中，比如安娜·科德的肖像，纺纱象征着家庭勤劳和美德。在通俗印刷品中，它通常带有性意味。一幅1624年的荷兰版画描绘了一位年轻女子把一根绕满纤维的巨大纺纱杆夹在右臂下方，这根杆子因而呈现出一种特别的阳具形状。她的左手抚摸着纤维，以一种不自然的方式把纺纱杆鼓鼓囊囊的一端贴近自己的脸庞。她不是把纤维拉出来纺纱，而是好像要亲吻它们。所附的文字说明把纺纱转变为一个引申的性隐喻：

> 我被拉伸得又长又白，你看，而且很精致。最上面稍微大一点的部位是我的头。我的女主人希望我很平稳，她经常把我放在她的大腿上，或者把我放在她的身边。她经常抱我，是的，每天用手抱着我很多次。她把膝盖抬起来，把我的头插入一个粗糙的地方。然后她又把它拉出来。现在她又把它放进去。[11]

贤惠还是性感，随你怎么理解。无论男人想要什么样的女人——或者女人渴望成为什么样的类型——纺纱都可以成为其象征。无论这些流行图像的设计意图是评价女性还是激发情欲，它们都反映了一个日常现实。大多数前工业时代的妇女一生都在纺纱。与织布、染色或养羊不同，纺纱不是一种特定的职业，而是一种人人都会的生活技能，像煮饭和打扫一样。一个贫穷的妇女可能会为了赚钱而纺纱，就像她可能会受雇做一个女佣一样，但她有这个选择，因为她从小就学会了如何纺纱，而且对线的需求量总是很大。一直以来都是这样。

阿兹特克女孩刚满 4 岁就要开始接触纺纱工具。6 岁时，她纺出自己的第一根纱线。如果她懈怠或纺得不好，她的母亲会用荆棘扎她的手腕，用棍子打她，或者强迫她吸入辣椒烟来惩罚她。惩罚的严厉程度反映了掌握这门手艺的重要性。

阿兹特克妇女除了将韧皮纤维纺成纱线供自己的家庭使用外，还必须生产大量棉纱，以满足帝国统治者的贡品需求。例如，被征服的兹克阿克省（Tzicoac）的 5 个城镇每 6 个月就要缴纳 16000 件镶有红色、蓝色、绿色和黄色图案花边的白色斗篷，还有同样数量惊人的内衣、超大号的白色斗篷和女式服装的实物税。一位纺织史学家评论说："只有一代又一代拼命生产的纺纱工，才能满足对服装贡品的巨大需求。"[12]

无论是阿兹特克母亲、佛罗伦萨育婴堂（Florentine Ospedale degli Innocenti）里的孤儿、印度南部的寡妇，还是乔治王朝时期的英格兰乡村妇人，几个世纪以来的妇女们终其一生都在纺纱，特别是在水车腾出了以前用来碾碎谷物的时间之后。[13] 前工业时代的妇女不停地纺纱，因为布料，无论是用于纳税、出售，还是供家庭使用，都需要大量的线。今天，我们何其有幸，将线的存在视作理所当然。

就以牛仔裤为例。今天的墨西哥人，也就是那些曾经为向帝国纳贡而纺织棉花的妇女的后代，平均每个人拥有 7 条牛仔裤；平均每个美国人拥有 6 条牛仔裤；平均每个中国人或印度人拥有 3 条牛仔裤。要织出制作这样一条牛仔裤所需的牛仔布，需要 6 英里多（接近 10000 米）的棉纱。[14] 一个纺纱工使用传统印度手纺车每天工作 8 小时，要花大约 12.5 天才能生产出这么多线——这还不包括清理和精梳用于纺纱的纤维的时间。如果所有的棉花都必须用手工纺纱，即使工资很低，牛仔裤也是奢侈品。[15]

所需纱线数量	印度手纺车，棉花（100 米／小时）	手纺车，羊毛、中等（91 米／小时）	安第斯山脉的居民，羊毛（90 米／小时）	维京人，羊毛、粗糙（50 米／小时）	罗马人，羊毛（44 米／小时）	埃维人，棉花（37 米／小时）	青铜时代，羊毛、精细（34 米／小时）
牛仔裤／裤子 6 英里＝10000 米	100 小时＝13 天	110 小时＝14 天	111 小时＝14 天	200 小时＝25 天	227 小时＝28 天	270 小时＝34 天	294 小时＝37 天
单人床床单 29 英里＝47000 米	470 小时＝59 天	516 小时＝65 天	522 小时＝65 天	940 小时＝117 天	1068 小时＝134 天	1270 小时＝159 天	1382 小时＝206 天
大号床单 37 英里＝60000 米	600 小时＝75 天	659 小时＝82 天	667 小时＝83 天	1200 小时＝150 天	1364 小时＝171 天	1621 小时＝203 天	1765 小时＝221 天
托加袍 25 英里＝40000 米	400 小时＝50 天	440 小时＝55 天	444 小时＝56 天	800 小时＝100 天	909 小时＝114 天	1081 小时＝135 天	1176 小时＝147 天
船帆 60 英里＝154000 米	1540 小时＝193 天	1692 小时＝211 天	1711 小时＝214 天	3088 小时＝385 天	3500 小时＝438 天	3621 小时＝453 天	4529 小时＝566 天

注：本图表对比了使用特定技术纺出一定长度的纱线所需要的时间，旨在对整体状况和合理性进行估计，而非精确换算，也并不体现纤维类型之间的差异。棉花通常比羊毛更难纺。计算假定每天工作 8 小时。②

② 本图表保留了原作者所列举的原始数据。

　　这个例子实际上低估了纺纱曾经需要的工作量。首先，牛仔裤不需要那么多纱线，因为它们的织法相对粗糙，每英寸大约有100根线，而且所需的布料也很少。其他日常必需品对线的需求要大得多。以一张单人床床单为例，其纱线支数为250，密度适中。织出它需要大约29英里的线——足够从旧金山市中心延伸到斯坦福大学校园，或者从京都延伸到大阪。一张大号床单需要大约37英里的线，足以从华盛顿纪念碑延伸到巴尔的摩（Baltimore），或是从埃菲尔铁塔延伸到枫丹白露。[16]

　　另外，印度手纺车使用的纺轮比较大，旋转一圈就能多次转动纺锤，是手工纺纱最快的方式之一。要纺出足够的棉纱制作一件传统埃维族（Ewe）女装（大约相当于制作一条牛仔裤所需的布料），需要一个西非纺纱工花费17天左右的时间。在18世纪工业革命前夕，约克郡的毛纺工人使用最先进的脚踏式纺纱车需要14天才能纺出那么多的纱线，而且羊毛比棉花更容易纺成线。[17]

　　居住在安第斯山脉的纺纱工用手纺锤纺绵羊毛和羊驼毛纤维，每小时大约纺纱98码。这意味着要生产出足够的纱线织成1平方码的布，需要大约一周的时间，这是教我手纺锤纺纱课程的秘鲁人随口估计的。[18]坚持下去，再过几周你就能纺出足够的纱线，织成制作一条裤子所需的布料。如今，安第斯山脉的纺纱工购买在工厂里生产的裤子，用他们手工纺成的纱线来制作更珍贵的物品，这丝毫不令人奇怪。

　　即使这样费时的过程也比一些古老的方法要快。技术娴熟的纺纱工使用青铜时代的手纺锤复制品，根据纱线的精细程度，每小时可以纺出34米到50米的羊毛纱线。（线越精细，纺纱时所用的锭盘越小，需要的时间越长。）因此，制作一条裤子的布料至少需要200小时，也就是大约1个月的劳动。[19]

这还不包括事先清洗、晒干和梳理羊毛所需的大量时间，更别提织布、染色和缝纫了。

从这个角度来看，我们可以开始理解为什么即使是一件简单如罗马托加袍（Roman toga）的衣服也能成为社会地位的象征。与派对上所穿的托加袍服装给人留下的印象不同，罗马托加袍的大小相当于一间卧室，而不是一张床单，大概有 20 平方米（24 平方码）。历史学家玛丽·哈洛（Mary Harlow）计算出制作一件托加袍需要 40000 米（25 英里）的羊毛纱线——足以从纽约中央公园延伸到康涅狄格州的格林尼治。以每周工作 6 天，每天工作 8 小时计算，纺出那么多纱线需要大约 900 小时，也就是 4 个月多的劳动。

哈洛警告说，忽视纺织品会使古典学者对古代社会面临的一些最重要的经济、政治和组织挑战视而不见。毕竟，布不仅仅是用来做衣服的。她写道："越来越复杂的社会需要越来越多的纺织品。"

> 例如，罗马军队是纺织品消费大户……建造舰队需要长期规划，因为织船帆需要大量的原材料和时间。这些原材料需要经过繁殖、放牧和剪毛，或者生长、收获和加工，随后才能送到纺纱工手上。无论是供家庭使用，还是用于更广泛的需求，纺织品生产都需要时间和规划。[20]

51

对于著名的维京船只来说，确实如此。制作一张维京时代 100 平方米的船帆需要 154000 米的纱线。一个纺纱工每天工作 8 小时，用一个沉重的锭盘纺出相对粗糙的纱线，也要辛勤工作 385 天才能纺出足够制作一张船帆的纱线。给绵羊拔毛和准备纺纱用的羊毛又需要 600 天。从头至尾，制作维京船帆花费的时间比建造靠它们提供动力的船只的时间还要长。

尽管船帆的大小因船而异，但其所用布料的总量（以及因此所用线的总量）是惊人的。公元 11 世纪初，克努特国王（King Canute）的北海帝国（North Sea Empire）维持一支舰队需要用大约 100 万平方米的帆布。光是纺纱，那么多的材料就需要相当于 1 万年的劳动。[21]

我们这些老于世故的现代人可能会贬低那些手拿纺纱杆或正在操作手纺车的妇女肖像，认为它们不过是家庭生活和从属地位的象征。然而，对我们的祖先来说，它们反映了一个基本的生活现实：没有这种持续的劳动，就没有布。

*

世界各地的古代人都发明了用纺锤和锭盘制线的方法。这是一项极其简单的技术，工具便于携带，而且很容易用当地材料制作。技术娴熟的工匠可以用它纺出非常结实、精细和均匀的线。印加束腰外衣（*qompi*）是专供尊贵的精英穿着的奢侈品，其特点是仅垂直方向的经纱上每厘米就有 80 根线，或者说每英寸超过 200 根线。但是，尽管它的产品可能很特别，手纺锤纺纱的速度也很缓慢。要纺出足够的线制作一件印加束腰外衣，需要花费大约 400 个小时的时间。[22]

因此，我们可以想象，许多地方的纺纱工会想出更快的方法来完成工作。然而，事实上，这种情况只发生在丝的发源地——中国。只有在那里，一些聪明的人想出了加快这个过程的方法——增加传送带和轮子。

这是一个悖论。与短纤维不同，蚕丝是唯一一种长且连续的生物纤维，被称为"长丝"（filament）。（聚酯纤维和尼龙等合成纤维也是以长丝的形式制出的。）从一个未开封的蚕茧中拉出的长丝可以延伸数百码，而且不需要像更短小、更易坏的纤维那样纺成线。然而，正是丝线的生产激发了纺纱的第一次机械进步。

要把蚕茧变成可用的纱线，第一步是把蚕茧浸泡在温水中，温水会溶解将蚕丝固定在一起的丝胶。一个缫丝工人——通常是一名女性——小心翼翼地用刷子、筷子或手指从两个或两个以上的蚕茧中抽出长丝。这些细丝融合成一条丝线，缫丝工人将其绕在一个巨大的四边绕丝机上，当蚕茧在水里上下翻滚旋转的时候，助手可以持续转动绕丝机以松开蚕茧，拉出长丝。长丝越均匀，生产出来的丝线质量就越好。当一个蚕茧中的长丝抽完，工人就从另一个蚕茧的末端抽出长丝，将其与连续不断的丝线融合在一起。

为了让一圈又一圈湿漉漉且略带黏性的丝线保持平整，并与其他丝线分隔开，必须将它们水平拉伸并卷绕在一个足以容纳数百码长的丝线的绕丝机上。一旦完成缫丝并晾干丝线，就要把丝线卷绕在筒管上，如果需要的话，还可以把它捻成更结实、更有光泽的纱线。加捻丝线的过程就叫"捻丝"。

至少这是一种理想的情况，可以生产出被文艺复兴时期的威尼斯人称为"真丝"（true silk）的贵重纱线。但并非每根长丝都能保持完好无损。"废丝"（waste silk）质量略差一点，但仍然很珍贵，对我们的故事同样至关重要。有些蚕茧中的蚕蛾可以破茧而出并产卵，从这样的蚕茧中抽出的丝就叫废丝；有些废丝是蚕茧外的细小绒毛；有些废丝是缫丝过程完成后遗留在锅子里的丝。不管来源是什么，废丝都非常有用，数量也很多，不能轻易丢弃。在 16 世纪的威尼斯大陆，废丝占蚕丝总量的 1/4。它可以像其他任何短纤维一样进行梳理和纺纱。[23]

在这里，我们找到了这个悖论的答案：蚕丝既是长丝又是短纤维。中国的缫丝工人有时缫长丝，有时纺废丝，在这两种情况下都必须把丝线卷绕到筒管上。历史学家迪特尔·库恩

装饰在意大利产丝大区皮埃蒙特（Piedmont）的戈沃内城堡（Govone Castle）内的 18 世纪中国墙纸，墙纸上面描绘了缫丝的过程。虽然描绘的场景是传统中国人的缫丝过程，但画上人物的相貌已经为迎合外国观众而进行了欧化。（*Author's photo*）

（Dieter Kuhn）宣称，从这些不同的生产实践中产生了 15 世纪以前"第一个也是唯一一个为生产纱线和丝线而开发的省力省时的设备"，也就是纺轮，它使纺纱的前两个步骤——拉出纤维和加捻纤维——机械化了。（15 世纪，欧洲人发明了锭翼，可以将线卷绕在筒管上，使整个过程连续不断。）

　　纺轮的发明者可能是一位来自中国山东的缫丝工，山东位于北京和上海之间，是一个产丝中心。与依靠重力的手纺锤纺纱工不同，她早已习惯在卧式机器上缫丝了。她把同样的原理应用到纺锤上。她把纺锤横过来放置，把杆子放在锭盘两侧的水平支架上，这样它就可以继续旋转。然后她用一条传送带（可能只是一根绳子）绕着锭盘的顶部，然后绕到一个大得多的轮子上，最后再绕回来。这项发明受到卷绕在绕丝机上的丝线的启发，标志着传送带的首次使用，传送带是后来很多机器的重要组成部分。大轮子转动一圈，小锭盘就随之转动好几圈。

库恩认为，所有这些都发生在公元前5世纪或公元前4世纪，比纺轮首次出现在印度的时间早了整整1000年，纺轮最终从印度传播到中世纪的欧洲。库恩提供了一些早期的证据：从周代（公元前1046~公元前256年）和汉代（公元前206~公元220年）遗址出土的锭盘数量急剧下降，表明采用了不同的纺纱技术；汉代的浮雕显示当时的人正在使用纺轮；另外，发掘出的用加捻丝和双股丝线纺织的丝织品数量显著增多。[24]

但我们仍然不知道纺轮是从什么时候开始被专门用于纺纱的。这是一种用途广泛的纺织工具，也可以被用于其他场景。它可以把丝线捻在一起，正如那些出土的丝织物所表明的那样。它可以把缫好的生丝卷绕到筒管上，这个过程被称为"卷纬"，中国的书面资料早在公元前1世纪就已经记载了这种用途。它也可以将废丝等短纤维纺成线。库恩将汉代浮雕上一幅模棱两可的图像解释为工人正在用纺轮将废丝捻成丝线。

库恩还提出了第四个证据——不断增长的需求，来证明纺轮最迟在汉代就被用于纺纱。那时，中国的织布工使用的是脚踏式织布机，每天可以织出多达3米的大麻织物。如果没有足够的纱线供应，采用这种更快但更复杂的技术就没有多大意义。如果使用手纺锤纺纱，需要20~30个手工纺纱工同时工作，才能保证织布机上有足够的线。然而，如果使用纺轮，纺纱工的制线速度可以提高3倍左右，纺纱工的数量可以减少到7~10个人。中国的纺织工人早已使用这种机器进行捻丝和卷纬，他们很可能已经建立了纺纱和织布之间的联系。

无论纺轮最初的用途是什么，它都是一个技术上的里程碑。它采用了传送带技术，后者也被用于许多其他领域。它还表明，机械动力可以显著加快制线过程，解决了布料生产中的一个主要瓶颈。几个世纪之后，这种洞察力才转变为改变世界的机器。那个故事也是从蚕丝开始的。

＊

55 　　凭借它的双塔楼和带栏杆的矮墙，罗索捻丝厂（Filatoio Rosso）就像一座宫殿一样壮观，可以让人畅行其间。但当这座气势雄伟的建筑在 1678 年开业时，它实际上是一座工厂——是欧洲最早的工厂之一。在 20 世纪 30 年代之前的两个半世纪里，技术娴熟的工人在这里使用水力驱动的机器生产丝线。如今，这里是皮埃蒙特丝绸博物馆（Museo del setificio Piemontese），一座纪念该地区丝绸生产历史的纪念馆。它位于意大利西北部的卡拉格里奥（Caraglio），这座小镇处于都灵和尼斯之间，馆中收藏了许多已经被人遗忘的发明的精确复制品，正是这些发明催生了现代工业。

　　这座博物馆里最引人注目的展品是两台巨大的圆形捻丝机，它们的旋转动作让人联想到哥白尼的宇宙。这两台捻丝机有两层楼高，几乎全部由木头制成，每台机器里都装了许多直径 16 英尺的水平环，由柱子作为支撑。这些环围绕着一根巨大的轴旋转，这根轴向下延伸到隐藏在地下室的水车上。在每个环的边缘排列着数百个垂直的筒管，这些筒管每分钟旋转

56 1000 次。对于一个 17 世纪来自皮埃蒙特乡村的农民来说，这一定像是来自另一个世界的东西。

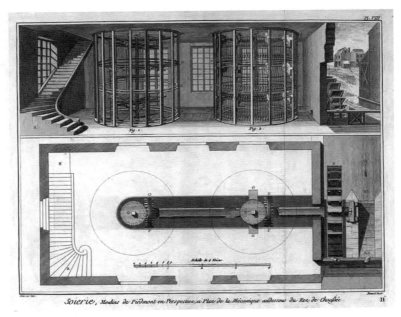

18 世纪百科全书中描绘的皮埃蒙特捻丝机。(*Wellcome Collection*)

　　第一台机器将肉眼几乎看不见的丝线以顺时针方向捻在一起，向上卷绕到一圈略微凹进去的水平线轴上。第二台机器将两根丝线并成一根，然后以逆时针方向将丝线捻在一起，使其更结实、更有光泽。它的内圈不是筒管，而是边长 2 英尺的 X 形绕丝机，可以将丝线绕成丝束。最后的成品是"经丝"，在意大利语中为"organzino"，在法语和英语中为"organzine"。并丝的步骤很重要，因为经丝必须非常坚韧；经丝经常被拉得很紧，而且织布机运作时的机械应力很容易使它们断裂。水平穿过经丝的丝线叫作"纬丝"，它的坚韧度可以差一点。[为了准确理解这两个术语，可以记住**纬丝**（weft）的走向是从左（left）到右的。古语"woof"虽然现在很少使用，但在文献中经常出现，它是"weft"的同义词。]

一张 1818 年捻丝机的特写。这台机器被收藏在意大利阿巴迪亚拉利亚纳（Abbadia Lariana）的蒙蒂市民丝绸博物馆（Civico Museo Seti cio Monti）内。（*Author's photographs*）

57

　　这项技术给 21 世纪的人留下了深刻印象，在当时也是令人惊叹的。博洛尼亚人文主义者贝内代托·莫兰迪（Benedetto Morandi）在 1481 年写道，他为自己城市的工业感到自豪，他称赞这些捻丝厂的运转"不需要人类的帮助，他们只需要看管丝线就可以了"。一个手工缫丝工人一天工作 12 个小时可以生产 1 个纱锭的线。相比之下，一台使用水力驱动的机器可以生产 1000 个纱锭的线，只需要 2~3 个机器看管员来保持底座润滑和修补断线。负责监督罗索捻丝厂重建工作的弗拉维奥·克里帕（Flavio Crippa）说："这是生产力的巨大飞跃。"他宣称，这台捻丝机是"一场重大结构变革的教母，而这场变革在很大程度上并未引起人们的注意"。

　　克里帕是一名物理学家，他的整个职业生涯都投入在现代丝绸产业中，开发先进机械并申请专利。在过去的 20 年中，他投入了大量心血重新发现和恢复失传的技术。意大利各地的许多博物馆都见证了他的努力，罗索捻丝厂也是其中之一。尽管这座建筑在第二次世界大战期间遭到了严重破坏，但克里帕仍然能够通过仔细观察残存的痕迹来计算机器的位置和高度，他说："最大的误差在 2~3 厘米。"他笑着说，借助现代工具的优势，这些复制品花了两年的时间建成——和原物一模一样。

　　尽管这些液压捻丝厂起源于博洛尼亚，但在意大利北部的皮埃蒙特、伦巴第和威尼斯共和国（Venetian Republic）才真正发展起来，那里有充足的水资源和生丝资源，而经丝供应不足。17 世纪末，富有的意大利丝绸商人和法国丝绸制造商投入巨资，在阿尔卑斯山山脚下建造了大约 125 家工厂。这些大工厂为欧洲丝绸之都里昂饥肠辘辘的织布机供应了大量丝线。

　　这些博洛尼亚工厂除了使用最先进的机器，还采用了新的组织结构，使得所有的生产阶段——从收获蚕茧到将丝线绕成丝束——都能在同一个地方完成。克里帕说："这座卡拉格里奥的工厂是有史以来建造的功能最完整的丝线厂。人们习惯称它为捻丝厂（*Filatoio*），但实际上它是一个丝线厂（*Setificio*），

58 因为它的业务并不限于捻制丝线。它的业务覆盖了从蚕茧中提取丝线、捻丝以及制线的整个过程。"[25] 该地区所有的工厂都采用了这种模式。

　　一座丝线厂可能会在一个地方雇用数百个工人：缫丝能手被称为"maestre"（我们更熟悉的是"maestro"这个词，"maestre"是它的阴性复数形式），作为对她们专业技能的承认；孩子们负责将缫好的生丝卷绕到筒管上；工人们负责操作机器；还有专门负责修理机器的木匠和铁匠。罗索捻丝厂甚至还有一座女修道院，修女们在那里为从遥远地区来的女工提供食宿。

　　纵向联合取代了往日的家庭小工业。缫丝工人再也不在独立的作坊里劳作了。农妇们再也不会把缫好的生丝带回家卷绕到筒管上了。只有在严格的监督和标准化下，工厂才能始终如一地生产出足够坚韧的丝线，使其可以经受住液压捻丝厂的严格检验而不断裂。

　　皮埃蒙特的工厂为绕丝机确立了一致的尺寸，安装了统一的金属筒管，并计算出机器的最佳尺寸和速度。他们发明了一种叫作"去和来"（*va e viene*）的机制，可以将丝线均匀地分布在绕丝机上，从而提高其质量。他们开始用标准长度丝线的重量来衡量丝线的精细度（这一概念现在仍在使用），并使用能快速测量出测试样本的机器。一位经济史学家写道，这些捻丝厂凭借其技术、标准化和受到严格监督的劳动力，构成了"一个比英国工业革命时期的棉纺厂早了两个世纪的工厂制度"。[26]

　　皮埃蒙特的工厂很快就制定了经丝的欧洲标准，开出最高的价格，并扩大生产规模，以满足日益增长的需求。开办罗索

捻丝厂的家族靠出售丝线赚了大钱，萨伏伊国王甚至将这个家族的族长封为世袭的伯爵。我们漫步在这座博物馆的一楼，克里帕指向透过玻璃地板可以看到的地下挖掘物。它们揭示了缫丝的操作是如何从 1678 年的 10 个站（每个站都有一个以木炭为燃料的水盆来保持水温）增加到 1720 年的 20 个站的。每个站有两个女工工作（通常是母女二人），技术娴熟的女工负责从蚕茧中小心翼翼地抽出精细的长丝，而技术不太娴熟的则负责把长丝卷绕到绕丝机上。

与附近的一些竞争对手相比，三层楼高的罗索捻丝厂规模 59
不算大。在它开业前一年，法国商人在东北部大约一小时车程的拉克尼基（Racconigi）建造了一座六层楼高的工厂，雇用了 150 个工人。四年后，他们又建了一座 11 层楼高的工厂，有 300 个工人。到 1708 年，拉克尼基小镇拥有 19 座丝线厂，雇用了 2375 个工人。

然而，管理、测量和机器并不是故事的全部。对于工厂的成功来说，缫丝能手和高科技设备一样至关重要。她们可以分辨出纤维大小的细微差别，尽可能相近地匹配具有天然差异的长丝，以保持丝线的均匀和结实。皮埃蒙特的缫丝能手还发明了一种独特的技术，可以将两根不同水盆中的长丝交叉拧干水分，使丝线更有弹性、更圆润。与其他地方的同行不同的是，她们一次只操作两根长丝，生产出市场上最精细的丝线。工厂更重视丝线的质量而不是数量，这些缫丝能手的工资是按天支付的，而不是根据她们生产的丝线数量计酬。

这是一项高要求、高技能的工作，需要专注、经验和不断改进。在出师成为缫丝能手前，这些年轻的缫丝女工花了数年时间观察这个过程，掌握如何处理纤细长丝的隐性知识。一位纺织史学家写道："在漫长的低薪学徒期，构成缫丝艺术的规则、手势模式和所有手部的自动活动都逐渐从纺纱工人传递到缫丝工人。"这种罕见的专业技能是很难复制的，使得缫丝能手成为备受追捧的雇员，她们的工资比男工还高。

1776年，西班牙企业家在麦西亚镇（Mercia）建立了一座丝线厂，他们雇用了一位名叫特蕾莎·佩罗娜（Teresa Perona）的皮埃蒙特缫丝能手，并提供了一份工作给她的丈夫，用今天的行话来说，他是一位"随行配偶"。工厂对她的工作要求比她的丈夫更高，她一周工作七天，而他只工作六天。她的工资比他高50%。

在一个大部分人仍是农民的社会里，缫丝能手是工业贵族。18世纪中期，哈布斯堡政府在戈里齐亚诺镇（Goriziano）出资建造了一个大型建筑群，这里靠近今天的意大利和斯洛文尼亚边界。与罗索捻丝厂一样，它也是一个基本上自给自足的园区，包括住宅区和一个小教堂。丰厚的工资和前所未有的"福利"吸引了四面八方的工人。缫丝能手的工资高得惊人，因此当地人很生气。当一群戴着丝巾的缫丝能手漫步在城镇里时，嫉妒的居民向她们投掷石块，当局不得不出面干预。

经济史学家克劳迪奥·扎涅（Claudio Zanier）认为，意大利北部这些水力丝线厂培育了"一支非常庞大的女性劳动大军，完全能够适应未来的工业需求"，他在日本的丝绸工业中也发现了这一点。19世纪时，捻丝厂集中的地区成为意大利的工业腹地——它们至今仍保持这种地位。扎涅观察到，"这些工厂的产物，除了大批专业工匠外，还有一支严守纪律的庞大劳动大军，他们习惯于每周7天连续轮班工作，负责制造高质量的产品"。"这些都是建立高效的现代工厂制度的必要先决条件。"[27]

然而，尽管意大利的水力丝线厂在技术和组织方面取得了巨大成就，但在西方国家如何致富的描述中，它们却很少被提及。历史学家约翰·斯泰尔斯（John Styles）说："到1750

年，阿尔卑斯山以南的意大利北部大约有 400 座水力工厂。比
1800 年兰开斯特（Lancaster）的水力工厂还要多。那为什么
这里没有发生工业革命呢？因为丝是一种奢侈品。"[28]

你不会用丝绸船帆来驱动船只，不会用丝绸袋子包装货
物，不会用丝绸绷带包扎伤口，不会用丝绸窗帘装饰村舍，也
不会让工人穿上丝绸衣服。（即使在用丝绸做军装的中国，普
通人穿的也是用大麻纤维制成的衣服。）只要机械创新只影响
到一小部分精英，尽管它们可能享有声望并带来盈利，但它们
的经济意义是有限的。将日常生活所用的羊毛、亚麻和越来越
受欢迎的棉花等短纤维纺成纱线，仍然是一项耗费全部精力的
工作。但是，随着丝线生产的机械化，它已经离开村舍进入工
厂，这些捻丝厂预示着工业革命的到来。

*

1768 年，位于利物浦和曼彻斯特之间的默西河（River
Mersey）中段的英国小镇沃灵顿（Warrington），基本上已从
七年战争（Seven Years' War）带来的经济衰退中恢复过来。
尽管对其帆布的需求不像那场全球冲突期间那么蓬勃，但这足
以维持 300 个织布工的就业。另外还有 150 个织布工在纺织用
于装袋的粗织布料。

然而，这些织布工只占纺织工人总数的一小部分。要
为一个织布工提供纱线需要 20 个纺纱工的劳作——在柴郡
（Cheshire）的农村地区，遍布着 9000 个劳动力。农学家兼旅
行作家阿瑟·扬（Arthur Young）写道："纺纱工从来不会因
为没有工作而站着不动；只要他们愿意，他们随时都可以找到
工作；但织布工有时会因为缺少纱线而无所事事。"他在英格
兰北部进行了为期六个月的旅行，其间来到这个小镇。

在旅行的后期，扬不舒服地沿着一条"坑坑洼洼"的公路前行，最终到达曼彻斯特。他在那里看到了一个繁荣的纺织业，生产的产品既供国内消费，也出口到北美和西印度群岛。工作机会有很多。他写道："总的来说，所有人都可能会不断地有工作可做。"他指出，除了许多制造纺织品、帽子和装饰品、布条等小商品的工人外，"曼彻斯特市区和郊区雇用的纺纱工数量是惊人的"。在市区工作的纺纱工有3万人，另外还有5万个纺纱工在郊区工作。

在扬所处的时代，纺纱是迄今为止英国最大的工业行业。一位经济史学家估计，"把羊毛、亚麻和大麻纺纱加在一起，到1770年潜在的就业人数可能是约150万已婚妇女"，而当时的英国劳动人口大约是400万（这个计算假设已婚女性比单身女性纺得少）。

纺纱工人的工资充其量只是中等水平。沃灵顿的妇女和女孩纺的是制作帆布所用的亚麻纤维，如果她们全职工作，每星期仅仅能挣1先令，而一个男性织布工每星期可以挣9先令，一个女性织布工每星期能挣5先令。在曼彻斯特地区，成年棉纺工每星期能挣2~5先令，而女孩每星期只能挣1~1.5先令。相比之下，根据织物的类型，织布工的收入在3~10先令。[29]

乍一看，纺纱工似乎受到了不公平的待遇。历史学家德博拉·瓦伦泽（Deborah Valenze）写道："尽管纺纱女工在英格兰的经济命运中扮演了至关重要的角色，但她的工作收入微薄。"她把低工资归咎于性别歧视。"纺纱由于与女性的工作联系在一起，因此受到污名化，纺纱工从未获得与对线的需求相称的工资。"[30]

这个关于受压迫女工的简单道德故事忽略了织物生产中不容忽视的数学问题。线可能是必不可少的，但除非最终制成的布料极其昂贵，否则每小时纺纱的单价必然很低。缫丝能手的工资很高，比很多男人挣的工资都高，这是因为她们缫出的丝线制成的织物是昂贵的丝绸。瓦伦泽颠倒了因果关系。纺纱的工资很低，不是因为女性在从事纺纱工作，而是因为纺出大量有用的纱线需要花费很长的时间。一个小时的劳动成果根本不值那么多钱。女性从事这种低薪工作是因为她们的选择比男性少。压迫不在于支付给纺纱工人的工资，而在于女性没有其他的就业机会。

事实上，对于那些从事织物贸易的人来说，纺纱的成本并不低——即使仅支付"微薄的工资"。它的成本很容易超过布料生产的其他步骤。1771 年，一份议会报告记录了制作一块售价为 35 先令的标准精纺呢绒的成本。最大的开销是原毛本身，要 12 先令；纺纱工的工资紧随其后：11 先令 11.5 便士。③织造的花费是它的一半——仅 6 先令。制造商赚了 5 先令 5 便士的利润。

这一比例也不是反常现象。对于粗纺绒面呢来说，纺纱的成本往往是织布的两倍。1769 年，当时的经济形势非常好，生产 25 码布料所需的纱线成本是 17 先令 11 便士，是织布成本（8 先令 9 便士）的两倍还多。五年后，当绒面呢价格下跌时，这一比例更加不平衡：纺纱工挣了 15 先令 9 便士，而织布工只挣了 7 先令。[31]

微薄的工资和高昂的纺纱成本反映了前工业时代织物生产的基本经济状况。布料需要大量的纱线，纺纱需要大量的时间。要纺出精细、紧致、均匀的线需要更长的时间。为织布机提供除了最奢侈的材料以外的任何东西都注定要付出很低的代价。否则，没有人能买得起这种布料。

纺纱是织物生产的瓶颈，也恰恰是其亟待解决的问题。从

---

③　1 英镑 =20 先令；1 先令 =12 便士。

17世纪末开始，发明家开始寻找用更少的劳动生产出更多纱线的方法。就像今天廉价、清洁的能源一样，纺纱机器显然也是令人向往的。1760年，英国的艺术、制造业和商业"鼓励协会"（Society for the Encouragement of Arts, Manufactures and Commerce）为制造出"一台能同时纺出6根羊毛线、亚麻线、棉线或丝线，而只需要1个人操作的机器"提供了奖金。

没有人赢得这项奖励，但几年后詹姆斯·哈格里夫斯（James Hargreaves）发明了珍妮纺纱机，这是一台卧式机器，有望"通过一只手的转动（或移动）和另一只手的拉动，同时纺纱、拉长和加捻16根或更多的线"。这就是经济史学家贝弗利·勒米尔（Beverly Lemire）所说的"第一台强大的机器，靠一个纺纱女工的劳作就可以连续不断地生产多个纱锭的线"。珍妮纺纱机非常适合家庭生产，甚至孩童也能操作，它加快了纺纱的速度，提高了线的均匀度，并增加了纱线的供应。更多的纱线反过来又可以生产出更多的机织物和针织长袜。[32]

但数量并不是英国的纺织品制造商面临的唯一问题。棉花是短纤维，很难纺成线。无论是使用珍妮纺纱机还是老式的手纺车，英国的纺纱工都无法制造出足够紧致的棉纱来做经纱，使其可以承受住持续的张力而不断裂。用手纺锤将这种短纤维纺成线需要很长的时间，成本高得令人望而却步。因此，英国的"棉布"实际上是一种较为粗糙的布，被称作"棉亚麻混纺粗布"（fustian），这种布的纬纱是松散的棉线，经纱是亚麻线。

顾客真正想要的是来自印度的时尚全棉印花布，那里的纺纱工人是全世界最擅长纺棉花的。然而，在英国强大的羊毛工业的要求下，议会禁止从印度进口全棉印花布，到了1774年甚至禁止英国制造商出售他们自己生产的印花棉布。英国东

印度公司向北美殖民地出售越来越多的印度棉布，在那里，印 64
度棉布比英国的棉亚麻混纺粗布更受欢迎。英国的纺织品制造
商想从美洲的市场中分一杯羹。要实现这一点，他们不仅需要
更多的棉纱，而且需要质量更好的棉纱。斯泰尔斯认为，纺纱
"不仅是纺织品生产的瓶颈，也是决定质量好坏的必要条件"。

英国人以一种迂回的方式从意大利的捻丝厂得到了解决
方案。故事以纺织史上常见的工业间谍活动开始。18世纪初，
一位名叫托马斯·洛姆（Thomas Lombe）的英国工厂主把他
在机械方面很有天赋的弟弟约翰送到了意大利，希望他能掌握
皮埃蒙特缫丝技术的秘密。约翰通过贿赂一个牧师来帮助他，
在里窝那（Livorno）的一家丝线厂找到了一份机械工的工作。
白天，他把这些机器都记在脑子里；晚上，他把机械平面图画
在纸上，藏在成捆的生丝里，偷偷运回家。1716年，他带着
几个意大利人和他们的专业技能回到了英国。利用剽窃来的机
械平面图，兄弟俩在德比镇（Derby）建了一座五层楼高的捻
丝厂。它于1722年正式开业。同年，约翰因长期患病而去世，
据说这种疾病是由一名意大利刺客的毒药引起的。

英国政府很高兴能奖励一位引进最先进技术的英国国民
（尽管托马斯是通过不正当的手段得到的），他们授予他机械设
计的专利。1732年，当这项专利到期时，他请求延期。相反，
议会给了他一笔惊人的奖金，14000英镑——当时，一个家庭 65
的年收入为100英镑，即属于中产阶级；年收入500英镑即属
于富人阶级——条件是他必须公开机械平面图，并提供一个捻
丝机的"完美模型"，以便其他人可以仿造。[33]

不久之后，一位名叫刘易斯·保罗（Lewis Paul）的发
明家开始将这种机器的原理应用到棉纱生产中，保罗人脉很
广，他的父亲是一位法国难民医生。他的机器安装了一系列轧
辊，每一根轧辊的纺纱速度都比前一根快，可以将精梳过的纤

在印度手纺车上纺纱，约 1860 年，由凯哈尔·辛格（Kehar Singh）绘制。（*The Cleveland Museum of Art*）

维拉长并加捻成线，通过这种方式用机械威力代替了人工技能。斯泰尔斯写道："这是一台圆形的机器，带有一根中央主动轴，在设计上与洛姆的意大利捻丝机有着惊人的相似性。"保罗将这项技术授权给了他通过朋友、著名作家塞缪尔·约翰逊（Samuel Johnson）认识的投资者。

保罗的机器被英格兰北部的工厂采用，其中包括北安普敦（Northampton）的一家工厂，这家工厂安装了 5 台机器，每台机器上有 50 个纱锭，但是，这种机器存在技术问题，因此不算特别成功。（这些工厂还遭遇了管理问题。）但轧辊纺纱激发了其他工匠的灵感。其中一位坚定分子承认说："好几位绅士都差一点被这件事情弄破产了。"他叫理查德·阿克莱特

（Richard Arkwright），是兰开夏郡（Lancashire）的理发师、假发制造商和酒吧老板。尽管他的背景令人难以置信，但阿克莱特是一个善于改进他人发明的天才，他设法找到了解决问题的方法。他没有使用圆形机身，而是将几对轧辊排成一行，并加重顶部的轧辊的重量以替代纺纱工人的手指，以此保持纤维的紧密度，这样在牵伸时就不会发生捻转。结果纺出来的纱线很均匀，也足够紧致，可以作为经纱使用。

1768 年，阿克莱特搬到了诺丁汉的长袜针织中心，找来了几个生意伙伴，并为一台后来被称为"水力纺纱机"的机器申请了专利。他的第一家纺纱厂于 1772 年开业，生产的纱线用于制造销往美洲市场的针织长袜和印花棉布。他的生意伙伴随后成功游说议会废除了对印花棉布的禁令，使这种现在用英国纱线制造的时尚布料得以在全国合法销售。斯泰尔斯写道，水力纺纱机是"终极宏观发明"——一种能产生其他技术的技术，其影响远远超出单一的功能。[34]

几年之内，水力纺纱厂遍布英格兰北部，生产出了大量低成本棉纱，这在以前是难以想象的。随着时间的推移，阿克莱特利用水力创新技术改进了机械纺纱，提高了纱线质量，并将梳理和粗纺（加捻纤维，为纺纱做准备）集成为一道工序。他最终在纺纱机上增加了蒸汽动力。勒米尔写道，操作这些机器的人成为"第一代产业工人精英。他们的收入很高，而且工作中使用的技术给他们带来了相当大的声望"。

他们不是唯一的赢家，至少短期内如此。1788 年，塞缪尔·克朗普顿（Samuel Crompton）发明了"骡机"，之所以称为骡机，是因为它将阿克莱特的设计与珍妮纺纱机的筒管结合在一起。（骡子是马和驴子的杂交种）凭借骡机，英国制造商第一次能够生产出像印度手纺棉纱一样精细均匀又结实的纱线。纱线产量激增，织布工成了织物生产新的瓶颈。

勒米尔写道："那些从事手工织布行业的人经历过黄金鼎盛时期，他们想做多少活就做多少活，收入也很高。"黄金鼎盛时期不会一直持续下去。动力织布机在世纪之交出现，随之而来的是著名的卢德运动（Luddite movement），昨日的赢家变成了新的经济输家。具有历史讽刺意味的是，这些手工织布工捣毁了对他们的工作造成威胁的织布机，成为抵制新技术的代名词，然而，他们的生计受到威胁，原因却在于更早、更具破坏性的进步。

事实上，阿克莱特早期的"专利机器"也引发了反技术者的强烈抵制。抗议者砸碎机器，要求政府救济。在等待议会采取行动之前，威根镇（Wigan）停止了"所有用于棉花的梳理、粗纺和纺纱的机器和发动机的使用，无论这些机器和发动

19 世纪的纺纱车（*Credit: Yale University Art Gallery*）

机是靠水还是马作为动力驱动的"。一份向议会提交的请愿书解释说:"问题的症结在于引进了各种各样的专利机器和发动机,它们以一种如此致命和骇人的程度取代了体力劳动,因此……成千上万的人……以及他们的家人,都渴望找到工作。"

议会委托起草了一份报告,但决定不采取行动。报告的结论是:"由于专利机器的使用,在上述地区已经建立了一个非常重要的印花棉布制造业。"尽管新技术造成了破坏,但它创造了新的工作岗位,并使整个国家受益。

有一本标题冗长但直白的小册子,名为《致棉制品制造业中的工人和全体穷人:对棉制品制造业中机器使用的思考》(*Thoughts on the Use of Machines in the Cotton Manufacture. Addressed to the Working People in That Manufacture and the Poor in General*)。其中详细描述了一个案例,这个案例也适用于流媒体音乐、自动驾驶汽车、无人机送货,以及其他我们担心**机器人正夺走我们工作的行业**。

> 那些被赶出旧工作岗位的人会找到新工作,或学习新本领。那些劳动报酬减少了的人会瞄准更有利可图的行当。那些因为率先利用新发明而大获其利的人,很快就会发现竞争对手太多,而不得不降低价格、减少利润……事实上,棉制品制造业几乎是一个新兴行业。织物的质地、我们生产的东西的品质得到惊人的改变。我们大量生产了多少新品种的布料?如果没有我们的机器,这是不可能生产出来的,至少不可能大量生产,或者不可能卖得如此廉价。[35]

尽管可能对个体当下的命运过于乐观,但这本小册子的作者对大局的看法是正确的。通过制造大量的纱线,这些"专利机器"改变了世界。从衣服到船帆,从床单枕套到面粉袋子,

68

生活必需品的价格突然变得更便宜，种类更多了，也更容易买到了。妇女从纺锤和纺纱杆中解放出来。这就是经济史学家戴尔德丽·麦克洛斯基（Deirdre McCloskey）所称的"大富裕"的开始，这是一场长达数世纪的经济腾飞，提高了整个世界的生活水平。正如绳子使早期人类得以征服世界一样，充足的纱线在生活的方方面面都产生了涟漪效应。[36]

*

佐治亚州的杰斐逊市（Jefferson）人口约 1 万人，沿着85 号州际公路从亚特兰大往东北行驶一小时的距离，城市的郊区绵延到这里已变成了树林和牧场。直到几十年前，这些南部小镇还供应着世界上大部分的纱线和布。随着纺织产业的不断发展，它们接替了新英格兰和英格兰北部的工业城。现在，该地区的大部分纺织厂都关闭了，取而代之的是在中国和东南亚拥有更廉价劳动力的新工厂。只有最顽强的竞争者生存了下来。

刚参加完在亚特兰大举办的高科技纺织品贸易展，我就来参观比勒优质纱线有限公司（Buhler Quality Yarns Corp.），该公司是一家幸存下来的精英企业，自诩为"美国细支纱的领先供应商"。它的产品由长绒优质皮马棉（Supima）纺成［这种产于美国的长绒海岛棉通称为"皮马棉"（pima）］，其棉纱中的纤维含量比标准陆地棉（主导世界市场的陆地棉）高约 30%。纤维越长、含量越丰富，成品织物就越柔软、越有光泽、越不可能撕裂和起纤维绒球。但这些优点要价不菲。比勒公司的销售副总裁大卫·萨索（David Sasso）说："我们生产品质最好的纱线，否则我们就不生产。"对于寻求最低价格的客户来说，比勒公司不是他们的选择。

在这次访问中，我穿了一件 8 美元的 T 恤。通常不能穿着这种 T 恤出席商务会议，无论会面的场合是多么随意，但今天，这是为了向我的东道主致敬。这件 T 恤的面料超级柔软，是长绒皮马棉纤维和莫代尔纤维（一种优质的纤维素纤维）混纺而成的，很可能就出自这家工厂。比勒公司是我购买这件 T 恤的大卖场的供货商。"这个价格是市场上最划算的"，萨索前一天自豪地向我展示了一件同样价格和品牌的 T 恤。"这是两个巨无霸汉堡的价格。这就是高效供应链的运作方式：只要 8 美元，就能买到市场上最昂贵的纤维。"

在全球纺纱业中，比勒是一家小公司。它的单层厂房是一栋典型的 20 世纪中期工业建筑，基本上没有窗户，浅色的外墙砖掩住了底下的当地红色黏土，厂房里有 32000 个纱锭。这家工厂雇用了 120 个工人，分四班轮流工作。

尽管周围肯定有 30 个工人在工作，但车间里看起来几乎空无一人。在打包间里，一名叉车司机把一包包 500 磅重的加利福尼亚棉花排成一行。一条有两包棉花宽的机械臂平稳地沿着一排 30 包棉花移动，捞取一层又一层纤维，并将其吸入头顶上方的管道里。从那里开始，纤维进行清洁循环，然后进入粗梳、精梳和反复加捻的阶段。

每一个步骤都几乎是完全自动化的。在我目力所及为数不多的几个人中，有一个穿着橙色 T 恤和牛仔短裤的女人——棉花需要温暖、潮湿的环境——正在收集筒管，她面对着一排排纱锭（每一排有 600 个），每一个纱锭上都绕满了线。一个皮带上挂着对讲机、脖子上挂着橙色耳塞的主管在车间里走来走去。这地方很嘈杂，不过还没到震耳欲聋的程度。我的 T 恤沾上了一些碎片，但大部分纤维都被真空系统过滤掉了。

纺纱已经存在很长时间了，很容易想象这项技术已经完全成熟了。事实并非如此。萨索说："如果你看看今天的一些现代工厂，在过去十年左右的时间里，工厂里的人数并没有变化，但是产量可能是原来的两到三倍。"他展示了一种叫作喷气纺纱的新系统。它不是将棉花捻成纱线，而是将气流喷射到棉花表面，以一定角度将表层纤维包缠在纤维条外围。这种新机器比以前的机器更安静，速度也快得多。

70

萨索说："我们有 120 个工人在生产棉纱，之前每年的产量是 700 万磅。安装了这个系统，在工人数量不变的情况下，我们的产量将接近 900 万磅。"根据他的计算，这些棉纱足够针织 1800 万件女式 T 恤——目前仅能针织 1400 万件。或者用旧时纺纱女工可能理解的术语来说，每个工人用旧机器每年生产 60000 磅纱线，用新机器每年生产 75000 磅纱线——要纺出这么多纱线，安娜·科德要足足花费三个世纪的时间。[37]

第三章

布

> 大脑苏醒了，随之而来的是思维的回归……很快，大脑就变成一台被施了魔法的织布机，千百万只织梭来回飞驰，织成了一幅幅转瞬即逝的图案，这些图案总是寓意深远，但无法保持不变。
>
> ——查尔斯·谢林顿爵士（Sir Charles Sherrington），神经生物学家《人类对自己本性的认识》（*Man on His Nature*），1940

吉莉恩·沃格尔桑-伊斯特伍德（Gillian Vogelsang-Eastwood）给她的 6 个学生每人两根竹棒、两种颜色的纱线和一个两端各有一排排小钉子的小木架。她宣布，现在拥有的材料"足够制造出一台高效运转的织布机，这是工业革命的开端。你们开始吧！"

这个问题比听起来难多了。一旦把纱线来回绕在织布机前后的钉子上，排整成经纱，就很容易使用一根竹棒每隔一根挑起经纱，编入第一排纬纱。但是然后怎么做呢？如果就这样的话，第一根竹棒就把经纱的位置定死了。那如何挑起第二排、第三排经纱呢？半个小时之后，除了用自己的手指，学生们都没有想出更好的办法挑起经纱。

沃格尔桑-伊斯特伍德是一位考古学家，她出版了大量著作，也是荷兰莱顿大学城纺织研究中心（Textile Research

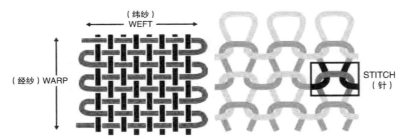

基本的梭织结构和针织结构（*Olivier Ballou*）

Centre）的创始人。她津津有味地向我们揭示了这个重大发现。每隔一根经纱，她就系一个线圈，"一、三、五、七、九"，然后用一根竹棒穿过这些线圈，接着她在偶数经纱上也这样操作了一遍。举起一根竹棒，将纬纱拉过去，然后举起另一根竹棒，再把纬纱拉回来。瞧！要用一维的纱线织成二维的布，你必须从三维的角度思考。

沃格尔桑－伊斯特伍德说，在十多年的课堂教学中，只有两个学生解决了这个难题。其中一个学生是织布工，他早已经知道了答案，而另一个是工程师。她宣布，发明这些提起经纱的线圈（也被称为"综丝"）的古人是"天才"。我们这些织布"笨蛋"都表示同意。[1]

纺纱训练双手，而织布则挑战思维。就像音乐一样，它具有深刻的数学意义。织布工必须理解比例，找到素数，计算面积和长度。巧妙地操控经纱，可以使线变成行，行变成图案，点变成线，线变成面。织布展现了人类最早的一些数学算法。它是代码的实体化体现。

早在数学科学出现之前，织布就将直角和平行线引入了日常生活。考古学家卡莉奥普·萨里（Kalliope Sarri）说："纺织图案并不代表自由本性，但它们是对称分布的"；"织布工只能重复基本图案……如果他们能数一数、分一分、加一加，如果他们能找到一个圆的圆心、一条线的中点，就能估算出需要使用多少种颜色、多少染料，最后估算出产品的重量和经济价值"。她写道，新石器时代爱琴海艺术中描绘的纺织图案"揭示了织布工在计算、概念化和表现几何形状、创造层次以及估算尺寸、体积和价值方面的能力"。[2]

新近出现的针织技术同样具有数学特性，尤其是在其创造三维形状的能力方面。2009 年发表的一篇学术期刊文章的标题是《每一个拓扑表面都可以针织：一个证明》（*Every Topological Surface Can Be Knit: A Proof*）。两位本身也会针织的数学家写道："在几乎所有的针织活中都不仅隐藏着行数和针数的计算，还隐藏着最好用抽象数学来理解的结构问题。"[3]

人类学家卡丽·布雷津（Carrie Brezine）说："无论是通

针织使三维形状有形化的潜能反映了它的数学特性。2009 年，拓扑图理论学家萨拉 – 玛丽·贝尔卡斯特罗（Sarah-Marie Belcastro）发表了一篇学术期刊文章，标题为《每一个拓扑表面都可以针织：一个证明》，图中这些数学对象是她针织出来的：克莱因瓶，正交双孔环面以及（15,6）环面纽结和链环。（©*sarah-marie belcastro*）

过发明精密的机器来制造布，还是通过为复杂的心智计算构建知识框架来制造布，布的存在都是数学在有形世界中发挥作用的证据。"[4] 在与一群手工织布爱好者共进晚餐时，我询问他们织布与数学之间的关系，有两个人异口同声地回答说："它就是数学。"

*

74　　最早的布可能是网状的，是用细绳打环和打结制成的。后来，缝纫启发了新的织布技术，比如单针编织法（*nålbinding*），就是用一根钝针将线穿过绕在拇指上的线圈。虽然成品织物看起来像针织物，但织法却完全不同。针织物是将一根连续不断的线打圈形成若干针，只有这些线圈是相互串套的。相反，单针编织法是将一整根纱线穿过每一个线圈，它使用的是非常短的纱线，一根纱线织完再织另一根，前后两根纱线的接头处是通过摩擦合并在一起的。因为它不需要长而连续的线，所以对纺纱技术的要求不太高，而且当单个线圈断裂时，整个织物也不会散开。考古学家在许多不同的地方都发现了这种布，比如以色列的纳哈尔·赫马尔洞穴和中国西北部的塔里木盆地。[5]

　　通过相互交织的垂直线，织布实现了概念上的突破，极大地增加了可能的图案数量。尽管它们的式样千变万化，但每台织布机都有两个功能：一是使经纱保持紧绷；二是让织布工可以通过抬起或压低经纱，形成一个可以让纬纱穿过的空隙（被75　称为"梭口"）。织布是最早的二进制系统——经一纬，上一下，起一伏，开一关，一一零，至少有 24000 年的历史。[6]

　　其可能性简直是天文数字。线可以织得很松散，也可以织得很紧凑，或者以某种松紧结合的形式织成布。经纱和纬纱可

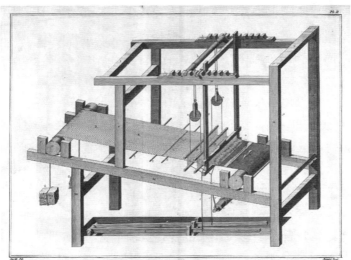

Tisserand, Metier.

这是 18 世纪百科全书中的一幅图，图中展示的是一台欧洲的落地织机——经纱卷绕在经轴上，综杆由踏板控制的滑轮抬起。织机的前部，也就是织布工坐的地方，位于图片的右侧。加纳肯特布织布工在两组由椰子壳踏板控制的综丝之间切换，创造出这种织物独具特色的交替图案。他们的工作需要预测当布条缝合成一块大布时，这些图案将如何相互作用。(*Wellcome Collection, Philippe J. Kardolfer*)

能同样显眼，也可能一个在很大程度上覆盖住另一个。线可以是不同的颜色、质地和材料。根据提起经纱的位置，你可以改变成品织物的外观效应和结构特性。一位织布艺术家说："无论你活多久，织布都是一件你永远完不成的事情。"[7]

你可以用三根综杆提起第 1、4、7、10 根线，第 2、5、8、11 根线，以及第 3、6、9、12 根线，而不是用两根综杆分别支撑奇数线和偶数线。用前一种织法织出来的是斜纹织物上的斜线效果，用后一种织法织出来的是平纹织物上简单的一根上一根下的效果。改变抬升和压下综杆的顺序可以带来更多的变化，包括人字形和菱形。增加综丝的排数将进一步增加可能的排列组合数量。色彩使织法的变化更加丰富。

绸缎的光滑表面是通过解决一个类似数独的难题来创造的：如何隐藏经纱和纬纱的交织点，同时避免像斜纹织物那样形成明显的斜线？[8] 这三种基本织造方法——平纹、斜纹和缎纹，可以单独使用，也可以综合起来使用——能组合出无数种设计。

在将一根纬纱穿过经纱前，织布工必须确定织物的结构和图案。即使是平纹的织法也需要做好事先的谋划：它是要交替使用单根线还是多根线？织物上有不同颜色或质地的条纹、格子或图案吗？如果布料是双层的，需要通过选用不同的经纱织成两个独立的层次吗？经纱和纬纱是同样显眼的，还是一个覆盖住另一个？这些问题决定了你使用什么材料，事先怎么穿综和确定经纱的间距，以及将纬纱排列得多密集。加上斜纹组织和缎纹组织，选项将进一步成倍增加。

邱田（Tien Chiu，音译）说："织布时，艺术在很大程度上是一个数学问题。它是对图案的理解，也是对结构的理解。"她是一名"半途而废的数学家"——她从研究生院退学了——曾经担任过硅谷的项目经理，现在从事织布艺术事业。她说，从数学上说，缎纹织物的织法与国际象棋中的八皇后问题是一样的。所谓"八皇后问题"是指假设有八个皇后，如何在棋盘上摆放她们，使任意两个皇后都不能处于同一行、同一列或同一斜线上，从而防止一个皇后吃掉另一个。对于缎纹织物来说，皇后就是经纱和纬纱交织的地方，使布连在一起。邱田说，想象一个织物的结构，"对我来说，和想象抽象的代数没什么区别"。[9]

今天的技术专家喜欢讲述 19 世纪初约瑟夫 – 马里·雅卡尔（Joseph-Marie Jacquard）是如何使用穿孔卡片来选择经纱的，以及他的发明如何启发了查尔斯·巴贝奇（Charles Babbage）造出分析机（Analytical Engine）——这是计算机的数字先驱。埃达·洛芙莱斯（Ada Lovelace）曾有一句名言："我们可以很恰当地说，分析机**织出代数图案**，就像雅卡

使用安第斯背带织机编织图案，需要掌握各式各样的对称规则。（*iStockphoto*）　　77

尔提花织机（Jacquard-loom）织出花朵和树叶一样。"这似乎是每一个精通技术的人都知道的一点纺织历史。[10]

但雅卡尔是位后来者。到他发明由卡片控制的织布机附件时，人类织布工已经利用基本的数学知识，想象、记住和记录复杂且对称的图案数千年了。

在安第斯山脉，妇女会穿一种被称为"利克拉"（*lliklla*）的传统彩色披肩，通常用它来背孩子。学习织利克拉的过程是一种成人仪式：织布工通常是一位新手母亲，此前数年她织的都是窄布条，现在终于上手开始用更宽的织布机织布。1976年，美国人埃德·弗兰科蒙特（Ed Franquemont）在秘鲁的琴切罗村（Chinchero）定居下来，他在那里学习和记录安第斯山脉的织布技艺，对他来说，第一次织利克拉的经历是一个特别的挑战。

这种布的典型特征是条纹图案和单色条纹交替出现。要织出这种图案，首先要按照正确的颜色顺序缠绕数量精确的经纱——这项任务必须由经验丰富的织布工或"整经搭档"来完成。在为弗兰科蒙特织"利克拉"时，织布能手贝妮塔·古铁雷斯（Benita Gutiérrez）根据"凯斯瓦"（*k'eswa*）和"洛雷普"（*loraypu*）两种图案绕制了经纱。然而，与典型的利克拉织布工不同，弗兰科蒙特并没有花费数年的时间来掌握传统的图案。他知道洛雷普，它的特征是在一个菱形里有一个 S 形，但他承认自己从来没有织过"之"字形的凯斯瓦。

"贝妮塔盯着我看了一会儿，然后大笑起来，"他回忆说。

"'你说你知道洛雷普，但不知道凯斯瓦？'她问道，并开始招呼邻居和路人一起来分享这个笑话。很快我就被十几个笑嘻嘻的女人包围住了，当贝妮塔的手指在一个洛雷普里勾勒出凯思瓦的轮廓时，那些女人都高兴。"

原来，洛雷普是由凯斯瓦和它的镜像结合而成的。弗兰科蒙特只看到了最后的形状，没有察觉到基本的图案。他忽视了对称，这是这个图案中基本的数学知识，也是记住、再造和装饰它的关键。他后来写道，对于安第斯山脉的织布工来说，"学习织布不仅需要掌握织布机的技术和操作过程，还需要掌握对称操作的原理，即利用一些相对简单的信息构建复杂的结构"。[11]

在 1988 年的一篇颇具影响力的文章中，数学家林恩·阿瑟·斯蒂恩（Lynn Arthur Steen）为自己的研究领域提出了一个比传统的"关于空间和数字的科学"更为宽泛的定义，该定义源于几何和算数。他写道："数学是关于模式的科学。"

> 数学家在数字、空间、科学、计算机和想象中寻找模式。数学理论解释模式之间的关系——函数和映射、运算符和态射，将一种模式绑定到另一种模式，从而产生持久的数学结构。数学应用运用这些模式来"解释"和预测符合这些模式的自然现象。模式启发其他的模式，经常产生模式的模式。通过这种方式，数学遵循它自己的逻辑，从科学的模式开始，不断增加从初始模式衍生出来的所有模式，最终使整个学科得以完整。[12]

"数学"一词既指对模式的科学探索，也指模式本身的性质。安第斯山脉织布上的对称是数学结构。描述它们的群论是数学科学。在这两种情况下，"模式启发模式"包含了"模式的模式"。就像莫里哀笔下的茹尔丹先生一直在说着乏味无聊的话，自己却毫无意识，每个织布工也一直在做数学题。但正如行星的运动一样，也许需要一个数学天才来首先识别和描述抽象的模式。

79

*

作为一个在西德长大的孩子，埃伦·哈利齐乌斯－克卢克（Ellen Harlizius-Klück）从小就对纺织品、数学、美学和逻辑学感兴趣。为了兼顾她的两个兴趣，她决定在大学里学习艺术和数学，并希望成为一名教师。

她有一门课程的主要内容是欧几里得的《几何原本》（*Elements*）。这本书以几何学闻名，是关于数学定义和证明的经典文本。每个学生都要介绍书中的一个部分，哈利齐乌斯－克卢克分到的是最乏味的作业——算术。"我说，'哦，不，我想要介绍的是几何。谁会对算术感兴趣？'"她回忆道。

教授的回答让她印象深刻。他告诉她，算术是欧几里得逻辑证明体系的基础。他说，它不太得到认可，只是因为历史学家无法弄清楚它为什么会发展（算数的许多概念被认为早在欧几里得之前就出现了，而欧几里得大约在公元前 300 年写了《几何原本》）。几何学有明显的实际应用。但算术似乎只是玩数字游戏："如果我们任意把多个奇数相加，只要它们的个数是偶数，那么总和就是偶数"；或者"如果一个奇数和一个数是互素数，那么它和这个数的两倍数也是互素数"。[13] 尽管它兼具美感和精确，在《几何原本》里这部分似乎是动机不明的。为什么早期的数学家对奇数、偶数和素数的定义如此感兴趣？为什么他们如此关心数和数之间是否有公因数？

"这就像数字和数字可以是朋友，也可以是亲戚，"哈利齐乌斯－克卢克说，"其原因也与这些数字的产生有关系。所以，素数既没有亲戚，也没有朋友。"**那是怎么回事？**

从柏拉图到现在的数学家都认为古希腊算术是纯科学，只受其自身内在逻辑的启发，没有外部刺激。哈利齐乌斯－克卢克对此持怀疑态度。她的数学家丈夫也同意她的观点。她说：

"在古代，数学家不是简单地发明这样的东西，然后撰写关于它的书，最后每个人就会说：'噢，真棒啊。'我们绝对相信在这背后隐藏着某种东西。"但他们不知道那是什么。

80

然后，在20世纪90年代末，在她的欧几里得课程结束近20年后，哈利齐乌斯-克卢克开始学习手工织布。这使她有了一个想法。她说："我意识到，在织布过程中，当你想要织出一个几何图案，比如正方形、长方形或圆形时，你必须首先将它转化为算术。因为你必须从线数的角度去思考。"[14]织布讲究的是奇偶数、构成比和相对比——就像古代的算术一样。与画家不同，织布工不是把图案画出来。他们一根线一根线地、一行一行地构建它们，就像在屏幕上用像素创建图片一样。要做到这一点，他们必须理解《几何原本》中的数值关系。

在操作古希腊陶器上所描绘的加了经纱的织布机时，掌握素数和倍数尤其重要。在这样的织布机上，经纱靠黏土或石头的重量拉紧，从顶部的横梁上垂下来。这条横梁可以像一条带子一样方便，经纱的一端打结固定在它上面。但古希腊人使用了令人印象更为深刻的方法。他们先织了一块窄布条，布条的长度和成品织物的宽度一样。然而，他们没有将纬纱紧紧地从一边织到另一边。相反，他们把纬纱的一边拉长——长到和成品织物的长度相同。当一边织完后，他们将其旋转90度，并固定在织布机的顶端。原来长长的纬纱变成了成品织物的经纱。

织布工通常不会计算纬纱的根数，但对于一台加了经纱的织布机的边带来说，准确的数目很重要。如果纬纱转成经纱的纱线根数是一个素数，那么成品织物上不会均匀地分布重复的图案。另外，如果边带本身有匀整重复的图案，比如，每8根纬纱交替，那么成品织物可以包括这种重复的任何倍数或公因数：每2根、4根、8根、16根线等。[15]

　　织布在古希腊社会很普遍。它不仅是一种必不可少的技艺，也是赋予古希腊文化特色的习俗之一，古希腊人用仪式和艺术来庆祝它。《荷马史诗》（*Homer Epics*）中有 27 段提到了织布，包括一个著名故事：为了避开求婚者，佩内洛普（Penelope）在为拉厄特斯（Laertes）制作寿衣时，不停地织布、拆布。希腊诗人经常用织布来比喻诗歌与歌曲的创作。柏拉图的《政治家篇》（*Politikos*）是哈利齐乌斯 – 克卢克博士学位论文的主题，文中将理想的政治家比作织布工，政治家将勇敢和节制的公民团结在一起，就像织布机将结实的经纱和柔软的纬纱织成布。（这篇对话还包括对羊毛制品生产各阶段的深入讨论。）16

公元前 550~ 公元前 530 年，古希腊的橄榄油罐（*lecythos*）上所绘的加了经纱的织布机，以及埃伦·哈利齐乌斯 – 克卢克对其进行的全尺寸复原，织布机以片梭织法结合双层织法织出布料。（*Metropolitan Museum of Art; ©Ellen Harlizius-Kluck, 2009*）

　　在每年夏天的泛雅典娜节（Panathenaia festival）上，雅典妇女会向真人大小的雅典娜女神像献上一件新织的长袍，这件长袍是用金黄色、蓝色和紫色的纱线织成的。每隔四年，帕特农神庙里的巨型雅典娜雕像也会收到一件新的长袍，这件长袍是由男人织的。这件衣服被当作船帆挂在一艘装有轮子的船上（这艘船与通常的船大小相同），以这样的方式送到仪式上，然后很可能悬挂在雕像后面的墙上。每一件长袍上都织出了奥林匹亚诸神和巨人的战斗画面。无论大小，这块特别的织物象征着雅典城邦的统一，它是如今收藏在大英博物馆的帕特农神庙大理石饰带浮雕表现的中心场景。[17]

　　因此，尽管只是推测，但我们可以合理地想象，早期希腊的数学家们对织布完全了解，从而受到其逻辑运算的启发，就像以几何学为例，他们也很可能受到了土地测量的启发。你越是从织布的角度来看待《几何原本》里的算术，它们之间就越可能有联系。

82

　　以欧几里得《几何原本》第七卷中的第一个命题为例："设有两个不相等的数，依次从较大数中减去较小数，若所得余数总是无法量尽它前面一个数，直至最后的余数为一个单位，那么这两个数互为素数。"用更通俗的话来说，这意味着如果你一直用较大数减去较小数，直到最终得到一个比较小数小的余数，你就可以自信地说，较大数不能被较小数整除。这种互减法被称为"所有算法的老祖宗"。[18]它被应用于计算机编程。但为什么古希腊人要费心研究它呢？织布提供了一个可能的答案。

　　假设你想织出一个每19根线重复一次的菱形斜纹图案。你的这块布大约40英寸宽，每英寸25根经纱，也就是说你需要1000根经纱。图案是不是均匀分布的？如果不是，你还需要多少根经纱？运用今天的阿拉伯数字，计算起来很容易。但古希腊人使用的是一套基于字母表的更笨拙的数字系统。要理解这个问题，需要试着用罗马数字计算 M 除以 XIX。

对于一个织布工来说，最简单的方法就是从经纱的左右两侧交替把每 19 根纱线扎成一束，直到中间剩下 12 根线为止。然后你可以把缺少的 7 根经纱添加进来，使经纱的总数能被 19 整除。尽管有了方便的十进制系统——更不用说电子计算器了——今天的手工织布者仍然在做这种"手动减法分割"（hands-on diusion-by-subtraction），因为它具有触觉和视觉上的意义。这一实践是布雷津所谓的"数学在有形世界中发挥作用的证据"的实例。但是，把这样一种日常的、实用的方法转化为抽象的概括需要科学想象力的飞跃。

*

无论是现在还是过去，大部分的梭织布都是平纹的。在织布机上设置经纱和纬纱时要做好事先规划，小心谨慎，特别是在涉及多种颜色时，但也不需要特别专注。要织出图案就更费劲了。无论是简单的斜纹布还是精美的锦缎，它们都采用了更复杂的织法，通常需要用到许多不同的综轴。在织布过程中，图案迫使织布工思考接下来会发生什么，并记住之前发生了什么。如果分心的话，你会失去头绪。图案越复杂，织布工就越需要保持持续的注意力——记住下一步该做什么就越困难。

为了记录图案，当代的手工织布者会使用图表纸，有时也靠计算机程序辅助（工业织机是由计算机操控的）。这类设计草图包括四个部分：一张关于如何穿综丝的图表；一张成品布的示意图（顶部的黑色方格代表经纱，白色方格代表纬纱）；一张指示哪些综轴应该一起抬升的图表——如果织布机有踏板的话，还应指示哪些轴应与同一块踏板相连；以及一张对应每行纬纱指示操作顺序的图表。

然而，人人都负担得起的纸是一种相对较新的资源，而复杂的编织图案可以追溯到几千年前。古往今来，织布工们发展出了各种各样的记忆方法和存储技术。

一种常见的方法是记住组合图案、它们之间的关系以及创建它们的规则，正如弗兰科蒙特在秘鲁所学的那样。当布雷津提到"复杂的心智计算的知识框架"时，她指的就是这些算法。安第斯山脉的织布工可以看着一块织了一半的布，发现其中的错误，并指出下一步该怎么做。

从荷马时代的希腊到当代的阿富汗，一些文化把用线计数编织进了他们的歌曲和吟诵中。在《奥德赛》中，喀耳刻（Circe）和卡吕普索（Calypso）一边织布一边唱歌；波利兹（Polites）听到喀耳刻的歌声，还没看见她就知道她坐在织布机前织布，这表明这些歌曲是众所周知的。据一位欧洲旅行者记载，19世纪中亚的地毯编织者反复吟唱着"一首古怪的歌曲，关于新编图案的针数和颜色"。

在阿富汗，织布工受到美国传单的启发，将飞机、世贸中心双子塔和美国国旗的图片编织进了"战争地毯"中。当被问及她是如何将这些图片转化成新的图案时，一位织布工回答说："在我眼里这不是一张图片。我把它看成一些数字，然后编成了一首歌。"一位考古学家指出，在印欧文化中，"与纺织品的图案编织相关的计数系统和歌曲对韵律诗歌叙事的影响可能非常之早，甚至有可能是它的源泉"。[19]

最常见的存储介质是布本身。研究人员在调查东亚地区仍在使用的传统织布机时，经常观察到织布工正在查看老布，他们想要重新织出布上的图案。中国湖南省西南部的一个织布工在她的织布机前贴了一块参考布样，尽管她说她已经把数目都记牢了。[20]

布便于携带且经常交易，可以将图案从一个地方带到另一个地方。一位研究西非织布技艺的纺织学者说，织布工是"受过视觉训练、有很强的数学技能的人。他们不需要与其他地区的织布工有身体接触，就可以吸收不同布料传统的特点；他们只需要接触到其他地方的纺织品就可以了"。这位学者的研究范围还包括最终形成了肯特布的技术交流。[21]

有充足的时间，经验丰富的工匠甚至可以破译古代织物。利用考古发掘出来的纺织品，秘鲁的织布工重新织出了胡安妮塔（Juanita）木乃伊所穿的精心编织的衣服，胡安妮塔是一个印加小女孩，在 15 世纪末作为宗教祭品被杀害。[22] 纺织学者南希·阿瑟·霍斯金斯（Nancy Arthur Hoskins）分析并重新制作出了年幼的法老图坦卡蒙的束腰外衣饰片、腰带和衣领上精致的几何图案，证明古代织布工几乎肯定是用纬纱而不是经纱来创造图案的。[23]

鉴于已知最早的针织品只能追溯到大约 1000 年前的伊斯兰埃及时期（Islamic Egypt），针织是一种更晚近出现的工艺。[24] 同样，现代针织从业者也破译和再现了考古发掘出来的针织品，以便更好地了解它们的结构。针织工安妮·德斯莫伊内斯（Anne DesMoines）花了 20 年的时间，利用从埃莱奥诺拉·迪·托莱多（Eleonora di Toledo）的坟墓里发掘出的长袜的图片，重新织出了这些图案复杂的袜子。埃莱奥诺拉·迪·托莱多是科西莫一世·德·美第奇（Cosimo I de' Medici）的妻子，死于 1562 年。多年来，德斯莫伊内斯制作了四五个不同版本，最终才确定出了她认为一模一样的复制品。她意识到，与现代针织工不同，这些长袜的创造者并不在乎它们的背景图案是否对称。此外，她说，"你可以看出它们是在工场里制作的，因为第二只长袜和第一只不一样"。每只长袜都是由 9 根布条组成的，但这些布条是在反面不同位置连接起来的。[25]

在重新将这些考古纺织品制造出来之前，德斯莫伊内斯和霍斯金斯已经从事针织和梭织几十年了，在此过程中她们磨炼出了反向设计复杂图案所需的专业技能。仅仅依靠布来保存图案是一种危险的方式。它假设每个新的从业者都有老师教导他们将嵌入在布上的代码转化为手工实践。如何织出图案仍然是一种行业内部知识。[26]

这就是为什么马克斯·齐格勒（Marx Ziegler）所做的事情如此激进。齐格勒是德国南部城市乌尔姆（Ulm）的一名织布能手，他沮丧地看到，该市的纺织商人为了满足他们对著名亚麻织品的需求，纷纷转向远至荷兰的供应商。他们抱怨说，乌尔姆的织布工跟不上 17 世纪的潮流，他们织不出带有图案的桌布、床帷和窗帷。

"人们有时认为，"齐格勒哀叹道，"在我们自己的土地上不可能制造出类似的东西，就好像我们没有别人那么聪明一样。"然而，他自己就制造出了各种各样的纺织品，从精美的亚麻织品到厚厚的地毯，并且掌握了需要多达 32 根不同的综轴才能织出的图案。他也不认为他的邻居们缺乏进取心或才能。

他总结道，问题在于雄心勃勃的乌尔姆织布工几乎没有机会学习怎么编织图案，因为那些懂得编织图案的人对他们的专业技能秘而不宣。他说："那些人懂得这门艺术，但他们自私自利，什么都不肯透露。"因此，齐格勒打破了织布行业传统的保密习惯，决定写一本操作手册。1677 年，《织布工艺术与图画书》（*Weber Kunst und Bild Buch*）出版，这是有史以来出版的第一本关于编织图案的书。

作为一名织布能手，齐格勒把他关于织布技术的经验印刷出版，需要一定的勇气。它还需要一套书面的代码：一种将编

86　织图案的织法说明转变成易于理解的图表的方式。就像乐谱记录哪些音符要发出声音一样，齐格勒的书使用线条和方格纸向织布工展示了如何在织布机上穿线，以及需要抬升哪些综丝来织出特定的图案。他的图表在具体实践和纯数学之间提供了一个抽象层。今天的织布图样是从它的标志法演变而来的。

　　齐格勒的书表达了那个时代日益加深的分享有用知识的

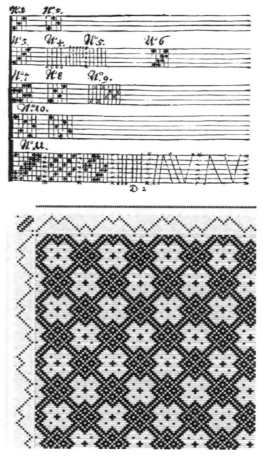

马克斯·齐格勒所著织布手册原书中的一页，以及根据书中第 11 幅图案绘制的织布图样。（*Handweaving.net*）

信念，这种信念在狄德罗一个世纪后的巨作——《百科全书》（*Encyclopédie*）中达到了顶峰。《百科全书》中关于机械艺术的记叙内容翔实且带有插图，涵盖了从假发制作到板岩开采，还包括几种织布的类型。齐格勒写道："我认为，只要不缺少出版商，在知识的各个领域都可能产生更多的艺术家。"[27] 因此，他在经济史学家乔尔·莫基尔（Joel Mokyr）所称的"工业启蒙运动"（Industrial Enlightenment）中扮演了重要角色，科学理论家和手工艺实践者日益联合起来，相互交流理解，使这两种知识都更广为人知。[28]

织布工长期以来都是用私人标志法来记录图案的。齐格勒谴责他的同行们的保密行为，他写道："对于使用手工提花织布机和踏板织布机的织布工来说，图画书是必须的，因为如果没有这些书，任何人都无法学会织布或完成类似的事情。"但在他的书出版之前，这些图表是商业秘密。只有将它的中介代码公之于众，被不会织布的人看到，织布才能激发行业外部的人从布料样品中学习相关技艺，或者将他们的创造力运用在它曾经封闭的领域里。

哈利齐乌斯–克卢克写道，齐格勒的书和类似的手册"将织布艺术公之于众，它的标志法也变得标准化和通用化。由于这套标志法与机器关系密切，它们进一步促进了不会织布的人对图案打样和织机部件之间相互作用的理解，并且通过这种方式使工程师和发明家想要摆弄这些机械装置，最终促成了自动织布机的发明"。[29]

*

布阿坎·芬米赛（Bouakham Phengmixay）踩下织机的踏板，把综轴抬升起来，固定在综轴上的综丝以每隔一根的间距控制经纱。她用右手把一梭红色丝线推进经纱间的梭口里，再用左手抓住它。她抓起像梳子一样的筘，筘上的细竖条能使经纱保持整齐有序，然后把筘往前拉，将纬纱推到合适的位置。

如果她一直这样操作下去，布阿（Boua，别人这么称呼她）将用红色的纬纱和黑色的经纱织出一块精美的平纹丝绸。但这块她正在织的纺织品色彩更丰富，也更复杂，上面有用白色、红色、黑色、绿色和金黄色的丝线织成的错综复杂的几何图案。它看起来像是刺绣，但实际上是一种锦缎，织工在其中插入额外的纬纱以织出图案。不像红黑相间的平纹织物（在这里，它被称为"底布"），这些额外的纬纱对织物的结构没有影响；哪怕你将它抽走，织物也会保持原样。底布虽然大部分被锦缎遮盖，但它将织成锦缎的丝线牢牢地固定在一起。[30]

锦缎对设计、规划、记忆和编织的要求非常高，需要织布工一根一根地选择经纱。几个世纪以来，它们一直是最负盛名也是最昂贵的纺织品，从凡尔赛宫到紫禁城，都有它们的身影。然而，在布阿的祖国老挝，普通的农村妇女也能穿着锦缎服装，并用它来装饰自己的家。她们能买得起这些华丽的织物，部分原因是她们自己饲养桑蚕、纺出丝线，并给丝线染色。但真正的秘密是一种创造和储存图案代码的巧妙技术。

在布阿的织机背面悬挂着一张用纯白的尼龙细绳织成的薄纱网。从视觉上看，这是彩色锦缎的骷髅鬼魂。从功能上说，它是控制图案的软件。

这些垂直细绳是特殊的综丝。与编织底布的综丝不同，这些综丝不是固定在综轴上，将相同的经纱同时一排接一排抬升起来；相反，每根经纱都可以独立地抬升和降低。这些综丝很长，因此它们有足够的空间让水平的尼龙细绳在上面来回穿行。每根尼龙细绳都位于综丝后面，这些综丝控制着一排补充纬纱，并将这些经纱和其余经纱分开。

布阿在织了一行红色平纹布后，伸出手抓住底部水平细绳的两端。她把它往前拉，把它前面的综丝和其他的综丝分开，然后用左手抓住选定的综丝，提起它们所连接的经纱。她用右手将一根又宽又平的棍子［被称为"织剑"（weaving sword）］插在提起的经纱下，就在底布综丝和长综丝之间。她转动织剑使其竖起来，抬升选定的经纱。她现在腾出了手，准备添加编织图案的纬纱了。

她敏捷的手指拉起一根闪着银光的白色丝线穿过几根经纱，放到提起的经纱下面，然后再把它拉到一边，放到正在编织的织物上面。她的手移到左边，用另一根补充线重复这个动作，然后再用另一根重复，有时引入新的线，有时连接在前一行的线之后。在外人看来，她好像是在打结。当织到这一行的尾部时，她把筘往前拉，然后转动织剑，使其平放。在经纱抬升的地方，我们可以看到略微凹进去的红黑相间底布，其余部分用彩色的丝线填充。她踩下踏板，增加了一行新的红色，编织出能将图案保持在适当位置的底布。然后，她可以从薄纱网中选择一条新的细绳，控制不同的综丝排列，或者通过转动织剑使其竖起来，重复之前的图案编织。丝线的颜色由她决定。

无论是从旧织物上复制还是从头开始设计，制作一个老挝锦缎的细绳模板可能需要花费几个月的时间。对于每一排补充纬纱，像布阿这样的织布能手首先挑选出所需的经纱，用一根带有尖头的棍子把它们提起来。她将一条环形细绳插入这些系着线的长综丝后面，挂在织机两侧的柱子上，然后在下一列重复这个过程，把这些细绳垂直地堆叠起来。就像计算机编程一样，这个过程需要技巧和专注。但是这个模板一旦做好，任何熟悉织机的织布工都可以使用它。当织布工想要改变图案时，她可以把旧网卷起储存，然后装上一张新的网。[31]

89

从老挝织机的背面看，可以透过图案细绳望向织布工，从侧面看，右边是新织出的织物和织布工的长凳。在侧视图中，织剑插在最左边的图案综丝和相邻右边的底布综丝之间，把选定的黑色经纱抬升了起来。筘在最前面。（*Author's photos*）

90　　　　添加装饰性的纬纱（或在某些情况下是经纱）是一种古老的做法，可以追溯到至少 5000 年前的新石器时代，当时的织布工的作品都保存在阿尔卑斯山脚下瑞士的沼泽里。[32] 在很多情况下，如在用背带织布机织出精美的印加织布时，织布工在一根线一根线地挑选图案。不过，老挝织布工不是唯一开发出存储装置的人。在中国，毛南族使用一种桶状的竹篮，控制图案的竹竿随着编织的进行而旋转。在广西南部，壮族织工采用了一种类似的织法，有时被称为"猪笼"（pig basket），因为它看起来像是农夫用来把猪带到市场上的笼子。[33] 就像老挝的网一样，这些图案可以储存和重复使用。

最有影响力的织锦机是手工提花织机，它可能是从中国传到西方的，印度、波斯和欧洲都根据当地特色对其进行了改造。与大多数能织出图案的织机不同，这种手工提花织机是为大型车间生产长匹豪华织物而设计的，不是用于编织几码长的家用织物。它可以织出缎纹、斜纹及平纹的底布。最重要的是，它是多功能的，能织出复杂的、高清晰度的图案。

　　研究员埃里克·布杜特（Eric Boudot）和克里斯·巴克利（Chris Buckley）写道："事实上，中国的手工提花织机是最早能够再造错综复杂的彩色图案的机械设备之一，超过了同一时期的木版印刷。"他们的著作记录了目前东亚地区仍在使用的传统织机。[34] 如果说老挝织布机是《吃豆小姐》（*Ms. Pac-Man*），那么手工提花织机就是《侠盗猎车手》（*Grand Theft Auto*）。

　　想象一台比布阿的织机大得多，供两个人操作的织机。与老挝织机背后的细绳网不同，中国的手工提花织机在经纱上方有一个高高的架子，上面有一个供织布助手（通常被称为牵线男童或牵线女工）坐的座位，还有一系列抬高的图案圆环。织布助手负责拉动和固定图案细绳，代替了布阿的拳头和织剑。与老挝织机相比，这样的安排可以容纳更多的图案细绳，因此图案可以更复杂、更多变。使用手工提花织机，一个有足够时间和专业技能的织布工几乎可以创造出任何图案。

　　布杜特和巴克利写道："为了实现这种灵活性，需要一个复杂的机制，并且织布工和织布助手都需要具备高水平的技能和深度的参与，经常要停下来修复断裂或缠绕的绳子。相应地，这些用手工提花织机织出的纺织品制造成本很高，这套系统仅用于最豪华的纺织品。"[35] 这些珍贵的锦缎装饰着祭坛和祭司、宫殿和国王。普通人很少拥有手工提花织机织出的布料。这实在是太难织出了。

91

　　在 18 世纪法国奢华的宫廷中，设计大师们将手工提花织机推向了美学前沿。在路易十四统治的末期，他们创造了金色锦缎，在织物上呈现自然主义的物体形状，比如用金光闪闪的线织出具有异国情调的菠萝。这些图案庆祝了博物学上的最新发现，展示了织布工模拟曲线的能力。

　　几十年过去了，图案变得更加精致，色彩也更丰富。人们不再使用赤裸裸表现富裕的金色，而使用更微妙的财富和权力信号。里昂纺织博物馆（Museum of Textiles in Lyon）藏品负责人克莱尔·贝托米耶（Claire Berthommier）说："设计师用鲜花覆盖了整个18世纪。为什么？因为很难在丝绸上织出鲜花的图案。用丝线织出水彩画图案需要非常娴熟的技术操作。"[36] 通过表现逼真的五彩花束，设计师和织布工展示了他们熟练操控彩色线的技巧，为买家提供了一种新的方式来展示他们的财富和品味。法国锦缎颠覆了考古学家卡莉奥普·萨里对新石器时代纺织品的评论，在织机垂直的几何结构中精心创

92

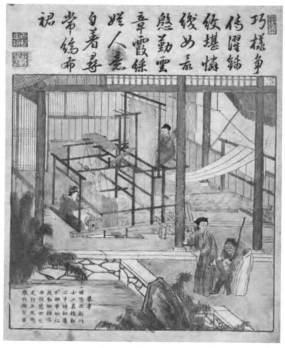

中国的手工提花织机，有一个牵线女工在上方控制纹样的织出。
（*Rare Chinese Books Collection, Library of Congress*）

造出"自由本性"的假象。

18 世纪最有成就的纺织设计师是菲利普·德·拉萨尔（Philippe de Lasalle，1723–1804）。他被誉为"丝绸业中的拉斐尔"（Raphael of Silk），但更像一个有商业头脑的莱昂纳多·达·芬奇（Leonardo da Vinci）。拉萨尔曾在里昂和巴黎作为画家接受过训练，他将绘画技巧与对手工提花织机性能的深刻理解、发明家的头脑以及对"纺织品政治"来之不易的判断结合在一起。18 世纪 50 年代，他为印花丝绸开发了鲜亮耐用的染料配方，结果里昂商会（Lyon Chamber of Commerce）阻挠了他的努力，唯恐来自印花丝绸的竞争损害了锦缎行业。

从那时起，拉萨尔就将他的艺术才能、创业精神和创新精力全部转移到锦缎上。一个同时代的人对他的设计赞不绝口：

> 他的织物似乎保存了植被的自然摆动，如流水般优雅。精确的图形、鸟类和昆虫使他栩栩如生的作品充满活力，新颖的图景展示了在这位聪明的艺术家的指导下，我们的行业可以创造出什么。 93

为了将草图转化成线，丝绸设计师首先会制出一份大比例尺的织物设计图（*mise-en-carte*），这种设计图通常在方格纸上绘制，每一个正方形代表一个经纱和纬纱的交织点。挑战不仅在于制作一幅令人愉悦的图片，还在于预见这幅超大的设计图如何能转变为精美的丝绸。细节太多会使它失去清晰度，颜色层次太少又会显得不够优雅。通过使用相似的颜色进行明暗处理并指定不同质地的纱线，拉萨尔赋予了他的锦缎一种真实感和深度。

一旦把图案画在纸上，就要将其设置成织机能识别的代 94

这块织物展现了菲利普·德·拉萨尔在手工提花织机上创造自然主义图案的能力。以丝线和绳绒线在丝绸缎纹底布上织出凸出的图案，约制作于 1765 年。（*Los Angeles County Museum of Art*）

码——这是一个费时费力且讲究细节的过程。一块丝锦缎每英寸可能有 300 根经纱，一个重复的图案中可能有数百根甚至数千根纬纱。设置一个新的图案大概需要三个月的时间，在此期间这台织机不能使用。

在法国手工提花织机上，织布助手（通常是女性）不是坐在经纱上方的，相反，她站在织布工旁边，拉着悬挂在织机旁边的垂直绳子。为了设置一个图案，一个读线员（*liseuse*）会逐根喊出线的颜色，而另一个工人则在相应的控制绳上系一个环。每个环提起的负重综丝可控制一排补充纬纱。牵线女工的工作需要——或者说锻炼——注意力和体力。提起数百个综丝并克服绳子的摩擦力需要力量和耐力，有时需要几个女工组成团队一起操作。

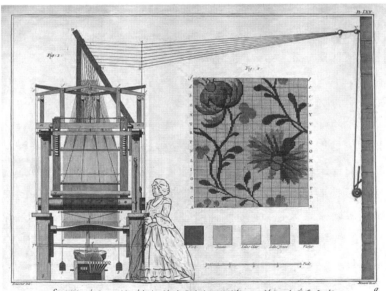

法国手工提花织机，上面有垂直的绳子，旁边是一张设计图。牵线女工（尽管穿得没有这么华丽）会站在织机旁边。（*iStockphoto*）

这个系统有一个主要的商业缺陷。每个阶段的绳子都直接连接到下一个阶段，因此不可能将图案存储下来供将来使用。一旦织完一块锦缎，就要解开绳结，为新的图案腾出空间。如果一个顾客订购了旧款的图案，则必须重新开始这个过程。而且织布工无法轻易地在同一块布上组合两种图案。结果是图案的大小和多样性受到了实际限制。

在他的整个职业生涯中，拉萨尔对织机的许多方面做了改进，他决定解决上述问题。经过九年的反复试验，他制作了一种可拆卸的控制绳，可以按照给定的图案预先安装，并根据需要进行更换。当销售代理商在外招揽订单时，工场甚至可以为本季度的新产品准备好各种控制绳。在一个追逐时尚的时代，缩短周转时间是一个重要的优势。这种可拆卸的控制绳使工人可以织出更大、更多样的图案，在经济上大获成功，同时也为拉萨尔赢得了更多赞誉，人们称他既是一个设计师，也是一个发明家。

拉萨尔凭借第一批织锦肖像画赢得了宣传上的成功。他选择的题材是皇室成员，包括路易十五和他的孙子普罗旺斯伯爵（comte de Provence），并模仿古罗马建筑上的铭文，用大写拉丁字母为自己的作品署名——"LASALLE FECIT"。拉萨尔制作的叶卡捷琳娜大帝侧面像被挂在了伏尔泰家中，这为他带来了俄国君主的订单。一位历史学家写道："叶卡捷琳娜大帝的胸章所用的织锦技术相当精细，只有通过检查背面才能确定它不是刺绣出来的，而是用织机织出来的。"[37] 拉萨尔的织锦肖像画，就像他发明的可拆卸控制绳一样，预示着现在广为人知的编织程序即将出现。

*

有史以来最著名的织锦肖像画不是拉萨尔创作的，而是由

一位叫米歇尔 - 马里·卡尔基亚（Michel-Marie Carquillat）的里昂织布工织成的，他是根据一幅画创作的。这幅织锦肖像画描绘了一个微微弯腰坐在锦缎椅子上的男人。在木工工具和织机部件的包围下，他手拿绘图圆规，在一些穿孔纸板条上作图。他的旁边是一个小型的织机模型，一串穿孔卡片像织物一样缠绕在织机背后。这个坐着的男人当然是约瑟夫 - 马里·雅卡尔。

卡尔基亚的织锦画场景有着精致的细节，包括破碎的窗玻璃和薄纱似的窗帘，比拉萨尔任何一幅浮雕式的织锦肖像画都要复杂得多。纽约大都会艺术博物馆的网站上这样写着："只有在雅卡尔提花织机投入使用后，才能制作出如此精细的作品。"这幅肖像看起来就像一幅版画。查尔斯·巴贝奇在他的回忆录中写道，威灵顿公爵（Duke of Wellington）和两名英国皇家美术学院（Royal Academy of Arts）的成员曾误将他家中挂着的这幅雅卡尔织锦肖像画当作印刷品。[38]

与拉萨尔的可拆卸控制绳相比，雅卡尔发明的提花织机使得图案更灵活，也更容易储存。更重要的是，它的操作完全不需要织布助手。尽管雅卡尔提花织机是在早期使用卡片或穿孔纸进行控制的老式织机基础上发明的，但它是第一个具有商业实用性的设计。雅卡尔是一名自学成才的机械工，他用自己作为织布工的个人经验来解决这个问题。一位 19 世纪的观察者写道："因此，雅卡尔的价值在于，他不是一个发明家，而是一个经验丰富的工人。他将前辈们使用的机器上最好的部件组合在同一条生产线上，首次成功获得了一种具有充分实用性的组合，可供普遍使用。"[39]

雅卡尔的发明运作过程如下：每一根控制负重综丝的绳子都挂在一个双头竖钩的底部。钩子穿过一根水平的细杆［也被称作"针"（needle）］——它的中间有一个小孔，一端有弹

96

米歇尔 – 马里·卡尔基亚织的约瑟夫 – 马里·雅卡尔织
锦肖像画。（*Metropolitan Museum of Art*）

簧，另一端有尖头。顶部的竖钩悬挂在上方的一根杆子上［也被称作"提刀"（griffe）］。1905 年的《大不列颠百科全书》（*Encyclopaedia Britannica*）解释道："这台机器的整体功能是按照连续的梭口的顺序和需要的程度依次放开这些竖钩。"[40]

这就是雅卡尔著名的穿孔卡片的用武之地。与水平针的尖头相对的是一个长方形的穿孔木箱，被称为"花筒"（cylinder），尽管它的侧面是平的——早期原本是圆柱体设计，但雅卡尔对其做了改进。花筒的每一侧都装了一张代表一排纬纱的卡片。一幅完整图案的卡片都缝合在一条传送带上。

当织布工踩下织机的踏板时，花筒向后滚动并旋转，以便推进到下一张卡片。然后它又返回，与针接触。如果针穿入孔中，它上面的竖钩就保持不动。如果没有孔，杆子就会向后推动弹簧，这个动作将使竖钩从其在提刀上挂着的地方滑落。然后，提刀上升，提升那些仍然连接在提刀上的竖钩，并抬升它们控制的经纱。在织布工插入纬纱后，提刀又回到原来的位置。这种自动化的系统使得织布工可以独立地控制每根经纱，不需要依靠织布助手。

雅卡尔并没有发明数字模式或存储设备。他发明了一种自动执行的方法。"真正重要的理念——当然这是雅卡尔率先提出来的——是在织机控制系统中自动应用穿孔卡片的想法，"科普作家詹姆斯·埃辛格（James Essinger）说，"这样织机实际上就能不断地为自己提供进行下一行编织所需的信息。"埃辛格写道，当雅卡尔的装置于 1804 年获得专利时，"毫无疑问，它是当时世界上最复杂的机械装置"。为了正常工作，它要求必须以紧公差设计机器部件。

这个复杂的机械装置大大简化了织造过程，即使对于没有补充纬纱的织物来说也是如此。织机再也不需要多个踏板来控制用于编织底布或普通布料的独立综轴。一张卡片就能搞定一切。织布工所要做的就是脚踩踏板移动卡片，拉动绳子放开编织底布的飞梭，并将纬纱打到合适的位置——这一系列动作发出的声响产生了一个里昂方言词"bistanclac"（比兹坦克拉克），人们专门用它来形容织机。其结果是生产力的极大提高，特别是花式图案的织造。现在，一个织布能手一天可以织出 2 英尺的锦缎，相比之下，在老式的手工提花织机上，和一个织布助手合作一天也只能织出 1 英寸的锦缎。

由于对卡片的数量没有技术限制，图案可以根据设计师的意愿无限重复。以雅卡尔的织锦肖像画为例，它的尺寸是长 55 厘米、宽 34 厘米；或长约 2 英尺，宽约 1 英尺。它一共用了 24000 张卡片，每排纬纱用一张卡片，每张卡片上有 1000 多个孔。一个典型的锦缎重复图案可能需要用到 1/10 的卡片数量，每张卡片上有几百个孔。

当然，这些卡片不会自行编制程序。为雅卡尔的这幅织锦肖像画制作穿孔卡片花了几个月的时间。但即使这样，一个使用机器穿孔的设计图读线员也可以完成之前需要两个人——操作老式提花织机的读线员和她负责系结的助手——的工作。一旦制作好穿孔卡片，一串串的卡片就可以很容易地贴上标签，堆放在架子上，让工场可以按照订单生产货品。当像巴贝奇这样的人想要雅卡尔织锦肖像画的复制品时，工场可以根据需要织出来。如果需要，用于特定设计的独特卡片也可以重新排列或替换。[41]

里昂的织布工最初抵制这种新奇的机器，尽管它有着明

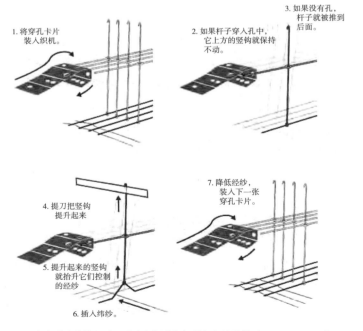

在穿孔卡片的驱动下雅卡尔提花织机是如何运作的（*Olivier Ballou*）

显的优势，但他们担心自己会失去工作。抗议活动有时会演变成暴力事件，该市的劳资审裁处（*conseil de prud'hommes*）在公共广场上捣毁了这些机器。尽管拿破仑嘉奖了雅卡尔的发明，还授予他一笔补助金，但他还是不得不多次逃离这座城市。

但是，里昂的织布工最终接受了这项技术。它的多功能性使他们与英格兰、意大利和德国的丝绸制造商相比具有竞争优势，从而使这座城市重新获得了自法国大革命以来逐渐丧失的主导地位。为了容纳两层楼高的机器，织布工搬迁到了层高很高的新工场里，工场位于罗讷河（Rhône River）和索恩河（Saône River）之间陡峭的红十字山（Croix-Rousse hill）的山坡上。

一位 19 世纪的历史学家评论道，到了 1812 年，这座城市的丝绸业发生了一场"真正的革命"。渐进式的改进提高了织机的速度，将成本降低了一半。雅卡尔的发明非但没有破坏这个城市的就业，反而开创了里昂丝绸业的一个新的黄金时代。到 19 世纪末，红十字山上回荡着 20000 台织机的声音。雅卡尔提花织机的重大突破使织布工的工作变得更轻松，提高了织物的质量，并将其产品的市场扩大到中产阶级。这种卡片驱动的系统后来也为缎带、毛织物和地毯制造商所采用。[42]

雅卡尔提花织机在国际博览会上展出，并为世界各地的纺织品制造商采用，它使织布代码变得有形，在某种程度上激发了不会织布的人的灵感。造船厂设计了类似的系统来控制自动铆接机，用来制造那个时代的新型装甲舰。在我们的数字时代最能引起共鸣的是二进制结构，它激发了巴贝奇和他的继任者的想象力。1972 年，计算机科学家弗雷德里克·希思（Frederick G. Heath）写道："现代计算机中许多标准的子程序方法和编辑系统是在 19 世纪构思出来的，用于制作纺织图案的卡片。"

　　希望用一个二进制序列去织出一个图案，与希望用相应的二进制代码使一个公式翻译程序变得适合在计算机上运行是一样的。

　　事实上，织造纺织品和设计计算机系统之间的联系是紧密的。任何人只要看一看计算机的线路或大型集成电路的放大图，就会发现它们与普通的织物图案非常相似。[43]

在最初使用计算机的几十年里，古老的布料代码和未来的信息技术前景之间的联系呈现出有形可见的形式。

*

2018 年 4 月，罗宾·康（Robin Kang）将她的工作室从纽约的皇后区搬到布鲁克林区，花了四个月的时间在她的雅卡尔提花织机上重新穿了 3520 根综丝。康的这台织机是专门为艺术家设计的，将计算机控制的经纱和手工插入的纬纱结合在一起。它弥合了老式威尼斯织机和计算机驱动的工业织机之间的鸿沟，前者每天仍在为克里姆林宫等客户织出几厘米的天鹅绒，而后者在几秒钟之内就能织出这么多。

康来自得克萨斯州西部的一个小镇，是一位热情奔放的金发女郎。她从 20 世纪 90 年代开始从事数码版画创作，当时 Photoshop 还是一种新型计算机工具。她在研究生院学习织布。与数字图像制作一样，织布也体现了她对算法的痴迷。她说："这是非常计算机化的，织布图样正是我感兴趣的概念，是一种对计算机算法的思考——你设置这些参数，然后就会看到结果。"她发现，织布是一种理想的媒介，可以将她对数字的痴迷和她对可触、可见的艺术活动的热爱结合起来。

　　她的作品将黑色的经纱和带有鲜艳色彩的金属色纬纱编织在一起，以此向计算机的早期历史致敬。以"发光环"（Lazo Luminoso）为例，这件作品的主体是从蓝色到绿色渐变的网格。每个交织点上都有一个圆环，金线穿过这个圆环并绕过边缘，在对角线上纵横交叉形成心形图案。这件作品看起来就像编织中套着编织——从某种意义上说，它确实是。

　　这幅图像的灵感来自磁芯存储器，在 20 世纪 70 年代初硅存储芯片出现之前的 20 多年里，磁芯存储器一直是最主要的计算机存储介质。每个磁芯存储板由交织的铜丝组成，每个交叉口有一个微小的铁氧体磁珠，代表一个比特。这些磁珠的形状像垫圈，比铅笔尖还小，被称为"磁芯"。让一股强电流穿过一个磁芯，会产生一个顺时针或逆时针方向的磁场。再次以高出临界阈值的强度反转电流，使磁场翻转。因此，这两种状态可以表示 0 和 1。通过发送一半电流穿过"纬纱"（X 坐标），一半电流穿过"经纱"（Y 坐标），系统可以识别和改变一个特定的磁珠。沿斜线的金属丝可以读出信号。

101

　　康给我看了一些例子，包括一个齐腰高的阵列，由 96 个 4 英寸的正方形组成，每个正方形里有 60 根垂直的金属"经纱"和 64 根水平的金属"纬纱"。早期，妇女们借助显微镜手工编织整个网格。到 20 世纪 60 年代中期，美国数字设备公司（Digital Equipment Corporation）生产出最早的微型计算机时，机器可以处理 X 线和 Y 线，但织布工仍然要穿斜线。康说："它们确确实实是编织出来的，而且从某种程度上说也是织机。"[44]

　　在阿波罗计划中，软件被存储在一种不同类型的存储器中。[45]程序员首先使用穿孔卡片编写代码。然而，代码一旦写完并完成排错，就必须将其转化成更具弹性和更轻的东西——

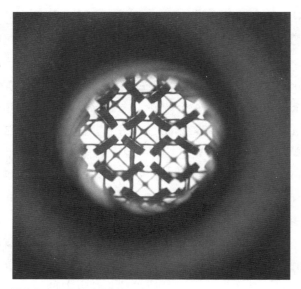

被放大了 60 倍的磁芯存储器（*Author's photo*）

线存储器。在线存储器上，如果一根金属丝穿过一个磁珠，它代表一个 1；如果绕过磁珠，则代表一个 0。科技史学家大卫·明德尔（David Mindell）写道："阿波罗太空计划的软件是一个实实在在的东西。你可以把它拿在手里，它有几磅重。"

为了生产线存储器，美国国家航空航天局（NASA）求助于雷神公司（Raytheon Company），雷神公司是一家国防承包商，位于马萨诸塞州古老的纺织品和钟表制造小镇沃尔瑟姆（Waltham）。雷神公司的经理在一场新闻发布会上解释说："基本上，我们的任务是制造一台织布机。"当地的工人对高精度机械和纺织品都很熟悉，非常适合这项任务。明德尔说："你必须把程序送到工厂，工厂里的女工确确实实是把软件编入这个磁芯线存储器里。"他写道，将数千根头发丝般的金属丝编成一个程序需要花费几个月的时间，但结果"是坚不可摧的，真的是硬连接到线上的"。[46]

尽管雷神公司的任务让人联想到织布机，但制造出磁芯存储器的工程师并没有想到织布。富有开创精神的IBM公司研究员弗雷德里克·迪尔（Frederick H. Dill）说他"从来没有听说过'串起磁芯'是一个织布问题"，而是"根据它们提供的电流信号来观察金属丝穿过磁芯的情况"。[47] 为了使代码实体化，计算机先驱们在不知不觉中模仿了布料。存储设备的形式源于织布中的基本数学原理。

*

在统治了纺织世界一万多年后，梭织的地位发生了变化。 102
针织发起了一场政变。就在我写作本书的时候，除了牛仔裤，我穿的全部衣服——内衣、衬衫、袜子，甚至我的运动鞋，都是用针织面料制作而成的。我是紧身打底裤和瑜伽裤的坚决抵制者，因为它们已经侵蚀了牛仔布市场。现在，针织物的销量几乎是梭织物的两倍，服装的销售比例甚至更不平衡。[48]

其中一个原因是舒适。随着运动休闲风格的流行，针织物的柔软性胜过了梭织物的挺括性。针织物中的线不是紧贴在网格上，而是在织物中上下缠绕，从而使布料能伸展开来。早期，这种伸展性有时会导致毛衣变形，但如今的氨纶混纺纤维可以快速恢复原状。针织物宽大的结构使它们更容易合身。

时尚并不是针织物占领纺织品市场的唯一原因。由于不需要穿综丝，工业针织机的安装速度比织机快得多。你可以在几分钟内更换新的颜色或质地的线。而且，与二维的梭织物不同，针织很适合三维设计。最早流行的针织服饰是长裤和帽子，是用四根或四根以上的针连续不断地织螺旋针制成的，这种针织法称为"圆形针织"。中世纪晚期的艺术品展示了圣母玛利亚用这种针织法为圣婴制作一件无缝衣服的场景。

103　　1589 年，一位名叫威廉·李（William Lee）的 25 岁英国助理牧师发明了一种生产长袜的机器，这可能是受到在附近舍伍德森林（Sherwood Forest）放牧的绵羊长而细的羊毛的启发。这台机器被称为"织袜机"（stocking frame），一次可以织出一行，它使用的是特殊的"钩针"，既可以保证前一行线圈不掉针，又能保证新的线圈与它们相互联结。

　　经过一个世纪的改进，针织机最终成为一种重要的纺织品生产形式，与手工针织并驾齐驱，后者仍然以其质量和灵活性而备受重视。到 18 世纪中期，英国大约有 14000 台织袜机，每台织袜机需要 2000 多个零件，包括挑战铁匠技艺的细针。与今天的工业机器相比，织袜机更像是一台紧凑的落地织机。但基本的概念是相似的。

　　最初的织袜机仅使用下针织法或隔行正反针织法生产平纹织物。1758 年，德比镇的杰迪代亚·斯特拉特（Jedediah Strutt）发明了一种制作螺纹长袜的方法，结合了对比鲜明的反针织法。这些讨人喜欢的款式增加了机织长袜的吸引力。

104　"德比螺纹"机获得了专利，并被证明非常能赚钱，而且在工业革命中发挥了不可替代的作用。当理查德·阿克莱特搬到诺丁汉建立他的第一家纺纱厂时，斯特拉特和他的合伙人资助了这家新工厂。这种新棉线最早的用途之一就是生产袜子。[49]

　　在 21 世纪，德比螺纹机器有了新的化身。在我们参观卡内基梅隆大学（Carnegie Mellon University）著名的机器人研究所（Robotics Institute）的纺织实验室（Textile Lab）时，维德娅·纳拉亚南（Vidya Narayanan），那里的一名研究生，举起了一只填充兔子。这只兔子有熟悉的造型，但外观与众不同。这只兔子被称为"斯坦福兔"（Stanford Bunny），是测试三维计算机渲染效果的标准模型，这个版本的斯坦福兔仿佛从耳朵到尾巴都穿着一件浅蓝色的螺纹毛衣。

圣母玛利亚在用圆形针织法针织，出自布克斯特胡德祭坛
（Buxtehude Altar），由贝尔特拉姆·冯·明登（Bertram von
Minden）创作，约 1395~1400 年。（*Bridgeman Images*）

　　纳拉亚南学习的是计算机工程和计算机科学，她不是一名
针织工。当我问她在来到匹兹堡学习之前是否有任何针织经验
时，她回答说："噢，天哪，我没有。"她对图形显示和制作感
兴趣。现任纺织实验室负责人吉姆·麦卡恩（Jim McCann）
曾经是一名游戏设计师，他说服纳拉亚南将针织横机作为三维
打印机，打印柔软的物体。麦卡恩说："机器针织正处于一个
非常有趣的阶段。感觉它真的很接近三维打印在世纪之交时的

1750 年的针织机工场（*Wellcome Collection*）

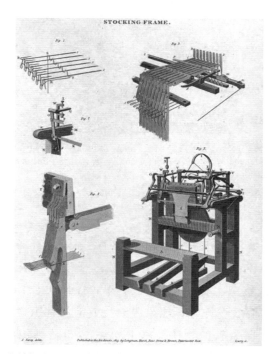

织袜机需要 2000 多个单独的零件。（*Wellcome Collection*）

斯坦福兔是用卡内基梅隆纺织织实验室开发的 3D 针织和软件制作的。左边的兔子使用的是基础的平针织法，而右边的兔子则融入了更高级的图案设计。(*Vidya Narayanan, James McCann, Lea Albaugh*)

状态。"工业机器已经发展成熟，个人能够使用的模型也正在开发中。

大多数工业针织物都是在快速针织圆机上制造的，这种针织圆机可以织出连续不断的螺纹布，每小时能织数百码；然后将布料裁剪和缝合，制成最终产品。相比之下，针织横机速度较慢，但更具灵活性，因为机器上的数百根针都可以独立操作。一台相对普通的双机床针织横机，每台机床上有 700 根针，理论上可以生产出超过 1 万亿种不同的织物——甚至不需要改变纱线的颜色或质地。与针织圆机不同，针织横机还可以制作出精细的立体服装。

迈克尔·塞兹（Michael Seiz）是一位经验丰富的针织工程师，他在针织机器市场和服装市场都工作过。他说，在一台针织横机上"如果我每小时能织 5 码，我就感到很庆幸了。但我可以在这台针织机上织出完全成型的衣服。我还能在一小时内织完一件毛衣"。不用裁剪，不用缝合，不用浪费布料和纱线。

日本制造商岛精机制作所（Shima Seiki）在 20 世纪 90 年代中期推出了无缝服装针织技术，但服装行业只是在过去十年才采用了这项技术，因为数字机器控制装置有了改进。通过使用针织横机，运动鞋制造商现在可以用一整块布料制成一只鞋子——除了橡胶鞋底外，可以改变针织物的结构来支撑足弓、塑造鞋跟形状或固定鞋带。组装一只成品鞋只需要一点点弯曲度和一些胶水。通过这种简化的生产流程，制造商可以用风险更低的纱线供应代替鞋子库存，针织出任何经证明有市场需求的鞋子款式。

但三维针织仍然面临着一个技术障碍：昂贵的专有软件需要专业的技术。像织布工一样，针织工也用方格代表针来绘制图案。这些书面的代码使他们能够轻易地跨越时间和空间共享这些图案。但是，要理解这些代码，你需要懂得如何针织，更关键的是，如何将二维的表述转化为三维的结果。电脑针织和手工针织都是如此。纳拉亚南和她的合著者写道："针织程序员仍然在做着 80 年前的事情。尽管媒介物已经发生了改变——从凸轮滚筒到卡片链、纸带、软磁盘、闪存驱动器和文件服务器——程序员仍然明确地告诉机器如何处理每一次完整操作中的每一根针。"

随着织针和控制装置的不断改进，机器变得越来越精确，但软件没有同步跟上。在一个长期以来习惯于"所见即所得"的世界里，工业针织系统是旧式方格纸代码的升级版。在时装设计师用他们自己的三维软件在屏幕上创造出新的款式之后，仍然需要某个人将每一件服装设计转化成一个一针接一针的二维程序。随着数码针织技术变得越来越强大，这种限制让服装公司感到沮丧。他们想要三维的设计。

一只螺纹兔子体现了解决他们问题的方法。

它的针织"外套"是在工业针织横机上制作的，使用的是由纳拉亚南和她的同事们开发的开源可视化编程系统。（她说，填充物的部分是一项"挑战"，是手工制成的。）要创造一个针织物，设计师可以将一个现有的计算机辅助设计图案输入系统，该系统将验证它确实可以用机器针织出来，或者可以用该系统在针织网眼布三维模型上创建一个新图案。除了螺纹和三维形状，这个系统还可以生成花边纹理和多色图案。

107

换句话说，这个系统让设计师专注于他们想做的东西，而不是迫使他们像针织机一样思考。纳拉亚南说："我们希望，对于不是针织专家的人来说，这是一个更直观的过程。你可以在三维物体的空间中工作，而不是在二维空间中工作。"通过隐藏代码，这个程序出人意料地推进了马克斯·齐格勒遗产的发展，将创造布料的权利扩展到当代艺术大师之外。

同样重要的是一种适用于任何机器的标准文件格式。卡内基梅隆实验室已经开发出了一种叫作"Knitout"的开放文件格式。麦卡恩说："这真的很简单。它只是列出了你希望机器按照你要求的顺序进行的操作。"像纳拉亚南这样的程序员所开发的设计程序可以生成一个"Knitout"文件，通过正确的转换器，这个文件就可以在岛精机制作所的机器上、在其德国竞争者斯托尔公司（Stoll）的机器上，或者在用于小规模生产的机器上生产出同样的针织形状。

卡内基梅隆大学的这项研究是一项由多所大学参与的项目的一部分，该项目旨在显著改进织物的数字化设计。在游戏业和电影业的推动下，这项工作开始于创建能够精确描述织物和纤维特性的算法，以使屏幕上的虚拟材料看起来就像现实生活中的一样。它的目标是将每一种类型的纤维和线的特性编码成算法，从而精确地模拟其在屏幕上的表现。这一切始于对效果更好的动画片的渴望，现在令服装业高管们兴奋不已。他们设想取消试错抽样，将从订货到交货的时间缩短 3/4，并根据纱线的特性设计整件衣服。

针织工程师塞兹说："对成本的节约和对环境的影响绝对是令人难以置信的。"和齐格勒一样，他认为这种编码和传播图案的新能力带来了共同的繁荣。他说："这不是我们要保密的事情。我们会与公众分享。所有人都能从这种新技术中受益。"50

第四章

染料

任何可见的东西都是通过颜色来区分，或使之令人向往的。

——让 – 巴蒂斯特·柯尔贝尔（Jean-Baptist Colbert），
《关于羊毛制品染色和制造的一般说明》（*General Instruction for the Dyeing and Manufacture of Woolens*），1671

6000 年前，大约在美索不达米亚城市乌尔（Ur）建立的同一时期，有个人在秘鲁北部海岸边撕碎了一块棉布，并将其留在了今天被称为"普雷塔遗址"（Huaca Prieta）或"黑丘"（Black Mound）的祭祀场所。在这场祭祀上（随着时间的流逝，祭祀的意义已经不为人所知），这块布的主人把几块碎布片捆扎在一起，用盐水浸泡，然后砸碎了用来倒水的装饰葫芦。几十个世纪过去了，该地区干燥的气候使这块布夹在成百上千的纺织品残片和葫芦碎片中保存了下来。

早在 14000 多年前，普雷塔遗址及其周围地区就有人定居，这里是世界上最早的经济和文化大型综合定居点之一——甚至可能是唯一的。这里汇集了丰富的自然资源，海洋、河流、湿地、沙漠及平原聚于一地，早期人类建立了永久的村庄，存储和交易食物，并创造了独特的仪式和艺术作品。他们留下的手工艺品相悖于长期以来的考古学假设，即农业和陶器必然相伴而生。这些古人种植庄稼，但不制作陶器。在这个海洋生物和热带水果等作物（包括鳄梨、辣椒和棉花）资源丰富的地区，没有陶器的人们发展了一种复杂的生活方式，葫芦、网、篮子和布是必不可少的工具。

他们在普雷塔遗址留下来的祭品告诉我们，对于这些早已不存在的人而言，就像对于今天的我们一样，纺织品不仅仅是功能性的手工艺品。这些棉布残片不仅像当地的棉花一样，呈棕黄色或棕色，还带有蓝色的条纹。[1] 单凭实用性这一点无法解释为什么有人会不辞辛劳地制作蓝色的布。

一个半世纪以来，纺织品的颜色都是在实验室里科学地配制出来的，我们这些享有特权的现代人因此把染料的存在视作理所当然。但它们比你想象的要复杂得多。15 世纪的佛罗伦萨染工常说："任何杂草都可以成为染料。"但这只是在你想要黄色、棕色或灰色的情况下——这些颜色是由灌木和乔木中常见的类黄酮和丹宁酸产生的。红色和蓝色复杂而稀少，绿色几乎不存在。叶绿素不能用作染料。[2]

只有在极少数的情况下，你可以简单地把植物泡在热水中，通过将纤维浸泡在浸出颜色的溶液里染色。有些植物确实很容易就产生颜色，比如洋葱皮，但大多数植物需要添加额外的化学试剂——如果你想让颜色在经历至少一次的洗涤后还能保持原样的话。

幸运的是，染色的效果很明显。就像冶金术一样——不同于医学或魔法——它要么有效，要么无效。你可以改变变量，然后看看会发生什么变化。错误与成功的对比是很明显的。随着时间的推移，技术不断进步，人们开始认识到他们使用的物质的形式。在不了解基本化学知识的情况下，早期的染工学会了根据感觉、气味、味道和反应对酸、碱、盐进行分类。他们知道软雨水和硬井水的作用是不同的，河水介于两者之间。他们发现使用铁染缸会产生与铜或陶瓷染缸不同的色度。

化学家兹维·科伦（Zvi Koren）是分析古代着色剂的专家，他写道："古代染工是高级的经验主义化学家。"他说，为了产生持久的颜色，

> 古代的染工掌握了基于高级化学专题——比如离子、 111
> 共价、分子间键合、配位络合、酶水解、光化学显色前体
> 氧化、厌氧细菌发酵还原和氧化还原反应——的方法。

不过，古代的染工并不知道这些东西是什么。直到18世纪，人们才知道分子水平可能发生的情况——直到19世纪，我们才确定分子真的存在。法国历史学家多米尼克·卡东（Dominique Cardon）在她关于植物学、化学和天然染料历史的不朽巨著中写道："在人类活动的所有领域中，用植物染色是以经验高效获取专业知识的最好例子之一。"[3]

染料见证了人类对赋予手工艺品美丽和意义的普遍追求，也见证了欲望所激发的化学创造力和经济活动。染料的历史就是化学的历史，它揭示了在没有基础知识的情况下反复试验的力量和局限。

*

普雷塔遗址布料上的蓝色要归功于靛蓝，它是世界上最流行的植物染料之一。它的前体化合物则是糖苷，存在于生长在不同的气候和土壤条件下的多种植物中。菘蓝是欧洲传统的蓝染植物，它与甘蓝有亲缘关系。南亚的木蓝（*Indigofera tinctoria*），在欧洲被称为"真靛蓝"，是一种豆科植物，原产于非洲和美洲的靛蓝品种也是豆类植物。日本靛蓝，也被称为"蓼蓝"，属于蓼科，有时被称为"染工的蓼科杂草"。这

些只是古人认识到可以生产美丽的蓝色染料的不同植物——每一种都含有糖苷——中的一小部分。[4]

如今，我们称这种从植物中提取出来的色素为"天然的"，以区别于在化学实验室里配制的染料，包括在化学性质上完全相同的合成靛蓝。[5]但生产靛蓝所需的技巧和工作量远远超出"天然的"这个词的含义。它的原材料可能生长在野外，但将植物叶片变成制造蓝色布料所用的染料需要相当大的技术实力。杰弗里·斯普利斯托泽（Jeffrey Splitstoser）是一名考古学家兼纺织专家，也是普雷塔遗址发掘项目的带头人，他说："在现代社会，我们有时认为古代人很原始，对世界缺乏了解，但事实上，你必须非常聪明才能在那个时代生存。"[6]

要生产靛蓝染料，首先要将叶子浸泡在水中。它们的细胞在分解时会释放糖苷和一种酶。这种酶催化反应，将糖苷分解成糖和一种叫作吲哚酚的高活性分子。吲哚酚在水中与氧气迅速结合，形成一种蓝色色素，即靛蓝。靛蓝不溶于水，在染缸

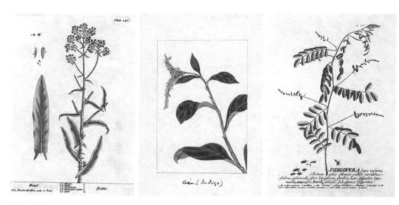

世界各地的人们从不相关的植物中提取靛蓝染料，这些植物都含有相同的化学物质。从左至右：菘蓝（*Isatis tinctorial*），欧洲传统的蓝染植物；日本靛蓝［*Persicaria tinctorial*，也被称为"蓼蓝"（*Polygonum tinctorium*）］；还有木蓝，这是一种南亚植物，即人们熟知的"靛蓝"。（New York Public Library Digital Collections；Library of Congress；Wellcome Collection）

底部沉淀成浆液。

现在你找到了一种稳定的色素。做颜料或墨水是很好，但只要靛蓝不溶解，它就不能附着在布料上。因此，我们必须通过添加强碱性物质（如木灰）来改变水的 pH 值。你可以直接从碱水中去除废叶，也可以先将浆液从原水中分离出来，放入一个新的染缸中，再在这个过程中把用过的叶子去除掉。

化合物	来源
糖苷	叶子
吲哚酚	含有从叶子中分解出的酶的溶液
隐色靛蓝	低氧碱性溶液
靛蓝	吲哚酚暴露在氧气中

在高碱性环境中，靛蓝会发生反应，形成一种可溶性化合物——隐色靛蓝，有时也被称为"靛白"。卡东解释说："想用靛蓝染色，看似需要先破坏它，但实际上，它会转化为一种不同的物质，这种物质几乎没有颜色，可溶解且能被纤维吸收。"[7]

和吲哚酚一样，隐色靛蓝也会与氧气结合，转化还原成靛蓝。为了维护好溶液的状态，防止这类情况的发生，必须降低水的氧含量。传统上，染工的工作依赖于靛蓝叶子或添加的食物（海枣、麸皮或蜂蜜）中的细菌。他们不知道细菌或氧气的存在，更不知道两者是如何相互作用的。他们只是尝试各种原料，直到找到能起作用的为止。由于其暗含的化学成分是相同的，许多不同的添加剂都能达到预期的效果。

靛蓝研究学者珍妮·鲍尔弗-保罗（Jenny Balfour-Paul）写道："世界各地发现的能作为有效还原剂和发酵剂的物质，听起来更像是制作一个极其精致的节日蛋糕的配料，因为其中很多都是'甜的'。"

> 它们包括海枣、葡萄、棕榈糖、糖蜜、酵母、葡萄酒、米酒糟、本地酒、啤酒、大黄汁、无花果、桑葚、木瓜、菠萝、生姜、蜂蜜、生糖、散沫花叶、小麦麸皮、面粉、煮熟的糯米、木薯、茜草、决明子、芝麻油、青香蕉、剑麻叶、槟榔粉、罗望子汁，还有让人不太有食欲的腐肉。

随着化学知识在 18 世纪的发展，染工开始通过引入铁化合物来去除染缸中的氧气，铁化合物会与氧气结合并沉淀成铁锈。无论使用什么原料，用靛蓝染色都需要游离氧含量低的高碱性溶液。[8]

随着隐色靛蓝的溶解，水面下的溶液会变成一种奇怪的黄绿色，就像防冻剂的颜色。在染缸顶部，会形成带有虹彩光芒的蓝紫色气泡——这是吲哚酚与空气中的氧气结合的反应。现在，你可以将纤维、纱线或织物浸泡进染液中。溶解于水中的隐色靛蓝会渗透进纤维中，使其变成绿色。当你把材料从染缸里拿出来，暴露在空气中，隐色靛蓝便会与氧气结合还原成靛蓝。就像变魔术一样，纤维一下子变蓝了。把纤维反复浸泡在染液里，会增加靛蓝分子层，从而使颜色变深。

染工不必立即使用靛蓝染液。这些浆液可以结成潮湿的膏状物保存起来，也可以与叶子一起搓成球状，以备日后再用，这是历史上欧洲菘蓝和日本蓼蓝的常见制作方法，或是使其干燥后制成染料块——这种染料块轻便、耐用、易于运输，更适合长途贸易。从 16 世纪开始，欧洲商人从印度带来了靛蓝染料块，根据"印度"（India）一词将这种染料命名为"靛蓝"（indigo），并逐渐取代了当地色素浓度较低的菘蓝。[9]

De l'Inde & Indigo, & de la maniere qu'ils se fabriquent.

1694年，皮埃尔·波梅特（Pierre Pomet）在《药品通史》（*Histoire Générale des Drogues*）中描绘的靛蓝加工过程。目前还不清楚这个场景描绘的是印度还是西印度群岛。（Internet Archive）

只看到美丽的结果，很容易忽视所有靛蓝化学中一个主要的缺陷：它太臭了。一位第一次染靛蓝的染工写道："我花了一段时间才明白，弥漫在空气中的这股刺鼻的汗臭味来自一个巨大的染缸，而不是一个堵塞的厕所。"发酵中的菘蓝臭气熏天，以至于伊丽莎白一世禁止在距其宫殿半径 8 英里的范围内发酵菘蓝。可见，污染并非始于工业革命。

在洛杉矶的一个靛蓝染色作坊，纺织设计师格雷厄姆·基根（Graham Keegan）拿来一罐浓缩的浆液，鼓励每个人闻一闻。我们一个个都倒抽一口凉气。一个学生说："哟，这股臭味挥之不去。"基根看起来就像一个鉴赏家，他宣称今年制作的这些靛蓝染液比去年的更好。他说："里面有很多腐烂的东西，一些粪便的味道，还有尿液的味道。都包括在里面了。"[10]

这种散发臭味的化学魔法可以制作出一种不同寻常的不褪色染料。蓝色不会在水中溶解，也不会在阳光下褪色。鲍尔弗－保罗写道："贝叶挂毯（Bayeux tapestry）上的靛蓝色是其唯一保留下来的原有色彩，并且一直没有褪色，这种颜色是将羊毛浸入菘蓝染料染出来的。"与大多数植物染料不同，靛蓝很容易附着在棉和亚麻等纤维素基纤维上。普雷塔遗址里的织物是棉布，大约 4400 年前，埃及人曾用未染色的亚麻布包裹木乃伊，亚麻布上也带有细密的靛蓝条纹。随着穿着次数的增加，靛蓝确实会变淡，正如我们在靛蓝染成的蓝色牛仔裤上看到的那样。但它却能历经千年而不衰，证明了远古文明时期人们的聪明才智。[11]

卡东写道："尽管在完全掌握靛蓝染色之前必须进行各种实验，但考古发现表明，在史前时代，几个在地理位置上相距遥远的文明都已经掌握了这项技能。"[12]

靛蓝染色的想法似乎起源于对偶然事件的仔细观察。有人看到木蓝的叶子在早霜中变成了蓝色，或者注意到这类植物被夏天的暴风刮倒后，它们的叶片在湿漉漉的柴火余烬中显现出的夺目色彩。基根在自己的设计作品中使用天然染料，他说："这种植物一旦受损，就会呈现出蓝色。如果木蓝植物遇上了暴风雨，被吹倒在水坑里，水坑就会变成蓝绿色。在水坑的表面，也会生出一层薄薄的紫红色皮，与靛蓝染缸顶部的那层薄皮一模一样。"[13]

为了验证这一论断，我接受了基根的建议，用新鲜木蓝叶子做实验，把它们分成两束。我把一束叶子泡在普通的自来水里，另一束则放入混合了竹棒烧出的灰烬的水中。我把它们放在厨房的柜台里，一夜过去了，什么也没发生。我猜测，问题出在温度上。水和房子都太凉了。

我把叶子和竹棒灰倒入装有温水的玻璃杯中，然后把它们移到一个小浴室里，在那里我可以打开加热器取暖。果然，第二天，装有自来水的玻璃杯水面上出现了微小的蓝色颗粒。混合了竹棒灰的水呈现出铜色，两天后，它略微有一点变绿。当我把一小块白布浸入水中几次，布就变成了浅蓝灰色。虽然这不是从基根的浓缩染缸中产生的惊人转变，但它已经证实了他的论断。我复原出了最初发生变色的水坑。

*

一个腓尼基传说讲述了推罗紫染料的诞生。根据这个传说，有一天，推罗的守护神梅尔卡特（Melqart）带着他的情人和狗在海滩上散步。他的狗从海水里捞出一只海螺，想要吃掉它。当它咬下去时，嘴巴变成了紫色。梅尔卡特灵光一闪，他用海螺为他的情人染了一件束腰外衣，并将这些染料的秘密传授给推罗城，使这座城市变得富有。[14]

讲述这个故事的腓尼基人是古代地中海伟大的航海家和商人，他们从位于今天黎巴嫩的家乡港口出发，远航至西班牙的大西洋海岸。除了雪松木、玻璃器皿和推罗紫染料等货物外，他们还带来了一套腓尼基字母，世界上大多数字母表都是从这套字母演变而来的。

正如传说所示，不难想象人们是如何发现古代最著名的颜色的来源的。波斯王室的长袍、希伯来祭司的服饰和罗马帝国的托加袍都染上了珍贵的紫色，染料的来源不是植物，而是海洋生物。在整个地中海地区，成堆的废弃壳料证明这曾经是一个主要的产业，制作一份染液要消耗数千只螺。古代人付出了巨大的努力和智慧，从壳类动物中获得紫色，既体现了对这种颜色本身的热爱，也体现了对象征社会地位的奢侈品的渴望。

染工从三种不同种类的螺身上提取染料，既可以单独使用，也可以组合使用，将产生浓淡深浅不同的颜色。带刺染料骨螺（*Bolinus brandaris*）和红口岩螺（*Stramonita haemastoma*）产生的是红紫色染料。带有斑纹的根干骨螺（*Hexaplex trunculus*）颜色更多变。它的液体可以变成蓝色、蓝紫色或紫红色。现代科学家了解其中的化学组成。蓝色是我们的老朋友靛蓝，蓝紫色中有一个溴原子，紫红色中有两个溴原子。但研究人员仍在争论古代染工是如何预测他们会得到什么颜色的。结果会否因亚种、性别或环境而异？ 15

我们从古罗马作家老普林尼（Pliny the Elder）那里了解了很多关于古代紫染的知识，他在自己百科全书式的著作《自然史》（*Natural History*）里描述了这一过程，这本书出版于公元 77 年至 79 年。不幸的是，随着时间的推移，在他看似详细的叙述中有一些关键的信息已经失去意义了。比如，他对以海草、腐烂的黏液和泥浆为食的螺，以及一种从珊瑚礁中采集的螺和另一种以卵石命名的螺进行了区分。对于古代染工而言，这些都是有意义的分类，为从每一种螺中得到预期的颜色提供了线索。但今天，它们都成了谜。

此外，一位重新制造出古代染料和颜料的艺术家说："普林尼是一个记录者，不是一个染工；他告诉了我们他所看到的，却没有真正理解这个过程。"利用化学原理，现代的实验人员试图弄清楚这个过程是如何运作的。16

对于骨螺，普林尼曾给出这样的解释：

> 著名的紫色精华在它的喉咙中间，人们追求这种精华，为的是给长袍染色；在那里有一根含有少量液体的白色静脉，深玫瑰色的珍贵染料就从这根静脉里被挤出，但骨螺身体的其他部分什么也不生产。人们努力活捉这种水生动物，因为它只有活着的时候才能排出这种汁液。

这种活的软体动物体内含有无色的吲哚酚。当骨螺死亡 ¹¹⁸ 时，它会释放一种酶，使这些化合物与氧气结合，产生有色液体（根据具体的化合物，这个过程可能也需要阳光）。古代的海螺采集者不愿让这种颜色随海水流走，他们采集活的海螺，并将它们养在水箱里。在考古发掘出的染料遗址中，有时会发现骨螺壳上带有独特的小洞——这是将大量的软体动物储存在狭窄的空间里，又没有给予它们充足的食物的结果。在没有其他猎物的情况下，海螺会自相残杀，它们用分泌酸性物质的器官在另一只海螺的壳上打洞，这样就可以吃到对方的肉。[17]

染工一旦培育了足够的海螺，就打开它们的壳，切除含有这种色素的腺体；这些海螺太小了，它们不是在接受手术，而是被压碎了。人们把腺体、分泌物和被压碎的海螺放入一桶温水中，水保持温暖，但不煮沸。他们在这些混杂物中加入了普林尼所称的 *salem*，即拉丁语的"盐"。这些混合物在水中浸泡三天，制成浓缩溶液。根据普林尼的描述，他们将这些溶液转移到一个金属大锅中，然后加水，撇去残渣，再将溶液熬煮九天，最后用一根羊毛测试是否可以作为染料染色。

普林尼提到的盐令现代化学家感到困惑，因为普通的食盐，即稳定的化合物氯化钠，对染色过程没有帮助。卡东写道："令人惊讶的是，书中除了软体动物和盐之外，没有提到其他的成分。"毋庸置疑，紫染工肯定添加了一些东西来制作碱性染液，类似于在制作靛蓝时使用的那种。卡东观察到，考古学家经常在石灰窑或陶窑附近发现紫色染料作坊，这两个地方都可以为染工提供碱性灰。[18] 这是一个合理的论点，但正如我们将看到的，普林尼最终可能得到了正确的成分。

我们已经习惯了合成染料的明亮色调，倾向于把古代的紫色也想象成一种鲜艳的颜色。但是这种价值堪比白银的推罗紫并不是雷克斯·哈里森（Rex Harrison）在1963年的电影《埃及艳后》（*Cleopatra*）中所饰演的尤里乌斯·恺撒（Julius Caesar）身上的那种通过彩色印片法（Technicolor）而呈现的绚丽色调。[19] 普林尼将其描述为"凝固的血液的颜色：从正面看是深色，从侧面看则带有明亮的反光"。在拉丁语中，它被称为"blatta"，意思是"凝结的血块"。按照今天的标准，古代最珍贵的染料并不是一种特别吸引人的颜色。

119

它也会发出臭味——而且不仅仅是在染色过程中。比普林尼年轻一点的同时代人、讽刺诗人马提亚尔（Martial）将"在推罗紫染料中浸泡了两次的羊毛"列在一连串难闻的气味中，并开玩笑说一个有钱的妇人穿着紫色的衣服是因为它的气味，暗示这种气味掩盖了她自身的臭味。普林尼不以为然地咯咯笑说："为什么要花这么多钱买这种紫色的壳类动物呢？当用作染料时，它们散发出臭味，在它们发出的光芒中有一种阴暗的色调，就像愤怒的大海。"

对于买家来说，答案是社会地位。很少有人买得起推罗紫的衣物，因此它的存在是拥有者特殊地位的象征。罗马政治家卡西奥多罗斯（Cassiodorus）在公元6世纪初将这种颜色称为"一种鲜血染成的黑色，使穿着者区别于其他任何人"。这种罕见的颜色在人群中特别显眼。马提亚尔在他的讽刺短诗《论克里斯皮努斯被偷的斗篷》（*On the Stolen Cloak of Crispinus*）中写道：

> 克里斯皮努斯在沐浴更衣，换上了托加袍，他不知道他把自己的推罗紫斗篷给了谁。无论是谁得到了它，我请求你，让它回到他的肩膀上，这是它的荣耀；提出这一请求的不是克里斯皮努斯，而是他的斗篷。不是每个人都能穿用紫色染料染成的衣服；那种颜色只适合富人。如果对

宝物和不义之财的邪恶渴望支配了你，那就拿托加袍吧，因为它不易暴露你的罪行。

就连紫色那臭名昭著的臭味也传递着威望，因为它证明这种颜色是货真价实的，而不是用便宜的植物染料制成的仿制品。[20]

对于卖家来说，高昂的成本反映出这种染料的生产是多么费力和令人厌恶——正如考古学家德博拉·鲁西洛（Deborah Ruscillo）在 2001 年夏天所了解到的那样。作为一名分析动物残骸的专家，鲁西洛对她在考古遗址中发现的大量骨螺壳很感兴趣，她想知道生产这种古代染料到底需要多少骨螺。在一名研究生助理的帮助下，她决定按照普林尼的指示，找出答案。

首先，鲁西洛在克里特岛附近的一个海湾设下了诱饵陷阱，在这个地方，根干骨螺以当地渔民丢弃的鱼为食。她很快发现陷阱装置里灌满了水，拎起来很重。他们还捕获了多余的东西。她写道："鳗鱼和鲉等水下进食的动物会进入陷阱，这对任何提着篮子或罐子的潜水员来说都是潜在的危险。"好消息是，诱饵吸引了更多的骨螺来到周围的海床。除了陷阱里的骨螺外，鲁西洛和她的助手每个人每小时还能再采集 100 只骨螺。考古遗迹证实，古代的骨螺采集者必须同时采用陷阱装置和手工采集的方式；壳料堆里有手工采集者丢弃的小螺，还有已经死去的骨螺——它们不可能进入陷阱。

两位研究人员带着一桶装了 800 多只骨螺的海水，来到了一个"远离现代村庄"的地方。鲁西洛知道古代染料工厂都在远离定居点的地方，她很快就通过亲身体验了解了原因。

但首先他们得把骨螺壳打开。"天哪，这是不可能的，"她在一次采访中回忆道，"它坚不可摧。"从古代骨螺壳残骸上的

120

小洞得到启示，她开发出了一种分两步的技术：用铜锥在蜗牛壳上敲出一个小洞，然后撬开外壳。

接下来是令人恶心的部分。他们切除腺体，把其余部分丢弃掉，形成了一堆破碎的骨螺壳，与考古学家在古代遗址中发现的骨螺壳非常相似——但有一个重要的区别。与古代壳料不同，这些骨螺壳上带有腐烂的肉。鲁西洛说，马上，"你就会被苍蝇（这些大马蝇都在咬你）和黄蜂包围了"。

他们把这些腺体放入一个有盖的铝锅中，锅中装着水，随着放进去的腺体越来越多，水中的紫色变得越来越鲜艳。即使是很紧的盖子也无法阻止苍蝇在黏稠的混合物中产卵。鲁西洛回忆说："这些大苍蝇聚集在锅沿上，产下它们的幼虫，并用腿把它们推入盖子底下。这实在是令人印象深刻。"为了杀死由此产生的蛆虫而不破坏染料，她必须将溶液加热到略低于沸点。

尽管古代的染工用的是容量100升或更大的染缸，但鲁西洛做实验用的是小锅子，每个锅子的容量大约是20盎司（590毫升，1盎司≈29.5毫升），足以给一块宽6英尺、长8英尺的样布染色。即使在这么小规模的情况下，她也遭遇了这种染料传说中的恶臭味。希腊地理学家斯特拉波（Strabo）在谈到推罗时写道："数量庞大的染料工厂使这座城市的居住环境令人不愉快，但由于当地居民的高超技术，这些染料工厂也使这座城市变得富有。"[21]

121　　"令人不愉快"的说法实在是太轻描淡写了。鲁西洛说："那些在50米以外的地方吃饭的工人都抱怨这实在是太臭了。"为了忍受这股恶臭，她和她的同事不得不戴上口罩。在一个古代的染料中心，这种令人窒息的臭味会增强成千上万倍。这项工作还把他们的手染成了紫色，怎么洗也洗不掉。鲁西洛总结说，这项可怕的工作一定是奴隶干的。

　　鲁西洛测试了四种不同的织物——羊毛、棉、生丝和熟丝——并确定羊毛和熟丝的染色效果最好。在染液中，她测试了古代纺织专家建议的五种配方：仅海水、仅淡水、海水和尿液、海水和明矾，以及海水和醋。

　　她很快意识到普林尼本人从未亲身实践过紫染。当两位实验者按照他的指示进行两个阶段的加热后——第一阶段3天，第二阶段9天——他们得到的是平淡无奇的灰色，略带一点紫色。鲁西洛决定跳过第二阶段的9天加热。相反，她只是将每种混合物在80摄氏度的温度下浸泡3天，然后过滤掉骨螺残骸，并将织物样本浸入其中。她让织物在染液中慢慢冷却。在第六次测试中，她使用的是没有浸泡过染料的海水。

　　根据使用的骨螺数量和织物浸泡的时间，染料产生的颜色从淡粉色到深紫色不等。她说："所有这些都是非常美丽的颜色。"丝线染成的鲜艳颜色更符合现代人的品位，而羊毛染出的深色更受古代人喜爱，它也吸收了更多的染料。"羊毛像海绵一样能立刻吸收染料，"鲁西洛写道，"即使在漂洗后也能保持深颜色。"织物上也保留了臭味。近20年后，尽管用汰渍清洗过，它们依然散发出臭味。

　　令人惊讶的是，鲁西洛从每种溶液中得到的染色效果都是一样的。她回忆说，尿液可以让紫色更加鲜艳，但基本上，"在相同的时间、相同的浓度和相同的水量"的情况下，添加的成分"似乎对颜色没有影响"（与淡水相比，海水确实使染料更不容易褪色）。

　　如果不考虑化学理论的话，普林尼对成分的判断可能是正确的：盐（防止螺肉腐烂）和海水。也许染工并没有制造碱性染液。也许仅凭海水就能实现这一点。它偏碱性，pH值大约是8.3，pH值是7就是中性。[22]

　　当鲁西洛开玩笑般地测试那份没有浸泡过染料的海水时，

122

最大的真相出现了。她写道，当她将织物样品浸泡 10 分钟后，

> 我看着黏糊糊的白色样布变干，呈现出美丽的蓝色。这个实验重现了"圣经蓝"（Biblical Blue），也就是人们所称的"tekhelet"，这种颜色在古代和现代都是神圣的，特别是在犹太教中。众所周知，这种神圣的蓝色是由海螺制成的。传统上，男人在晨祷或婚礼上穿的祈祷披巾塔利特（*talit*）上有一条用骨螺染色的蓝色流苏。

这种珍贵的蓝色，类似于靛蓝染色的浅色牛仔布的颜色，是一个完全出乎意料的结果。

鲁西洛的实验证明了为什么紫色在古代是昂贵而稀有的。她写道："生产一件衣服需要花费大量的人力劳动，这还不包括生产骨螺染料所涉及的繁重任务。"她发现，要给装饰物或一件轻便的衣服染色，需要几百只骨螺。而克里斯皮努斯那件被偷走的大羊毛斗篷，则需要消耗几千只骨螺，这意味着光是采集这些骨螺，就要花费几百个小时。

鲁西洛的研究特别值得一提，因为她不是从关于古代染工所作所为的化学理论着手的。相反，她测试了一些常见的成分，并观察其结果。她既采用了古代染工所依赖的那种反复试验学习法，同时又保持了现代科学的实验精确性。这个过程是系统的、科学的，但完全是以实际经验为依据的。在这种情况下，它证明了理论没有预测到的结果。[23]

在历史上的大部分时间里，染色更像是烹饪而不是化学。它涉及化学反应，但染工不一定理解它。不同的人遵循不同的配方，许多关键的技术都没有被记录下来。通过手把手的实践，师傅将它们传给了徒弟。由于没有标准的温度或 pH 值测量仪器，良好的结果取决于仔细观察颜色、气味、味道、质

123

地，甚至是声音。要得到同一种颜色可能有不止一种方法。因此，很有可能有的紫色染工使用了碱性添加剂，有的没有使用；有的使用了海水，有的没有使用；还有一些紫色染工使用了尿液或醋或一些其他的秘密成分。一些常用的成分会对结果产生影响，而另一些成分实际上则是不必要的。染色效果因染工而异，染工也很在意自己的声誉。

*

多梅尼科·吉兰达约（Domenico Ghirlandaio）在佛罗伦萨教堂的墙壁上画了很多湿壁画，其中包括许多杰出公民的肖像，他们被描绘成神圣事件的见证人。从这些壁画中，我们可以看到 15 世纪的人文主义者、银行家及其家人的面容。我们也可以看到他们都喜欢穿红色衣服。

几乎每一个没有身穿宗教服装的男人都披着一件红色的斗篷，通常还戴着一顶相配的帽子。女性穿着红色袖子的衣服或粉色连衣裙。床罩和窗帘都是红色的。吉兰达约在《三博士来朝》（*Adoration of the Magi*）中藏入了自己的自画像，他本人也穿着鲜红色的衣服。在他现藏于卢浮宫的那幅名画中，鼻子上长满疣的祖父和一头亚麻色头发的孙子也都穿着红色的衣服。到文艺复兴时期，红色已经取代了深紫色，成为财富和权力的象征。

因此，当一位名叫焦安文图拉·罗塞蒂（Gioanventura Rosetti）的威尼斯人在 1548 年出版了第一本专业染色手册——其中关于红色的配方数量是最多的，有 35 种——时，这丝毫不令人感到奇怪。黑色紧随其后，有 21 种配方。

罗塞蒂的著作名为《染工艺指南》（*The Plictho*），这是他花了 16 年的时间完成的，其中大部分的时间无疑都花在从

不情愿的工匠那里窥探商业秘密上了。作者本人并不是一个
染工，而是一个致力于传播技术知识的人；他后来写了一本类
似的书，内容关于香水、化妆品和肥皂。罗塞蒂将《染工艺指
南》描述为"我为了公众利益而留下的一部慈善作品"，他抱
怨说染色技术"已经在那些将其隐藏起来的残暴之人手中被囚
禁了很多年"。

124　　　与一个世纪后马克斯·齐格勒出版的织布手册一样，《染
工艺指南》代表了知识革命的第一个阶段：记录和宣传最先进
的技术和实践。罗塞蒂并没有试图分析或改进这些配方，只是
将这些信息公之于众，以便其他人可以从中学习。

　　　他写道，染色"是一种巧妙的艺术，适合拥有敏锐才智的
人"。他的配方说明，在没有良好的（或任何）化学理论的情
况下，染色实践可以在纯粹的经验基础上发展到何种程度。在
欧洲全面采用来自美洲的着色剂之前，它们还记录了处于新时
代转折点的染工艺。

　　　以一个名为"把羊毛或布染成红色"的简单配方为例：

125　　　　　　每磅羊毛取 4 盎司罗氏明矾，沸煮一小时。用清水
　　　彻底清洗干净。在彻底清洗干净后，每磅羊毛取 4 盎司茜
　　　草，在清水中煮沸。在水快要沸腾的时候，先把茜草扔进
　　　去，然后把羊毛扔进去，让它沸煮半个小时，不停地搅
　　　拌。经过清洗，它就成功染成了红色。[24]

　　　这个配方中使用了历史上最重要的染料之一——染色茜草
（*Rubia tinctorum*）的根。卡东写道，这种广泛种植的物种
"在染色史上占据着最重要的地位"，因为"无论是单独使用，
还是和其他染料结合使用，它都能产生令人惊奇的各种颜色"。
马萨达（Masada）是一处沙漠宫殿要塞，因公元 73 年犹太叛

焦安文图拉·罗塞蒂所著《染工艺指南》（1560 年版）中的一页（*Getty Research Institute collection via Internet Archive*）

军集体自杀而闻名，从马萨达遗址中发掘出的纺织品残片颜色包括鲜红色、浅橙色、深紫红色、紫色、紫黑色和红棕色——这些全部是用茜草染成的。[25]

　　马萨达残片的多种颜色源于两种染工传统技能所利用的化学特性。第一种是植物学。这种植物的根部含有两种不同的产生颜色的化学物质——茜素和羟基茜草素，茜素产生橙红色，羟基茜草素产生紫色。两者的比例取决于植物亚种、土壤条件和收获时茜草根的成熟度。通过利用这种变化，染工可以制造出一系列的颜色。

他们还知道不同的添加剂可以改变颜色。为了使茜草产生的颜色带有蓝色色调，同时软化硬水，文艺复兴时期的染工依靠的是麸皮水，这是一种将麸皮浸泡几天后产生的酸。（一位染工利用《染工艺指南》等资料，再现了文艺复兴时期的染色技术，他说精心准备的麸皮水"闻起来就像呕吐物"。）白酒石是葡萄酒发酵过程中产生的沉淀物，它可以染出带淡橙色的红色。[26]

最重要的添加剂是媒染剂（mordants），这个词来自拉丁语"mordere"，意思是"咬"。这类化学物质（通常是金属盐），能使茜草和大多数其他所谓的天然染料牢固地附着在纤维上。这也是《染工艺指南》中最常使用的物质。在染色之前，材料要浸泡在媒染剂中——在这本书中，指的就是明矾。明矾与纤维结合，随后当羊毛浸泡在染缸中时，媒染剂在羊毛和染料之间架起了一座桥梁，使两者能够结合并使染料固定在羊毛上。在这里，我们再次看到了反复试验的观察实验法的应用。直到今天，化学家们还在争论纤维分子、媒染剂和染料是如何相互作用的。[27]

126

不同的媒染剂最后将产生浓淡深浅不同的颜色。例如，铁化合物会使颜色变暗。红棕色的马萨达纺织品使用的是铁和茜草，早在公元前 14 世纪，埃及人就用铁媒染剂和植物中的丹宁酸来制造棕色和黑色。罗塞蒂书中的一些黑色配方使用的也是同样的方法，而另一些黑色配方则依赖五倍子，五倍子所含的丹宁酸可以作为媒染剂，使颜色变深。[28]

明矾是最重要的媒染剂，这是一种钾（有时候是铵）硫酸铝，不仅能固定染料，还能使颜色变得更鲜艳。相当纯净的明矾晶体自然存在于沙漠和火山地区，这解释了史前时期它就已经被人使用的原因。然而，到了古典时代，人们已经学会了如何从火山地区发现的矿物明矾石中提取出大量有用的明矾。要从明矾石中提取出明矾，首先要在窑中加热岩石，然后反复浇水，直到它们变成膏状物。将膏状物加热，分离出不能溶解的化合物，然后泻析出溶液。随后，它就结晶成纯净的明矾。

在罗塞蒂所处的时代，明矾的开采、生产和贸易都是大生意——这是第一个国际性的化学产业。例如，1437年，佛罗伦萨商人与拜占庭人达成了一项为期五年的交易，从拜占庭人那里购买了大约200万磅粉状明矾。一位16世纪的作家宣称："明矾对于羊毛和羊毛织物染工的必要性不亚于面包对于人类的必要性。"[29]

在罗塞蒂的书中，有一份配方号称将染出"色彩丰富的橙色"。它使用了20磅明矾，一种黄色（来自欧洲的黄栌）和三种不同的红色——茜草、巴西木和胭脂虫红（*grana*，这是一种昂贵的鲜红色，通过将成千上万只小昆虫碾碎而得到）[30]，确实色彩丰富。

在这里，我们看到欧洲的染工艺正处于变化的转折点。巴西木来自某种树木的红色芯材，它曾经是一种稀有的染料，提取自威尼斯商人进口的亚洲苏木。到了罗塞蒂所处的时代，由于美洲热带地区的大量供应，这种染料已经很常见了。艺术史学家玛丽-特雷·阿尔瓦雷斯（Mari-Tere Álvarez）指出，1529年，仅一个月，西班牙就从其新大陆领土进口了多达6000吨的巴西木。

巴西正因这种木质紧密的木材而得名，它不仅比亚洲的同类木材质量更好，而且便宜得多——事实上，阿尔瓦雷斯抱怨说，它实在太便宜了，因此学者们都没有认真地重视它。她说，对于艺术史学家来说，它就是"颜料界的开市客（Costco）"。作为一种染料，巴西木确实有很多不尽如人意的地方，因为它在阳光下很快就会褪色，变成较暗的砖色。但它可以为使颜色保持时间更久的着色剂增加深度。在罗塞蒂的配

127

方中，它主要作为茜草或胭脂虫红的补充物。[31]

"鉴于这些配方中有许多似乎是出自经验丰富的商业染工之手，"《染工艺指南》的译者写道，"我们有理由相信，到1540 年，巴西木已经和胭脂虫红、茜草一样，成为一种重要的红色染料。这种在商业上的广泛应用只能归功于其低廉的价格，因为它的性能非常差。"[32]

新大陆不仅仅供应低价的红色染料。1500 年，欧洲最好也是最有价值的红色染料来源是欧洲胭脂虫红，是由生活在欧洲栎树上的小昆虫制成的。50 年后，墨西哥胭脂虫红成为欧洲最重要的红色染料来源，提取自一种类似的寄生昆虫，这种昆虫生长在胭脂仙人掌或仙人果上。由于这种小小的昆虫尸体看起来就像植物或矿物颗粒，因此欧洲的染工用"grana"一词来指代这两种染料。《染工艺指南》的译者认为，罗塞蒂的"胭脂虫红"指的是用欧洲栎树上的小昆虫制成的染料，但我们不能完全确定。这是因为，就在罗塞蒂进行他的研究时，欧洲染工正在调整这种染料的原料。[33]

墨西哥胭脂虫红的色素含量是欧洲胭脂虫红的十倍，它是新大陆最重要的馈赠之一，是给予墨西哥土著农民的献礼。当欧洲胭脂虫还在野外生长时，当地人已经培育墨西哥胭脂虫好几个世纪了。就像中国人培育出家蚕品种，他们也对这种昆虫及其寄生植物给予了细致的关注。埃米·巴特勒·格林菲尔德（Amy Butler Greenfield）在她关于染料历史的著作中写道，当西班牙人到来时，他们的选择性培育已经产生了"欧洲有史以来所见过的最接近完美红色的东西"。[34]

作为一种染料，墨西哥胭脂虫红比它的竞争对手更鲜艳、更不易褪色，也更容易使用。它是一种理想的贸易商品：重量轻但价格昂贵。在西班牙征服之前，互相竞争的特拉斯卡拉商人和阿兹特克商人已经在整个地区出售这种商品。到 16 世纪

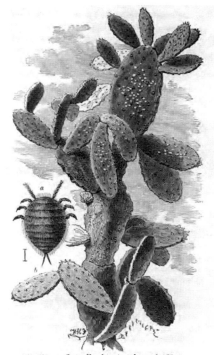

Fig. 290. — Cactus-Nopal portant des cochenilles.

生长在胭脂仙人掌上的胭脂虫，图画对胭脂虫进行了放大。（*Internet Archive*）

中叶，它已经成为新西班牙（New Spain）最贵重的出口产品之一。

　　和之前的阿兹特克统治者一样，西班牙当局也收集胭脂虫作为贡品。但仅靠税收不足以满足欧洲对这种染料的需求。胭脂虫养殖很快就成为一项利润丰厚的商业投资。它的利润回报如此之高，甚至到了颠覆社会现状的地步。

　　1553 年，特拉斯卡拉（Tlaxcala）执政委员会担心农民从胭脂虫养殖中赚了太多的钱，导致他们用这种经济作物代替自给自足的农业；他们不再自己种植粮食，而是从市场上购买，从而推高了粮食价格。这些委员会成员本身就是前殖民时期的精英，他们痛斥胭脂虫养殖暴发户的炫耀性消费。他们抱怨说："这些仙人掌种植户和胭脂虫经销商，他们中的一些人睡的是棉垫，他们的妻子穿的是漂亮的裙子，他们有很多很多钱、可可和衣服。他们拥有的财富只会让他们骄傲跋扈、趾高气扬。因为在胭脂虫被发现及每个人都种植胭脂仙人掌前，一切都不是这样的。"[35] 可以肯定的是，胭脂虫已经为人所知好几个世纪了。与以往不同的是，现在出现了一个巨大的海外市场。

随着时间的推移，胭脂虫红出口量稳步增长，到16世纪末，每年平均出口量在125吨到150吨。然而，年均出口量波动极大。1591年的总出口量为175吨，1594年下降到163吨，1598年骤降到1591年的一半。每年，欧洲的纺织品生产商都在焦急地等待着新西班牙一年一度的船队可能带来多少货物以及这一年的胭脂虫红的价格是多少的消息。任何线索都可能是有价值的商业情报。一位历史学家写道："从欧洲的每一个贸易中心"

> 传来了有关这一年可供交易的胭脂虫红数量的实际报告、估计和猜测。1565年，从布鲁塞尔传来的关于"胭脂虫舰队"的最新消息是从罗马传送过来的；1580年，一份安特卫普（Antwerp）的新闻报道估计了能收到的胭脂虫红总量；1586年，一封来自墨西哥的信件报告了一艘载有胭脂虫红货物的船只的航行情况。

到1600年，这种新大陆的昆虫已经成为必不可少的染料。威尼斯胭脂虫红商人失去了对高端红色染料市场的控制，取而代之的是经由阿姆斯特丹和安特卫普而来的西班牙进口胭脂虫红。1642年，阿姆斯特丹的胭脂虫红价格涨到了1589年的四倍。[36]

　　西班牙小心翼翼地守卫着自己的垄断地位，禁止外国船只运载胭脂虫红。海盗和走私者试图打破这种束缚。随着伊丽莎白一世时代的英国与西班牙陷入了一场冷战（有时候也是热战），英国的私掠船将运载胭脂虫红的船只作为掠劫目标。最大的一次劫掠属于伊丽莎白一世的宠臣罗伯特·德弗罗（Robert Devereux），也就是第二代埃塞克斯伯爵（Earl of Essex），1597 年，他攻占了三艘西班牙船只，带回了超过 27 吨胭脂虫红。在随后不久绘制的一幅肖像画上，埃塞克斯伯爵穿着一件色彩鲜艳的猩红色长袍，毫无疑问，这是用新大陆红色染料染成的。[37]

＊

　　欧洲染工从美洲获得了新的颜色来源，而与印度的贸易则给他们带来了竞争和灵感。

　　当葡萄牙人在 16 世纪到达印度时，他们带回的布料与欧洲生产的布料完全不同：这种棉布质地轻薄、色彩丰富，又很耐洗。首先，精纺印度棉布本身就是一种奇迹——这种布料柔软、凉爽、可洗，是一种神奇的替代品，可以替代粗糙扎人的亚麻布、难以清洁的羊毛织物和价格昂贵的丝绸。

　　其次是颜色方面。作为一种纤维素纤维，大部分的染料都难以附着在棉布上。然而，印度人已经掌握了染出各种色调的颜色——红色、蓝色、粉色、紫色、棕色、黑色、黄色和绿色——的技巧。与欧洲纺织品不同的是，前者的图案是编织或刺绣而成的，而这类印度棉布的特点是带有多彩的手绘或印花图案。这些后来被称作"印花棉布"的纺织品，给人们带来了全新的视觉震撼。

130

　　1689年，英国东印度公司牧师约翰·奥文顿（John Ovington）在印度西部旅行，他在自己的旅行记述中写道："在某些方面，印度艺术家胜过欧洲所有的聪明人，例如，印度印花布或全棉印花布的绘制，这方面欧洲人无法与之媲美，无论是在颜色的亮度还是在布料上的持续度上。"到那时，东印度公司每年带回英国100多万匹全棉印花布，约占其总贸易量的2/3。

　　欧洲人对这种新布料需求巨大。为了与亚洲印花布竞争，欧洲染工需要提高水平，改进现有工艺并掌握新的技术。[38]

这是一张18世纪的帕稜布，原产于印度，专为斯里兰卡市场制造。这些非常珍贵的纺织品也被用作壁毯和桌布。（*Metropolitan Museum of Art*）

正是在这样的背景下，路易十四强硬的财政部部长、法国统制经济计划之父让－巴蒂斯特·柯尔贝尔（Jean-Baptiste Colbert）主张对染料行业实施更严格的控制。1671 年，他在给国王的信中写道："如果丝、羊毛和线的生产是为了维持商业发展并使其盈利的话，"

> 那么染色就是这一切的灵魂，它给予了织物五彩斑斓的颜色，这些颜色就像是在大自然中发现的那样，没有染色，织物就像没有灵魂的躯体一样黯然失色……颜色不仅要漂亮，以便增加布料的贸易，还必须品质优良，这样才能像它们染上的布料那样经久耐用。

131

柯尔贝尔开始宣传有效的配方，投资研究，并执行统一的标准。他要求染工遵循众所周知的做法，这看似合理，却包含一个矛盾。这项政策一边禁止新的染色方法，一边又奖励提出改进方案的染工。"实验的成果得到奖励，"一位科学史家评论道，"然而实验本身是非法的。"[39]

印度染工通过反复试验来改进他们的染色方法，而这恰恰是柯尔贝尔的计划所反对的。经过几个世纪，他们毫无疑问会取得进步。但是，由于没有科学基础，他们不知道还有哪些地方需要进一步改善，也不知道哪些当前的步骤或成分可能是多余的。相反，欧洲的全棉印花布热潮正好赶上了化学作为一门科学的发展。

132

1737 年，法国政府开始任命一位杰出的化学家作为染厂的检查员，这份工作远比其头衔要尊贵得多。一位败兴而归的竞争者说，这个职位是"科学研究的最佳场所"。[40] 这份工作报酬丰厚，同时还可以接触到最先进的化学研究。这些科学家做实验、开讲座、出版图书，探索为什么某些物质会使纤维

18世纪百科全书中描绘的哥白林染坊的染色场景。这座染厂和周围的土地最初属于哥白林家族，1662年被柯尔贝尔领导下的法国政府购买，作为宫廷供应商和改进染料配方和技术的研究中心。（*Wellcome Collection*）

着色，为什么一些染料能持久而另一些染料会褪色，以及如何分辨它们。染色是化学过程还是物理过程？它与艾萨克·牛顿（Isaac Newton）的光学理论有什么关系？染料是像油漆或釉料一样覆盖上了纤维，还是发生了其他变化？后来的检查员提出了他们自己的理论，并恭恭敬敬地在他们前辈的理论中寻找漏洞。

在化学发展的早期阶段，染色过程更有可能激发化学实验，而不是产生新染料的科学。在染坊工作是站在科学思想前沿的一种途径。这就是为什么 20 岁的让 – 米歇尔·豪斯曼（Jean-Michel Haussmann）在尝试了化学研究之后，放弃了药学，加入了他哥哥所在的一家德国纺织印花厂。让专注于商业事务，让 – 米歇尔则精通染料。1774 年，兄弟俩在鲁昂开展了自己的纺织印花业务；第二年，他们横跨法国，将工厂搬到了阿尔萨斯区的洛格尔巴赫（Logelbach）。

让 – 米歇尔马上面临对他化学技能的考验。同样的染色过程，在旧工厂里染出了鲜亮的颜色，在新工厂里却染出了暗淡的颜色。茜草染成的棉布不是鲜艳的猩红色，而是毫无生气的棕红色——这根本不是顾客想要的。让 – 米歇尔通过实验找到了罪魁祸首，最终确定关键的变量是当地的水。水质太软了。他总结说，鲁昂水中所含的石灰岩去除了一种使红色变暗的物质。通过在洛格尔巴赫的水中加入白垩，他染出了同样鲜亮的颜色。

"豪斯曼在将科学应用到工业方面具有很大的功劳，"当地的一份编年史总结道，"他对化学的了解使他能够仿制出美丽的颜色，这些颜色使得中国的棉布广受欢迎。"[41] 但起作用的是化学**实践**，而不是化学理论。像豪斯曼这样的年轻化学家知道如何进行系统实验，控制可能影响结果的变量。化学家们对实际发生的事情仍然只有最模糊的概念。

直到 1808 年，钙才被确定为一种元素，而元素和化合物的概念本身也是新的。化学家仍然将染色解释为着色剂颗粒和纤维孔隙间的物理相互作用；是由于染料与燃素（一种被认为存在于所有易燃物中的物质）相互作用而产生的化学变化；或者是这两者的某种结合。

当让 – 米歇尔在洛格尔巴赫研究染色结果时，他的同胞安托万·拉瓦锡（Antoine Lavoisier）正在进行实验，这些实

133

验将彻底改变化学。他断定，燃烧与燃素无关。当一种物质与新发现的可呼吸气体结合时，就会发生燃烧。英国科学家约瑟夫·普里斯特利（Joseph Priestley）将这种气体称为"纯空气"，拉瓦锡将其命名为"氧气"。

1789 年，拉瓦锡出版了他的开创性著作《化学基础论》（*Traité élémentaire de Chimie*），书中列出了元素、化合物和氧化的概念，以及至今仍在使用的化合物命名系统。美国化学学会（American Chemical Society）评论说："作为一本教科书，《化学基础论》包含了现代化学的基础。"

> 它阐明了热对化学反应的影响，气体的性质，酸和碱形成盐的反应，以及用于进行化学实验的仪器。质量守恒定律首次被定义，拉瓦锡断言"……在每一次操作中，操作前和操作后都存在着等量的物质"。也许《化学基础论》最引人注目的特征是它的"单一物质表"，这是已知元素的第一个现代列表。[42]

在拉瓦锡早期的热心支持者之中，有一个名叫克洛德·路易斯·贝托莱（Claude Louis Berthollet）的人，他担任染料检查员一职。1791 年，贝托莱出版了他自己里程碑式的著作，将新的化学应用到染料中。纺织史学家汉娜·马丁森（Hanna Martinsen）写道："他分析染色的方法与处理其他任何化学问题的方法相同，并将染料的化学成分与染料物质的特性联系起来。这种方法代表了贝托莱的观点，并**将纺织品染色从一种基于传统配方和偶然改进的工艺，转变为一种基于科学知识和系统改进的当代技术**。"[43]

无论如何，这是一种理想。事实上，贝托莱的书就像《染工艺指南》一类的使用手册一样，包含了许多没有理论依据的配方。毕竟，化学作为一门科学仍然处于最初的阶段，还有许多未知之处。例如，作为他对氧气进行化学研究的副产品，贝托莱自己开发了氯漂白剂——这是一次重大进步，在长达数月的过程中，他重复用碱液（一种碱）和脱脂乳（一种酸）处理布料，并将其铺在大片的草地上。然而，他始终没明白，氯不是一种含氧化合物，它本身就是一种元素。[44]

　　尽管仍有许多未知之处，新的化学还是为染工解释了长期以来令他们感到困扰的现象。终于，他们理解了靛蓝从蓝色到几乎透明再到蓝色的转变，以及为什么靛蓝染缸的顶部会覆盖着蓝色泡沫。贝托莱写道："靛蓝似乎经过了……不同程度的脱氧。"

　　　　因此，它的溶液呈现浓淡深浅不同的色度。在最开始的阶段，它的溶液是透明无色的；随着氧化作用的减少，它会变成黄色，最后变成绿色。

　　　　当靛蓝处于溶液中时，它与空气接触的部分吸收氧气，氧气与靛蓝结合，再重新产生靛蓝，同时使那些易于吸附它的物质湿透，因此溶液表面就变成了蓝色。随后，搅动发酵良好的染缸，会产生起初为绿色，然后变成蓝色的泡沫，被称为"花"。[45]

　　由于贝托莱不知道分子的结构，他无法完全解释靛蓝加工过程中的复杂转变。但拉瓦锡的原理至少让他走上了正确的道路。染料化学家们不再关注染料为什么会产生特定的颜色——这个问题需要量子物理学家来回答——而是开始强调发生的反应。当牛顿让位给拉瓦锡，而燃素被分子模型取代时，化学获得了传统染工只能想象的力量。在一个世纪内，实验室将创造出大量的新染料，以至于仅仅给它们命名都是一个挑战。

135

*

从款式和来源来看，这件收藏于博物馆中的塔夫绸连衣裙没有什么特别之处。它具有 1860 年时装的特点，高领、钟形裙、细腰，是参加下午茶活动的得体打扮。胸前的纽扣表明这件连衣裙的主人没有贴身女仆，经过仔细检查还发现腋下有汗渍。女裁缝巧妙地使用服装布料制作绲边和镶边，但是整体设计不是最时髦的，从制作上来说也算不上是高级时装（*haute couture*）。制作这件连衣裙的人用的是缝纫机。

然而，这件不起眼的衣服并没有被收藏在历史博物馆里，而是被放在纽约时装技术学院博物馆（Museum of the Fashion Institute of Technology）中，这是一家专门收藏"推动时尚向前发展"的服装的机构。当我在一个关于颜色历史的展览上看到它时，我立刻明白了它存在于那里的原因。在此之前，没有任何颜色能与它那种黑色和紫色条纹的色饱和度相媲美。此刻，从这一件衣服上就能看出，合成染料的出现是惊天动地的。一旦你看见过如此深邃的黑色和鲜艳的紫色，或是亮粉色和孔雀绿色，你的视觉期待就不一样了。

由于受到黑白插图、浅色版画和维多利亚女王守寡时所穿黑色衣服的影响，我们经常想象 19 世纪欧洲妇女衣服的颜色都是非常暗淡的。但纺织品和染料制造商的样品书向我们讲述了一个不同的故事，书上展示的是一页又一页鲜艳的色彩。1890 年 11 月，《德莫雷斯特家庭杂志》（*Demorest's Family Magazine*）评论说："在普通商品中可以找到多达 193 种不同色度的时尚颜色……每一种颜色都有 4~6 种深浅不一的色泽，以不同的色饱和度呈现。"

在现实生活中，黑白版画上的女式格子衬衫可能是将粉红色、蓝色、黄色和白色编织在深黑色的底布上。一步裙上看似微妙的旋涡可能是将鲜艳的粉红色、绿色或紫色织进了深黑色底布——深黑色本身就是一项现代化学的成就。绿色以前很难染出，现在却随处可见。1891 年 4 月期的《德莫雷斯特家庭杂志》刊登的设计中，有一款套装，裙子是浅绿色的刺绣罗缎（一种丝绵混合织物）；上身是绿色真丝斜纹绸，饰有钢珠；袖子则是深绿色的天鹅绒。

该杂志呼吁读者，要强调颜色对比："几乎每一种颜色的每一个色度都是搭配黑色一起使用的，绿松石蓝尤其受欢迎……灰色和亮黄色、暗粉红色和亮红色、淡玫瑰色和亮玫瑰色、蓝色和金色、粉色和金色、棕褐色和青绿色，这些都是受欢迎的颜色组合，棕色和暗玫瑰色、蕨绿色、亮法国蓝或金色组合在一起。"[46] 从最奢华的丝绒到最简陋的棉布，19 世纪末的织物呈现出前所未有的丰富色彩。

这些纺织品体现了不仅在时尚史上，而且在技术史上都极其重要的发展之一：合成染料催生了现代化学工业。从 19 世纪 50 年代开始，一代又一代的化学家都致力于追求新的纺织品颜色。对染料的需求为这个时代最有创造力的一些人提供了一条职业道路，一些具有挑战性的问题和潜在的财富——就像当今信息技术吸引人们的方式一样。染料化学带来的创新改变了政治、经济和军事力量的平衡，使第一批特效药生产出来，并为我们提供了塑料和合成纤维。

"在 19 世纪末，"一位科学史家写道，"颜色的合成将科学知识、工业技术、研究实验室和现代商业公司结合在一起。染料制造商从事多种经营，包括照相器材、杀虫剂、人造丝、合成橡胶、固定氮，以及同样重要的药品。"[47] 染料创造了现代世界。

这一切都始于工业废料。

19世纪时，煤气照亮了城市的住宅、商业和街道。在蜂窝形的炉子中提纯煤块，留下的就是焦炭，焦炭可以给炼铁炉和炼钢炉提供动力。将煤块转化成这些浓缩燃料后，会留下一层黏稠的残留物，被称为"煤焦油"。这是一种由各种各样的碳氢化合物组成的烂泥状混合物，本来是毫无用处的副产品，却引起了奥古斯特·威廉·霍夫曼（August Wilhelm Hofmann）的注意。他是一名来自德国的研究生，当时正在研究含氮有机化合物。

在植物和动物中都发现了这些化合物——事实证明它们也存在于煤焦油中——这令19世纪的化学家困惑不已。仅仅弄清这些化合物含有什么元素是不够的，因为它们的元素列表完全一样：碳、氢、氧，有时还有氮、硫或磷。这些化合物都是由相同元素组成的，是什么导致它们各不相同？为什么某些原子似乎很容易被取代，而另一些由同一物质组成的原子却保持不变？直到19世纪50年代后期，当奥古斯特·凯库勒（August Kekulé）开始发表关于碳原子如何形成链或环的理论时，化学家才开始理解分子结构。在那之前，简单地识别独特的化合物就是一项重大挑战。

1843年，霍夫曼发表了第一篇科学论文，他在文中证明了从煤焦油中提取的生物碱与之前发现的其他三种化学物质是完全相同的，一种是从苯中提取的物质（苯是另一种煤焦油产品），另外两种是从靛蓝植物中提取的物质。这四种被认为不同的物质实际上是同一种化合物。它包含6个碳原子、7个氢原子和1个氮原子，或者换句话说，它包含一个氨基（2个氢原子和1个氮原子）以及一个由6个碳原子和5个氢原子组成的独特组合。霍夫曼将这种化合物称作"苯胺"，在阿拉伯语中是"靛蓝"的意思。

霍夫曼的发现具有实际意义。它证明了在植物中发现的同一种化学物质可以从工业碳氢化合物中提炼出来。医生依靠植物生物碱生产吗啡和奎宁等重要药物，霍夫曼的研究结果点燃了人们的希望：通过足够多的实验，化学家可以学会合成这些至关重要的物质。霍夫曼称苯胺为他的"初恋"，他一生中大部分的时间都致力于弄清它和其他化合物的关系。[48]

1845年，这位年轻的化学家接受了一份工作，成为伦敦新成立的皇家化学学院（Royal College of Chemistry）的首任院长，皇家化学学院旨在培养专业的化学家，而不是向未来的医生、律师和工程师传授少量的化学知识。对于有机化学来说，这是一个令人兴奋的时代，各种发现层出不穷，但仍有许多未知之处。接受这种化学教学的机会难得，使得雄心勃勃的年轻人更渴望得到它。

在他的新岗位上，霍夫曼将德国首创的实验技术教授给热切的学生。年仅20多岁的他立即成为一位受人爱戴的导师，"对他的学生有全面的影响"，正如一位学生后来所回忆的那样：

> 这是霍夫曼的原则……每天与每个学生碰头两次，耐心地从事指导初学者的苦差事，或者帮助呆笨的学生，就像他愉快地指导高年级的学生一样，他会巧妙地哄骗高年级的学生相信，在开展导师为学生选择的第一个研究课题时，符合逻辑的步骤是他已经掌握的研究技巧的结果，而不仅仅或主要是最初研究课题的伟大导师的巧妙推动。[49]

霍夫曼在伦敦最有名的学生曾讲过霍夫曼的一段往事：有一天，这位化学家在巡视时拿起一个学生成功实验的产品，放了一点在他随身携带的表面皿中，然后加入了一点苛性碱。这种化学物质立即变成了一种"美丽的猩红盐"。霍夫曼激动地

138

139

抬头看着聚集在他周围的学生们，惊呼道："先生们，空气中**飘浮**着新的物体。"

虽然痴迷于化学之美，但霍夫曼本人更喜欢纯科学。尽管如此，他和学院的支持者还是希望学校的研究能够带来实际的突破。早期的研究成果令人失望。1849 年，霍夫曼向支持者承认："到目前为止，这些化合物都不能应用在实际生活中。我们还不能用它们来给印花布染色或治疗疾病。"在几年之内，由于一个十几岁的学生所做的实验，这一切将发生彻底改变。[50]

1853 年，当威廉·珀金（William Perkin）进入学院学习时，他年仅 15 岁，很快他就成为让霍夫曼引以为傲的化学奇才之一。尽管珀金的第一个关于煤焦油衍生物的研究项目失败了，但他的实验技术给霍夫曼留下了深刻的印象，他任命珀金为自己的研究助理。珀金对化学满怀热情，他甚至在自己家里建了一个小型实验室，放学后他就在那里工作。1856 年复活节假期期间，他有了一个改变世界的发现。

像许多有机化学家一样，珀金想要合成抗疟疾药物奎宁，这种药是从一种热带树的树皮中提取而来的。化学家知道它的成分，但他们不能制出它。"人们对化合物的内部结构所知甚少，"珀金后来解释道，"以及对一种化合物可能是通过何种方法从另一种化合物形成而来的概念的了解，必然也是非常粗略的。"

他第一次尝试生产奎宁就失败了。他得到的并不是他所期待的无色化合物，而是"一种肮脏的红棕色沉淀物"。出于求知欲，他决定重复这个实验，这次从霍夫曼钟爱的苯胺化合物开始。这一次也没有产生奎宁，只有一种黑色的沉淀物。出于对这种新物质的好奇，珀金试图将其溶解在变性酒精中。溶液的颜色变成了引人注目的紫色。突然间，这个实验又一次具有实际用途了。如果这种化学物质不能作为药物，也许它可以成为染料。

威廉·珀金（图左）和奥古斯特·威廉·霍夫曼。威廉·珀金在十几岁的时候就发明了第一种合成染料，而他的老师奥古斯特·威廉·霍夫曼则在煤焦油中发现了曾在靛蓝植物中发现的化合物苯胺，这一发现至关重要。（*Wellcome Collection*）

在不同的时间或地点，一个雄心勃勃的年轻化学家可能会放弃业已失败的实验，或者仅仅为了沉淀物本身的成分而研究它，他的脑海中不会想到染料。但在 19 世纪的英国，纺织是最重要的产业，染料是一项大生意。一种色彩鲜艳的溶液自然会让人联想到染料利润的前景——如果，就像在这个例子中一样，这种特别的色度正在流行，那就更是如此了。珀金在布料上测试了这种神秘的溶液。他后来写道："在对由此获得的色素进行实验后，我发现它是一种非常稳定的化合物，能将丝绸染成美丽的紫色，并且长期暴露在光线下也不会褪色。"

尽管珀金知道如何合成苯胺紫，但他并不真正理解这种他创造的染料。他不知道它的分子式，更不知道它的结构。但他很快就掌握了它的可能用途。一位科学史学家评论说："他通过使用，而不是试图解释实验结果，取得了最初的突破。事实上，在1858年至1865年发展起来的化合价和结构理论得到利用之前，这是有机化学训练在实验室之外实现价值的唯一途径。"

经过进一步的测试，珀金联系了一家苏格兰染料公司，调查苯胺紫的商业利益。"如果你的发现不会让商品变得太贵的话，"这家公司老板的儿子回复说：

> 这无疑是很长一段时间以来最有价值的发现之一。这种颜色在所有种类的商品中都有市场，在丝绸上很难快速染成，染在棉纱上也要花费巨大代价。随信附上我们**最好**的淡紫色棉布图案——它只在英国一家染坊染成，即使这样也比较容易褪色，经不起你们的测试，暴露在空气中就会褪色。这种颜色染在丝绸上总是易褪色的。

那年秋天，珀金离开了学院，将他所发现并命名为"推罗紫"的化合物转化成了具有商业可行性的产品。

像许多企业家一样，珀金也因自己的无知而获益。如果他事先知道这次商业冒险会有多困难，他可能会避开——实际上，霍夫曼曾经警告过他。"当时，"珀金承认说，"我和我的朋友们都没有见过化工厂的内部情况，我所掌握的一切知识都是从书本上获得的。"要将染料扩大到工业化生产远比在实验室的试验台上生产一点儿困难得多。

要合成大量的染料及其成分苯胺，以及从苯中生产苯胺所需的化学物质，需要发明新的工业设备。珀金回忆道："所需仪器的种类和要执行的操作的性质与目前使用的完全不同，几乎没有什么可供仿效的。"

尽管这种颜色很容易被丝绸吸收，却很难染在棉布上——而棉布才是赚大钱的生意，特别是棉布印花工艺。好几年之后，印花工人才开发出可靠的方法，在不与其他颜色相抵触的情况下将这种染料固着在棉布上。珀金本人也花费了大量的时间在现场拜访顾客，开发和传授为他的产品准备面料的新技术。

他的努力得到了回报。到 1859 年，这种染料［以其法文名字"mauve"（紫红色）］流行开来，并取得了空前的成功，以至于讽刺杂志《潘趣》（*Punch*）报道说出现了一场名为"紫色麻疹"的瘟疫。其他化学家竞相效仿珀金，有的人直接抄袭他——珀金只有一份英国专利——也有的人发明了他们自己的染料。西蒙·加菲尔德（Simon Garfield）在他关于紫色历史的著作中写道，随着珀金发明的成功，"化学野心的全部力量得以释放"。[51]

没过几年，紫色就过时了。另一种苯胺染料流行了起来，创造这种染料的法国人称之为"fuschine"，英国人则称之为"magenta"，意思是"品红"。尽管霍夫曼本是一名科学家，但他最终还是进入了染料领域，为一系列颜色深浅不同的苯胺染料申请了专利，这些颜色后来被称为"霍夫曼紫"。随着人们对化学染料的需求不断增加，新的化学工业不断发展，尤其是在德国。由染料制作拉动的对苯胺和苯等中间化学品的需求催生了新的制造工厂，此外，一旦供应品容易获得，这些化学品也就产生了更多用途，包括纯研究用途。由于染料工业"利用了化学家的发现"，珀金在 1893 年说道，"作为回报，染料工业也给予了化学家新的产品，如果没有它的帮助，化学家是无法获得这些产品的，这些产品被用作更高级研究的材料"。[52]

利用由凯库勒发现的结构模型，染料研究本身也在继续。

142

化学家学会了合成和改变曾经只存在于自然界的分子。19 世纪 70 年代，在德国公司实验室里诞生的分子复制品取代了茜草，并在该世纪末取代了靛蓝。长期用于生产这些染料主要原料作物的大片土地突然被废弃了。法国的茜草田又变成了葡萄园。

在印度，这种转变尤其突然。1895 年 3 月，英属印度出口了 9000 多吨靛蓝染料，这是它最后的鼎盛时期。十年后，销量骤降了 74%，收入下降了 85%，原因是 1897 年引进了合成靛蓝。一份政府报告宣称："这些数据显示了一个令人沮丧的记录，这个古老而重要的行业正在衰退。合成靛蓝的激烈竞争迫使其价格被迫下降，甚至无法为制造者带来利润，孟加拉靛蓝种植园的面积也随之减少到十年前的一半以下，而在整个印度，靛蓝的种植面积在此期间减少了 66%。"到 1914 年，这个数字是 90%。化学取代殖民地成为地缘政治力量的源泉。德国正在崛起，世界将从此改变。[53]

*

哈利德·乌斯曼·卡特里（Khalid Usman Khatri）蹲在地上，在他周围的地上排列着 7 个塑料水盆，他把一块布料浸到其中一个水盆中，然后在几块煤渣砖拼成的平整表面上揉捏湿布。现在好戏开始了。卡特里抓住布的一端，把布料举过肩膀，反复把它扔到坚硬的平面上。喵！喵！喵！喵！通过在混凝土上拍打布料，他挤出了多余的染料，这是三轮木版印花工艺中的一轮，最后将产生一个错综复杂的黑白图案。

卡特里是这项名为"阿兹勒格"（*ajarkh*）的印度艺术的大师，他用新颖的方式展现了传统的技术，设计全新的印花木版，使传统图案具有当代特色。通常情况下，他经营一个工作坊，自己不洗衣服。然而，这一周他在索迈亚·卡拉·维迪亚

（Somaiya Kala Vidya）设计学校，向一些外国业余爱好者介绍木版印花工艺。多亏了我一大早食物中毒，他才有几个小时的空闲时间来做新东西。因此，他一直在试验一种铁基单色，而不是那些震撼世界的颜色。他用了大量的水。

经过我在印度一周的染色学习，我了解到洗脸盆和染料、媒染剂及雕刻木版一样，在染色过程中是必不可少的东西。经过反复漂洗和倾倒，一盆又一盆的水泼洒在院子里。在我这个饱受干旱之苦的洛杉矶人看来，这似乎是一个令人不安的过程，使人感到口渴。毕竟，我们是在阿迪普尔（Adipur），这里位于印度中部最西边的库奇沙漠地区。事实上，南加州尽管缺水，水资源还是比这里更丰富。虽然卡特里使用的是那些想亲近地球的人喜欢的天然染料，但他的染色过程并没有真正重视资源保护。[54]

在我们这个生态意识很强的时代，许多人认为前工业时代的生活对环境是无害的。但是，正如我们所见，染色始终是脏乱不堪的：它依赖大量的水、燃料和恶臭的原料（靛蓝闻起来像尿液！麸皮水闻起来像呕吐物！骨螺壳闻起来像腐烂的肉！）。几千年来，避免负面影响的主要策略一直是确保染色在**其他地方**——城镇的另一边或世界的另一边——进行。人们渴求美丽的成果，却不愿意住在染坊的附近。

所以，当我在洛杉矶发现一家大型染整厂时，我很惊讶，因为在这个地方，"不要建在我家后院"实际上是官方座右铭。在这里，水资源稀缺，废气排放受到严格管制，电力和劳动力成本高昂——这还不包括税收。

尽管如此，加利福尼亚瑞士纺织品有限公司（Swisstex California）的其中一个老板基思·达特利（Keith Dartley）说："我们已经解决了这些问题，而且经营得非常好。"（这家公司另外的三个老板是瑞士人，这也是公司名字的来源。）该公司成立于 1996 年，最初为洛杉矶和墨西哥生产自有品牌服装的承包商提供服务。零售商最终开始推行质量标准，承包商不再购买最便宜的布料，而是需要可靠的不褪色、不缩水和不扭曲的布料。由于老牌供应商难以跟上这种转变，瑞士纺织品有限公司建造了一座最新型的工厂，以满足新的市场需求。

144

如今，它最初的市场已基本消失，逐渐转移到了亚洲。现在仍流通在市场上的是它的运动装——而且正在蓬勃发展。瑞士纺织品有限公司为包括耐克、阿迪达斯和安德玛（Under Armour）在内的运动品牌和生产普通 T 恤、连帽衫的公司，以及生产其他定制印花大宗产品的公司进行染色、精整，在有些情况下还生产针织衫。2019 年，瑞士纺织品有限公司将其位于洛杉矶的原厂和位于萨尔瓦多（El Salvador）的姐妹工厂的产能扩大了 40%。洛杉矶工厂现在每天染色和精整的织物大约有 14 万磅，约合 30 万码。在萨尔瓦多工厂，产能大约是这个数字的 2/3。那真是很多很多的 T 恤。[55]

伴随而来的还有大量的空气污染、水电消耗及生产过程中排出的化学废物——这些都是工业染厂臭名昭著的产物。流淌着下一季时装色彩的亚洲河流是新闻业的试金石，2017 年，《印度斯坦时报》（*Hindustan Times*）报道称，孟买郊区的流浪狗因为在当地一条河里游泳而变成了蓝色。这次曝光导致监管机构关闭了一家染厂。[56] 在印度西部古吉拉特邦（Gujarat）的纺织业中心苏拉特（Surat）的一家小工厂里，主人向我展示了最新的空气污染防控设备，这种设备可以捕捉燃煤锅炉中的细颗粒——然后把它们堆积在地上。这可能符合当地的规定，但这些细颗粒永远不会飞回锅炉中。

根据加利福尼亚州的严格标准，瑞士纺织品有限公司燃烧的是天然气而不是煤，他们使用的是能够最大限度减少排放的特殊设备。在后端，它将烘干织物产生的废气送入一台称为热氧化器的机器。将空气加热到 1200 华氏度，它会分解可能从织物中沥出的任何碳氢化合物，产生二氧化碳和蒸汽。这符合空气污染指标，但整个过程并未就此结束。这些颗粒实际上为机器提供了燃料，减少了天然气的使用。该系统还收集蒸汽来预热染料水。达特利说："我们不是将常温水加热用于染色，它已经是热的了。我们在这方面节约了很多能源。"该公司表示，在处理每磅织物时，瑞士纺织品有限公司消耗的能源是典型美国染厂的一半，远远低于大多数国外的染厂。

瑞士纺织品有限公司生存了下来——事实上，它生意兴隆——因为它的老板追求效率至上，不断减少每磅布料染色所需的水、电、气和劳动力。屋顶天窗降低了照明成本，而且因为它们是开放的，可以排出热空气。盐溶液或苏打灰溶液是预先混合好的，在需要时可以随时使用，缩短了停工时间。计算机控制的机器人在同一染色批次中精确地对齐连接布匹的接缝，最大限度地减少变形和浪费。作为普通访客，我无法看到其他的机器修改和工艺调整。达特利说："25 年来，我们一直在不断地挑战极限。没有一样设备是我们刚收到时的样子。"渐进式的改进积少成多。

以水的消耗为例。十年前，瑞士纺织品有限公司每染一磅织物，只需要消耗大约 5 加仑水①。这个数量之低，令人印象深刻，比阿迪普尔一个水盆中的水量还少。对于一家工业染厂来说，这是一个极其低的比例。一家经营良好的染厂很可能要用掉 25 加仑水；如果是一家浪费的染厂，则要用掉多达 75 加仑水。更令人印象深刻的是，在过去的十年里，瑞士纺织品有限公司减少了 40% 的用水量——从每磅 5 加仑减少到 3 加仑。达特利自夸说："我们每磅织物的用水量比地球上任何一家染厂

145

---

① 1 加仑≈3.785 升。

这些是瑞士纺织品有限公司洛杉矶测试实验室中的染料容器，在这个实验室里，机器人测量出精确的染料用量，用来创造少量的新颜色配方，减少浪费并确保能够精确复现。（*Author's photo*）

都少。"这一成就并非来自一项单个的突破或一件全新的设备，而是来自整个过程中数百项小小的改进：更好的机器、更好的染料、更精确的控制。

达特利说："有时你会看到我的一个搭档拿着秒表站在这里，按秒计时，看看我们能在哪里多节省一点时间。"早在 20世纪 90 年代初，当这些创始人在另一家染厂合作时，将织物染成深色需要花费 12 个小时，而如今只需要 4~5 个小时。节省时间意味着减少电力，这意味着节约资金，对那些关心这个问题的人来说，还意味着减少碳排放。

而且，最近越来越多的人关心这个问题。"**今年，**这件事情变得非常重要。"2019 年 9 月，在我采访达特利时，他这样说道："今年是我第一次看到品牌和零售商在做出采购决定时

146

考虑可持续性。为什么？因为消费者不再接受对环境不负责任的做法，而且互联网也变得如此透明。"在一个竞争激烈的行业中，环保资质现在很重要。消费者仍然希望他们的衣服具有吸引力、穿着舒适，并且价格合理。但环保已经成为一种时尚。

　　制造色彩鲜艳的纺织品，同时最大限度减少副作用，这一点越来越有可能实现。但这需要精确的控制、先进的技术和不断的改进。要实现这一点，你不能像一个天真的孩子那样思考，而是必须像一个瑞士工程师那样思考。环保染料技术并不是一门失传的艺术，这是我们现在仍在创造的东西。[57]

第五章
商人

哦，羊毛，高贵的女士，你是商人的女神。

他们都臣服在你脚下，甘心为你服务。

你以你的财富，使一些人攀上高峰，也使一些人坠入深渊。

——约翰·高尔（John Gower），《人类之镜》（Mirour de l'Omme），约 1376~1379 年

拉玛西（Lamassī）正竭尽全力满足顾客对她制作的优质羊毛织物的需求，尽管这些需求似乎变幻不定。一开始，她的丈夫要求减少织物中的羊毛含量，随后，他又要求增加羊毛含量。为什么他拿不定主意呢？或许是因为他那些在遥远国家的顾客。也许他们不知道自己想要什么。无论如何，她最新的一批布料，或者说大部分布料，很快就要送过去了。她想让她的丈夫普苏-肯（Pūsu-kēn）知道这些布料就快送到了。她想让他知道她正在尽职工作。她想要得到些许赞赏。

拉玛西用双手滚搓了一个湿黏土小球，然后把它压平、弄光滑，变成一块匀整的枕头形状的泥板，然后用左手手掌托起它。她拿起自己的尖笔，随后开始书写，在潮湿的黏土上刻着楔形文字：

拉玛西致信普苏-肯

　　库路玛亚（Kulumāya）将为你带去 9 件纺织品。伊丁－辛（Iddin-Sîn）将为你带去 3 件纺织品。埃拉（Ela）拒绝携带任何纺织品，伊丁－辛不肯再多携带 5 件纺织品。

　　为什么你总是写信给我说"你每次送来给我的纺织品质量都不好！"这个住在你的家里，诋毁我送给你的布料的人是谁？就我而言，我尽我所能为你制作并送来纺织品，这样每趟旅程就有至少 10 谢克尔（shekel）银币送到你家里。

　　她写完了信，把泥板放在阳光下晒干。然后她用薄纱似的织物把书写板包裹起来，并在织物上涂了一层薄薄的黏土。她在黏土信封上盖了一个圆筒印章，证明这封信是她的。信使会把这封信带给她的丈夫，他正在 750 英里之外位于安纳托利亚（Anatolian）的城市卡内什（Kanesh）。

　　拉玛西的信距今已有 4000 年的历史，是从土耳其境内原卡内什市遗址中发掘出来的大约 23000 块楔形文字泥板中的一块。这些信件和法律文件几乎都是在像普苏－肯这样移居国外的商人家里发现的，它们保存了一个繁荣的商业文化的惯例和特性。它们是我们最古老的长途贸易记录。[1]

　　从青铜时代的商队到今天的集装箱船，纺织品一直是贸易的核心商品。纺织品可以蔽体御寒，也可以装饰家居，它们既是生活必需品，是让人觉得美丽的事物，又是珍贵的象征身份的商品。纺织品容易运输，纤维和染料产业在特定地区蓬勃发展，特定的社群发展出了使其纺织产品特别受欢迎的生产技能。所有这些特点都促进了地方专业化及随之而来的产品交换。

　　此外，纺织品生产的每个阶段，从纤维到成衣，通常在时间和空间上都与下一个阶段不相关。每一阶段产生的费用都必须在最终销售实现之前支付。每一阶段都带来了新的危险，事故、自然灾害、盗窃和欺诈将使商品的价值荡然无存。你如何应对自然威胁——天气、害虫、疾病——以及人类的不法行为？你怎么知道你买的到底是什么？假设一切顺利，你如何得到报酬？商业文明取决于对这些问题的回答。

就像锭盘和成堆的骨螺壳一样，这些泥板被称为"古亚述的私人档案"，它们证明了纺织品在早期创新历史中的核心作用。在这里，发明并不是物质手工艺品或物理过程，而是"社会技术"——这些记录、协议、法律、实践和标准促进了信任，降低了风险，并允许跨时间和距离的交易，甚至是陌生人之间的交易。[2]

通过实现和平交换，这些经济和法律制度允许出现更大的市场，有了这些市场，劳动分工就产生了，由此带来了多样性和富足。它们对繁荣和进步的重要性不亚于任何在作坊或实验室里发明的东西。伴随着经济利益而来的还有不那么物质的收获，这给人类带来新的思考、行动和交流方式。再一次，我们出于对纺织品的渴望，推动了创造发明。

*

拉玛西居住在阿舒尔（Aššur），在现代伊拉克摩苏尔（Mosul）附近的底格里斯河边。几个世纪后，这个城镇将以亚述帝国的名字命名，但在她的时代，这里只是一个由商人管理的不太重要的城邦。

除了驴套和妇女的衣服，阿舒尔本身几乎什么都不生产。相反，它是一个商业中心。从遥远的东方矿山运来了锡，这是制造青铜时代工具和武器所需的铜合金的重要原料。从南方来的阿卡德人带来了羊毛布料，这些羊毛布料是由女囚犯和奴隶在作坊中制作而成的。游牧民族将羊群赶到城市里，直接从羊身上拔下原毛。阿舒尔妇女购买这些羊毛，纺纱并织成她们想要的布料，每一块布料的尺寸都是标准的，宽8肘尺、长9肘尺，约合宽4码、长4.5码。亚述学家莫根斯·特罗·拉森（Mogens Trolle Larsen）说："一件优质的纺织品的价格，很可能就跟一个奴隶或一头驴子的价格一样。"

　　阿舒尔是一个到处都是中间商的城市——它是我们有记录以来最早的一个贸易城市，尽管不太可能是第一个这样的城市。阿舒尔的商人购买锡和纺织品，并将它们与当地妇女的编织物一起出口到卡内什。避开封堵山口的冬季风暴，驴队要进行一年两次、为期六周的旅行。一个商队可能包括来自八个不同商人的货物，35头驴驮着100多块布料和两吨锡。有些货物是用来在这两个城市和沿途的王国里交税的，以保证安全通行。其余的都换成了金银。在其他的信件中，普苏－肯向拉玛西提供了一份关于她的纺织品的收益结算：有多少件纺织品用于交税，有多少件被卖掉了，他将返还给她多少利润，以及他

150

一封来自卡内什的讨论纺织品贸易的楔形文字信件，约公元前20世纪到公元前19世纪（*Metropolitan Museum of Art*）

仍然期望得到多少钱。我们能看到他的信件，因为他留了一份副本。

到拉玛西拿起尖笔时，楔形文字已经有一千年的历史了。然而，在这一千年的大部分时间里，书写一直是一小群受过专门训练的抄写员的专利，可能只占总人口的1%。在人类历史的大部分时间里，只有少数人具备读写能力，其中大多数是为国家或宗教机构工作的男性。

在阿舒尔，情况就不一样了。

拉森写道："在这个旅行商人的社会中，参与商业活动的男人和女人必须对文字有一定程度的掌握。如果身处一个偏远的村庄，在没有专业抄写员的情况下，他们必须能够阅读一封信件；或者他们可能面临这样一种情况，即这封信中包含机密信息，不应该传播，甚至不应该让外人看到。"对于古亚述人来说，写信是一项至关重要的技能。

亚述商人需要在阿舒尔和卡内什，以及卡内什和周边城镇之间发送指示，他们的代理商在这些地方售卖纺织品和锡。他们需要记录订单、销售、贷款及其他合同。他们需要读写能力带来的灵活性和控制力。

随着时间的推移，这些讲求实效的商人简化了楔形文字，使其更容易学习和书写。他们发明了一种新的标点符号，以帮助他们快速浏览文件。有些人写得好，有些人写得差。但在这个由长途贸易商人组成的社会里，大多数男人和女人都具备读写能力。[3]

贸易需要清晰的沟通，尤其是如果老板不亲自参与每次谈判的话。以普苏–肯为例，他第一次去卡内什是作为阿舒尔一位年长商人的代理商，即使他自己的商业不断壮大，他仍继续为阿舒尔城内各种商人工作。当他们的纺织品和锡运抵卡内什时，他需要知道如何处理这些货物。

一个选项是立即在卡内什城内的市场上销售这批货物。一位急需现金的商人写信给普苏－肯说："让他们以货到付款的方式出售我的货物，能卖出什么价格，就卖出什么价格。指示他们不得将货物赊销给代理商。"在这种情况下，白银需要立即送回去，尽管快速销售意味着要接受一个比较低的价格。

另一个选项是，普苏－肯将纺织品和锡出售给一位代理商，后者同意在一段时间后付款。债务合同将被密封在一个信封里，信封上也是合同的内容；债务清偿后，信封就会被撕毁。"把锡和纺织品一起拿走，"阿舒尔的另一位商人指示普苏－肯说：

> 只要能保证利润，就［赊账］出售货物，短期或长期都行。尽你所能把它卖掉，然后写信告诉我以白银折算的价格和交易条件。

代理商以赊账方式购买货物通常要比在卡内什市场直接购买多支付 50% 的费用。然后，他在边远城镇兜售这些商品，在这些地方商品的价格要高一点。通过提供营运资金，这项安排让他有时间为自己赚取利润，尽管他为这些商品支付了溢价——这是一个双赢的结果。

当然，前提是假设代理商还清了债务。他可能携带着货物潜逃，再也不回卡内什了；他可能无法赢利，干脆拒绝付款；他可能遭遇了抢劫、受伤，甚至死亡。赊销会带来风险，来自阿舒尔的信件经常敦促收件人找一个"像你自己一样可靠的"代理商。有了书面合同，商人可以将债务人告上法庭，假设他可以找到他。不过，就像现在一样，与一个信守承诺的人打交道是一种更可取的方式。[4]

信件是一种如此古老的技术产物，以至于我们对它们的存

152

在习以为常。它们对长途贸易至关重要。一位历史学家写道，信件清晰地表达、传递并保存了寄件人的指示，它们是"使商人能够跨越空间对他的货物和金钱彰显权威的工具"。她指的是公元 11 世纪，在伊斯兰地中海地区从事纺织品、染料和其他商品贸易的犹太商人。[5]但这种描述也适用于电话出现之前的任何时代。当商业跨越时间和距离时，书面通信——以及它所需要的读写能力——也随之而来。

*

新疆吐鲁番地处中国西北部，是一座绿洲城市，吐鲁番人过去给亡者穿戴的衣服、鞋子、腰带和帽子不是用布或皮革制成的，而是用废纸制成的。如今，这些回收利用的纸构成了一份关于这座城市多语种居民的制度和习俗的非凡记录，尽管这些记录有点随机。其中包括了一份现存最古老的中文合同——在公元 273 年用 20 匹脱胶丝绸（"练"）购买一口棺材。在公元 477 年的另一份合同中，一位粟特商人以 137 匹棉布的价格购买了一名伊朗奴隶，这是该地区最早的关于棉布的书面记录。这些不仅仅是易货交易。在吐鲁番，织布是一项至关重要的社会技术，纺织品标准匹数是当地的货币单位，就像白银在阿舒尔是货币一样。[6]

唐太宗于公元 640 年在吐鲁番设西州，进一步巩固了布料作为货币的地位，人们可以用它来支付军饷，购买粮食。一个名叫左崇禧的中国士兵（他也是一个富有的农民）留下的一本账本记录了他花费多少匹丝绸来购买马、羊、马装和马饲料。他将硬币保留下来，用在较小的交易中。他花了 6 匹丝绸加 5 个硬币的价格，购买了一个 15 岁的奴隶。丝绸是大钞，硬币是零钱。[7]

由于长期缺乏硬币，特别是在农村地区，唐朝（618~907年）鼓励将纺织品作为替代货币，并宣布麻布和丝绸为法定货币，这意味着老百姓必须接受它们作为支付手段。政府还要求老百姓在购买大宗商品时使用纺织品或谷物，而不是硬币。最重要的是，它以标准计量单位的谷物和标准匹数的丝绸或大麻布征税。粮食供军队食用，而纺织品作为货币流通。政府将丝绸和大麻布作为官饷发给士兵和官员，士兵和官员用这些丝绸和大麻布在当地市场消费；然后店主再用这些布钱给自己买东西。硬币是记账单位，而布匹则是日常的交换媒介。

一位名叫李肇的唐代文学家讲述了一个故事，生动描述了这一情况。一个冬日，一辆装满沉甸甸的陶器的运货马车被困在冰雪中，堵塞了一条狭窄的道路。几个小时过去了，被堵在马车后面的沮丧的旅客越聚越多。夜幕降临了。

> 这时，一个名叫刘颇的旅客走上前来，他手拿鞭子问道：“马车上装着的罐子值多少钱？”答案是“7000~8000个硬币”。刘颇打开包，拿出一些脱胶练丝，付了陶器钱，命令仆人爬上马车，松开绳子，把罐子都推下悬崖。过了一会儿，马车上的重量减轻了，可以继续前行了。人群欢呼起来，大家继续赶路。

正如一位历史学家所说，这个故事表明，旅行商人通常随身携带丝绸作为货币使用，他们可以很快地计算出丝绸和硬币的换算价值：“交易完成的速度表明，丝绸和硬币之间的兑换在当时是一种普遍接受的做法，也是一项大多数民众都拥有的技能。”[8]

在前工业化经济体中，纺织品具备许多良好货币必不可少的特征。它们经久耐用、便于携带且可以分割。布匹可以根据标准尺寸和统一质量生产。总量是有限制的，因为布料需要花费很长时间来生产，而且当它从货币供应中流出时，它就转移到了日常使用中，从而避免了通货膨胀。

虽然我们倾向于认为货币是由中央政府创制的，就像唐朝的丝绸货币一样，但事实并非如此。在世界其他地方，纺织品货币产生于商业贸易惯例，它得到法律的支持，但不是由法律创造的。

在冰岛传说中，关于奥登（Audun）的故事开始于公元 11世纪中期的一个初夏，当时一位名叫托尔（Thorir）的挪威商人来到该岛西北部的西峡湾半岛（Westfjords peninsula）。[9]冰岛人居住在一片既无森林又无农业的地方，他们的木材和谷物都依赖进口。他们用当地使用的货币购买这些商品：一种叫作"瓦德麦尔呢"（*vaðmál*）的羊毛斜纹布，发音为"warth-mall"。托尔可以在冰岛出售自己的货物，然后带着一艘满载纺织品的船回家。但是有一个问题。这些顾客手头没有足够的现金——也就是羊毛斜纹布。

一位法律史学家，同时也是研究冰岛传奇故事的学者解释说："如果挪威商人想从他的面粉和木材中得到报酬，那么冰岛买家最快也要等到夏末才能织好足够多的布料。你必须真的**制作**好钱之后才能付钱给他，商人经常要等上一个漫长的冬季才能得到货款。"与此同时，谷物可能会变质。

对托尔来说幸运的是，故事中的冰岛英雄奥登找到了信誉良好的顾客。如果托尔现在给他们谷物，他肯定能在夏末拿到布料，准时起航回程。作为对其信用报告服务的奖励，奥登得到了上船的机会，故事就此展开。[10]

冰岛的羊毛斜纹布不仅仅是一种商品。它以特定的标准织成，是一种法律认可的交换媒介和价值储藏载体，是冰岛联邦时期（Iceland's Commonwealth Period，930~1262 年）

货币的主要形式。人类学考古学家米歇尔·哈约尔·史密斯（Michèle Hayeur Smith）写道，作为一种记账单位（货币的第三种功能），一块宽2厄尔、长6厄尔（约合宽1码、长3码）的羊毛斜纹布，"作为计量单位和交换媒介，冰岛的法律文本、销售账目、教堂库存和农场登记册中它无处不在，一直持续到公元17世纪"。[11]

考古证据也证实了这些文字记录。在显微镜下仔细观察了1300多块考古纺织品残片后，哈约尔·史密斯发现了布料成为货币的明显迹象。公元1050年之前维京时代的布料包括许多不同的织法，线的数量也千差万别。相反，中世纪的织物残片更为统一——绝大多数是被认定为法定货币的密斜纹布。她写道，这种分析揭示了"标准化和无处不在的程度如此之高，人们只能得出这样的结论：布真的已经成为一种计量单位，一种在岛上各个阶层的家庭中生产和流通的'法定布币'"。在中世纪，"冰岛人织出了大量货币"。[12]

同样，在西非，商人们利用纺织品来制造他们开展贸易所需的货币，这一历史最早可以追溯到公元11世纪。许多西非织物是将窄布条缝合在一起形成一件较大的纺织品，人们将其当作一件衣服穿在身上（肯特布就是一个例子）。与用于制作服装的彩色纺织品不同，作为货币的布条不用染色，在织布机上织好后就会被卷绕成紧实扁平的线圈。商人们可以在地上滚动这些线圈，把它们挂在驮运货物的牲畜两侧，或者把它们平放在头顶，上面再放上其他货物。由于织物的宽度因地而异，如果一个市场吸收了一种以上的织物，商人就建立起一套标准汇率。一个指定的布条宽度（通常是女式披肩的宽度）是主要的货币单位，而一块完整的布料就形成了一个更大的面值。

尽管非洲布币的功能主要是作为货币，但它在北方的穷人和沙漠居民中也确实存在一个消费市场，这些人自己不生产

155

棉花。一位历史学家写道："因此，布币总是具有某种'单向'特征。"在东西方贸易中，其价值基本保持不变。然而，越往北走，一个单位的布料可以买的东西越多；越往南走，它可以买的东西越少。商人们要相应地调整他们的差旅支出。

> 例如，一位来自上沃尔特［Upper Volta，布基纳法索（Burkina Faso）的旧称］的商人，带着他家乡生产的布料去廷巴克图（Timbuctu）买盐，他会用布料支付他向北旅行的费用；但回程时，他更愿意用盐支付，因为越往南走，盐的价值就越高，尽管他必须先把盐卖掉，换成当地的布币。

同样的情况也发生在白银和黄金上，在美洲，白银和黄金能购买的东西较少，但随着它们从美洲流向欧洲和亚洲，能购买的东西就逐步增多。与金属货币相比，布币实际上更能自我调节，更不容易出现短缺或通货膨胀。当它升值时，织布工就能赚得更多。如果它开始贬值，消费者就能购买到更多东西。结果是，随着时间的推移，布料作为商品的价格决定了它具有相当恒定的价值。[13]

货币是一种能使自身永久存在的社会习俗，一种我们相信其在未来的交易中会有价值的凭证。如果买家和卖家、法庭和税务机构接受纺织品作为支付的款项，那它就是货币。

*

公元 13 世纪末，意大利北部的商人开始以一种全新的方式组织他们的生意。他们不再花一个月的时间穿越法国去参加香槟地区盛大的国际交易会，而是待在家里，安排合作伙伴或代理商一直居住在该地区，并由专门的运输公司来回运送货物。普苏－肯可能早已认识到了这种劳动分工，它是所谓 13 世纪商业革命的一部分。

起初，尽管在交易会上转手的商品越来越少，但那里的生意还是有所增长。一位历史学家解释说："一个意大利人可以在香槟地区同意购买一定数量的弗拉芒布料，这些布料的品质都有明确规定，它们可以直接从佛兰德斯（Flanders）运往意大利，而不必经过交易发生的城镇。"商人们很快意识到，他们可以完全跳过交易会，在他们生意往来最多的城市开设前哨站，包括巴黎、伦敦和布鲁日。到 1292 年，巴黎的 7 个纳税额最高的商人中有 6 个是意大利人。[14]

由于面对面的交流越来越少，信件和记录变得越来越重要。16 岁的洛伦佐·斯特罗齐（Lorenzo Strozzi）是一个佛罗伦萨人，他的家族企业遍布各地，他在位于巴伦西亚（Valencia）的办事处给他母亲写信，报告说他每天要抄写 12 封信。1446 年 4 月，他写道："我写得如此之快，你会感到惊讶，比家里任何人都快。"通过充当一台 15 世纪的复印机，年轻的洛伦佐学会了家族生意和商业通信的惯例。他在信中向母亲描述了加泰罗尼亚的妇女喜爱的面料和时装，展示了一位纺织商敏锐的眼光。无论在内容上还是在方式上，良好的书信写作都是一项至关重要的商业技能。[15]

随着长途业务的发展，另一项重要的社会技术——定期的邮政服务也应运而生。1357 年，佛罗伦萨商人联合起来，创造了"佛罗伦萨商人邮政服务"（*scarsella dei mercanti fiorentini*），这种服务是以"scarsella"（皮革邮差包）来命名的。他们雇用信使和马匹定期从佛罗伦萨和比萨前往布鲁日和巴塞罗那。（前往布鲁日的路线也会在米兰、科隆或巴黎停靠。）其他城市的商人效仿佛罗伦萨的做法，到世纪之交，卢

157

卡（Lucca）、热那亚、米兰和伦巴第都有了邮政服务。最终，巴塞罗那、奥格斯堡（Augsburg）和纽伦堡（Nuremberg）都效仿了意大利模式。[16]

通过邮政服务，信件从布鲁日或伦敦到意大利和西班牙的港口城市大约需要一个月的时间。（船的速度更快，但一年只航行两次。）商人们写信的频率至少是这么频繁。历史学家南钟国（Jong Kuk Nam）写道："两个月没有通信是非常罕见的。通常，如果持续一个月以上没有收到信件，商人们就会抱怨并要求更多的信件。"他分析了弗朗切斯科·迪·马尔科·达蒂尼（Francesco di Marco Datini）留下的大量档案中的商业信件，达蒂尼在佛罗伦萨附近的普拉托（Prato）经营着自己的跨国纺织和银行业务。南钟国写道，随着来自多个商业中心的信件不断涌入，布鲁日不仅成为羊毛和亚麻的中心，而且，它还是"北欧最重要的新闻和信息中心"。[17]

载有商业信息的信件在意大利各个城市间传递得特别快。1375年3月7日，威尼斯丝绸商人乔瓦尼·拉扎里（Giovanni Lazzari）回复了卢卡商人朱斯弗雷多·切纳米（Giusfredo Cenami）2月26日的来信。在谈正事之前，拉扎里对切纳米的信件进行了评论，给未来的历史学家留下了一份邮政时刻表的记录。"你说你在两天内收到了我的四封信，"他写道。"我是像往常一样，在星期三和星期六寄给你的。"拉扎里的信主要是一份市场报告，内容包括丝绸价格、外汇汇率及最新的时尚信息。（"目前，威尼斯年轻人已经开始按照佛罗伦萨的风格穿衣了。"）[18]

一位历史学家写道，多亏了定期的信使，"佛罗伦萨、卢卡、比萨、威尼斯、热那亚和米兰的海外商人能够根据他们对市场的准确了解进行交易，并将供应物资发给他们以满足已知的需求"。作为证据，达蒂尼的档案保存了近50年的商品价目表，它们"来自大马士革和伦敦等相距甚远的地方"。[19] 通过信件传递，定期的商业情报支撑着财富，其中许多财富都来自纺织品，这些财富资助了人文主义作品和艺术珍品，因为它们我们才记住了意大利文艺复兴。

*

1479 年，尼科洛·马基雅维利（Niccolò Machiavelli）在 11 岁生日前几个月离开了自己学习阅读和书写的学校，跟随一位名叫皮耶罗·玛丽亚（Piero Maria）的老师学习。在接下来的 22 个月里，这位后来写出了《君主论》（*The Prince*）的作者掌握了阿拉伯数字、算术技巧，以及各种令人眼花缭乱的货币和度量换算。[20] 他主要研究这样的应用题：

> 如果 8 臂尺 ① 布值 11 弗罗林（florin），那么 97 臂尺布值多少钱？ 20 臂尺布值 3 里拉（lire），42 磅胡椒粉值 5 里拉，那么 50 臂尺布的价格相当于多少磅胡椒粉？

159

其中一类题目反映了那个时代的货币短缺问题。商品以硬币计价，如果买家以其他商品付款，他就要支付一笔额外的费用。（这些题目均假设做题者熟悉交易惯例，因此会令现代读者感到有歧义。）

> 一个男人有羊毛，另一个男人有布，他们想以物易物，互作交换。一匹布值 5 里拉，如果以物易物，它值 6 里拉。一英担羊毛值 32 里拉，如果以物易物，它值多少钱？
> 两个男人想用以物易物的方式换取羊毛和布。一匹

---

① 1 臂尺 ≈ 0.333 米。

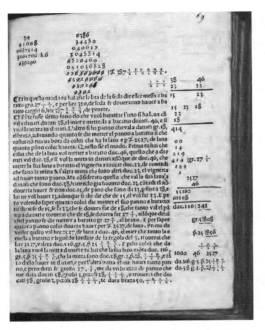

彼得罗·博尔戈（Pietro Borgo）1561 年出版的《算盘书》（*Libro de abacho*）中的一页，展示了如何求解一道关于用以物易物及货币支付的方式购买布匹和羊毛的应用题。（*Turin Astrophysical Observatory via Internet Archive*）

布值 6 里拉，如果以物易物，它值 8 里拉。一英担羊毛值 25 里拉，如果以物易物，它的价值让卖布的人发现他已经赚了 10%。如果以物易物，一英担羊毛值多少钱？

其他的题目则是表面装点着真实细节的脑筋急转弯：

一个商人和他的同伴要横渡大海，他们想乘船旅行。他们来到港口准备出发，找到了一艘船，一个人在船上装了 20 袋羊毛，另一个人带来了 24 袋羊毛。这艘船开始航行，驶向大海。这时，船长说："你们必须付给我这些羊毛的运输费用。"两个商人回答说："我们没有钱，但是你可以从我们俩这里各拿走一袋羊毛，然后卖掉，卖得的钱先付给你自己，然后把剩下的钱还给我们。"船长把羊毛卖掉了，付了给他自己的运费，然后返还给有 20 袋羊毛的商人 8 里拉，有 24 袋羊毛的商人 6 里拉。告诉我：每袋羊毛的售价是多少钱？每个商人要支付的运输费用是多少钱？[21]

除了著名的人文主义艺术和文学，这些现代意大利早期的商业城市还培育了一种新的教育形式，即被称为"botteghe d'abaco"的学校。这一名称的字面意思是"算盘工作坊"，但是教学内容与数珠子或计算考试无关。相反，一个算盘老师（*maestro d'abaco*）也被称为"abacist"或"abbachista"，他教学生用笔和纸来计算，而不是在木板上移动计数器。

这些学校具有误导性的名字来源于 1202 年伟大的数学家比萨的莱奥纳尔多［Leonardo of Pisa，他更广为人知的名字是斐波那契（Fibonacci）］的著作《算盘书》。莱奥纳尔多在北非长大，由他的父亲抚养成人，他的父亲是比萨商人在布吉亚［Bugia，现在阿尔及利亚的贝贾亚（Béjaïa）］海关大楼里的代理人。年轻的莱奥纳尔多学会了如何用 9 个阿拉伯数字和印度数字 0 进行计算，他对此入了迷。

斐波那契在地中海旅行时磨炼了自己的数学技艺，最终回到比萨。他在那里出版了一本书，热情洋溢地介绍了我们今天使用的数字系统。他在引言中写道："这种方法比其他的方法更完美。这门科学是传授给渴望学习的人的，尤其是传授给意大利人的。"尽管这本书是用学者和教士使用的拉丁语写成的，但书中充满了商业问题。

那位将《算盘书》翻译成现代英语的数学家写道："莱奥

纳尔多的目的是用印度数字代替罗马数字，不仅在科学家中如此，而且在商业和普通民众中也是如此。他实现了这一目标，而且可能比他想象中还成功。意大利商人将这一新的数学门类和方法带到了地中海世界的每一个地方。"[22] 正如字母表曾随着携带推罗紫染料的腓尼基人一起旅行一样，计算也跟着丝绸和羊毛布料一起旅行。再一次，纺织品贸易为世界提供了新的思考和交流方式。

斐波那契全新的纸笔计算方法非常适合那些写了大量信件并需要永久账户记录的商人。到公元 13 世纪末，专业老师开始教授这种新的系统，并用本国语言编写手册。这些书一直都是畅销书，它们既是儿童教科书，又是商人的参考工具，同时还带有脑筋急转弯难题，是娱乐材料。

161

这些算盘老师出版的数百本手册包括已知最早的印刷数学书籍、1478 年的《特雷维索算术》（*L'Arte del' Abacho*），以及画家皮耶罗·德拉·弗朗切斯卡（Piero della Francesca）的一本著作（他那本关于透视法的著作就包含了新的数学门类）。最百科全书式的手册是卢卡·帕乔利（Luca Pacioli）的《算术、几何、比及比例概要》（*Summa de Arithmetica Geometria Proportioni et Proportionalità*），这本书出版于 1494 年，是第一部推广一种由此产生的社会技术——复式记账法的著作。[23]

这种新的会计制度提高了挪用公款的安全防范程度，同时又能提供更好的业务状况信息，对于那些生意遍布各地的企业主而言，非常具有吸引力。"它要求记账员更加细心和准确，"两位商业史学家写道：

> 通过定期结算提供算术核查，允许在几个资历不同的记账员之间进行劳动分工。它提供资产负债表数据，将资

162

本从收入会计中分离出来，并引入了一些有用的概念，比

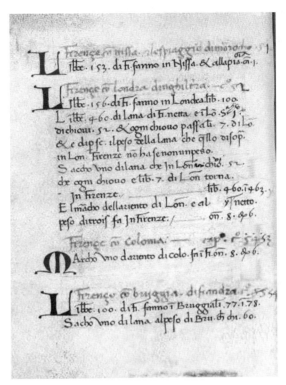

这是乔治·迪·洛伦佐·基亚里尼（Giorgio di Lorenzo Chiarini）1481年出版的《关于各地贸易和海关的书》（*Libro che tracta di marcantie et usanze di paesi*）中的一页，这是一本关于各国货币、重量和度量换算的指南，被全文收录在卢卡·帕乔利的《算术、几何、比及比例概要》一书中。（*Temple University Libraries, Special Collections Research Center, via Philadelphia Area Consortium of Special Collections Libraries and Internet Archive*）

如应计项目和折旧。最重要的是，它给了所有者一个大为改进的控制系统。[24]

复式记账法使用阿拉伯数字进行纸笔计算，增加了对接受新数学训练的商人和记账员的需求。工匠也认识到它有助于解决日常问题。

因此，公元 14 世纪初，"算盘工作坊"开始从佛罗伦萨传播开来。数学史学家沃伦·范·埃格蒙德（Warren Van Egmond）写道，这些学校"标志着西方首次出现专门研究数学的学校，同时，它们肯定是第一批教授基础和实用数学的学校"。

从算盘老师的教室中毕业后，未来的商人和工匠通常会去当学徒和工人。但是，对于像马基雅维利这样注定要接受高等教育、从事政治和文学事业的人来说，接受商业数学基础训练也很普遍。在一个以贸易为基础的社会里，文化素养包括计算能力。

通过向一代又一代的儿童传授如何将以英担计量的羊毛转换成以臂尺计量的布，或者将商业投机所得的利润分配给投入金额不均的投资者，算盘老师发明了我们今天仍在使用的乘法和除法技巧。他们在代数方面取得了微小但重要的进展，这原本是一门被大学认为太过商业化而受到轻视的学科，他们还为常见的实际问题设计了解决方案。另外，他们还从事咨询工作，主要是为建筑项目提供咨询。他们是第一批完全靠数学谋生的欧洲人。

1976 年，范·埃格蒙德对近 200 份算盘手稿和书籍进行了开创性研究，他在研究报告中强调了这些手稿和书籍的实用性——这与从古希腊人那里继承下来的古典数学观（即研究抽象逻辑和理想形式）有很大的不同。这些算盘手稿认为数学是**有用的**。他写道："他们学习算术，是为了学习如何计算价格、利息和利润；他们学习几何，是为了学习如何测量建筑物，计算面积和距离；他们学习天文学，是为了学习如何制作日历或确定假期。"他观察到，大部分的价格问题都与纺织品有关。[25]

与学术几何相比，这些算术手稿中包含关于用布交换胡椒粉之类的问题，确实非常务实。但它们并不轻视抽象概念。相反，通过将模式科学应用于日常的商业事务，它们将抽象表达与物质世界结合起来。从实物计数器到纸笔数字的转变实际上是一场**抽象化**的运动。页面上的符号表示一袋袋白银或一匹匹布料，以及它们之间的关系。学生们学习提出这样的问题：我如何用数字和未知数表达这个实际的问题？我如何能通过将这些问题转化成数学来更好地识别这个世界的模式——企业资金的流入和流出，布、纤维和染料的相对价值，以货易货与现金支付相比的优点和缺点？算盘老师教导他们的学生，数学可以模拟真实的世界。它并非存在于一个单独的领域中。它是有用的知识。

*

托马斯·萨蒙（Thomas Salmon）遇到了一个问题。作为萨默塞特（Somerset）的一名收税员，萨蒙积累了数千镑的黄金和白银，这些黄金和白银需要运到伦敦去。但是，1657年的英国没有活期存款账户，没有电汇，也没有运送钞票的装甲车。随身携带着这么多硬币旅行既困难又危险。萨蒙该怎么办？

他把硬币交给当地的布料制造商。作为交换，他们给了他一些纸条，即汇票。这些汇票就像支票一样，但不是拿着它们去银行提款，而是让一个叫理查德·伯特（Richard Burt）的伦敦商人给萨蒙现金。伯特是一个代理商，或者说是中间商；他从分散各地的生产商那里购买羊毛布料，然后卖给伦敦的商人，从中收取佣金。[26]

当伯特售出布商的商品时，他将布商们应得的货款记录在账簿上，然后布商用汇票提取账户中的钱。一个萨默塞特布商可以从当地商人那里购买家庭用品，并用汇票支付。这个商人去伦敦旅行时会把汇票兑换成现金，或者更有可能的是，把它支付给在那里有生意往来的供应商。接受收税员的硬币是布商将货款兑换成现金的另一种方式。萨蒙将把这些汇票带回伦敦，在伯特的商店里兑换成硬币，然后把钱存入国库。这个为服务纺织业而设立的机构对英国王室的财政状况产生了至关重要的影响。[27]

汇票起源于公元 13 世纪的意大利纺织商人，被称为"高中世纪（High Middle Ages）最重要的金融创新"。[28] 它最初是商人将香槟地区交易会（后来还从其他市场）所得的收益转移回总部的一种方式。这些纸条以简略的方式书写，本质上是以信件的形式告诉另一个城市的代理人（通常是银行）应支付某人一定数额的金钱；当一位商人签发汇票时，他所在地的银行向其外国分行发出通知，告诉它们当有人出示这张汇票时要给予承兑。汇票不是事先设计好的、经国家批准的官方文件，而是经过反复试验而逐渐发展的社会技术。它们的效用取决于联系和信任度。

随着商人在多个地方建立起办事处网络，汇票变得越来越灵活。到 14 世纪早期，你可以在西欧的大多数主要城市里将

汇票，1398 年 9 月 2 日由迪亚曼特（Diamante）和阿尔托比安科·德利·阿尔贝蒂（Altobianco degli Alberti）签发给马尔科·达蒂尼（Marco Datini）和卢卡·德尔·塞拉（Luca del Sera）。（*akg-images / Rabatti & Domingo*）

汇票兑换成现金。无论是购买羊毛还是支付军队的费用,人们再也不需要在陆地和海上运输硬币了。历史学家弗兰切斯卡·特里韦拉托(Francesca Trivellato)写道:"汇票是近代早期欧洲'国际货币共和国'中看不见的货币。"[29]

虽然汇票最初是一种方便运输资金和兑换外币的方式,但它们很快也发展出了其他的用途。首先,它们解决了货币短缺的问题,使相同数量的硬币可以进行更多的交易。用现代经济术语来说,它们提高了货币的**周转率**,而不是增加货币的供应量。"白银从布鲁日运到伦敦,或从巴黎运到佛罗伦萨,黄金从塞维利亚运到热那亚,它们的净数量并没有因为汇票的发展而减少,"一位历史学家写道,"而交易总量却不成比例地增加了。"[30]

要弄清其中的原因,让我们假设有两个英国商人。第一位商人(约翰)出口原毛,他把羊毛卖给一位佛罗伦萨商人(乔瓦尼),换取一张能在伦敦付款的汇票。第二位商人(彼得)进口丝绸,他用一张能在佛罗伦萨付款的汇票从(皮耶罗)那里购买丝绸。在银行的账簿上,这两张汇票可以互相抵消,只有差额实际上作为货币转手。因此,少量供应的硬币可以促成更多的交易。经济学家迈尔·科恩(Meir Kohn)写道:"这样的系统是效率极高的。例如,在1456年至1459年,热那亚的一家银行收到了16万里拉的海外汇票,其中只有7.5%是以现金结算的,其余92.5%都是在银行结算的。"[31]

汇票也用于信贷。最简单的形式是,他们给予用户一张"浮存支票"。这张汇票不用立即支付,而是自签发之日起过一定时期,或在使用期后才兑现。使用期一般要比两个城市间通常的旅行时间长一点,以确保付款人能够收到承兑汇票的通知。以一张写于佛罗伦萨的汇票为例,一本1442年的手册列出它到那不勒斯的期限是20天;到布鲁日、巴塞罗那或巴

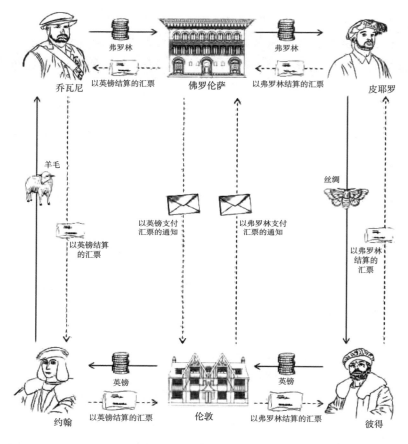

相互抵消的汇票允许用有限的硬币实现更多的交易。资金流动始于约翰出售羊毛（左下）和皮耶罗出售丝绸（右上）。(*Joanna Anderson*)

黎的期限是两个月；到伦敦的期限是三个月。对于相同的目的地，信使通行的预估时间分别是 11~12 天、20~25 天和 25~30 天。这段缓冲的时间为短期贷款增加了额外的宽限期。[32]

　　随着时间的推移，商人们找到了将汇票转化为公开贷款的方法。有一种常见但经常被谴责的做法，即"虚假交易"（dry exchange），在这种交易中，第一张汇票不是以现金（或账户抵消）支付，而是以一张新的汇票支付，这张新的汇票只是把原来的汇票逆转了。这种纸面交易创造了一种无息贷款，其期限是原期限的两倍。15 世纪时，威尼斯商人将伦敦作为票据交换中心，据此提供 6 个月的贷款。贷款人可以通过增加多次往返交换来延长贷款期限。

只要稍做变化，虚假交易就可以规避收取利息的禁令。诀窍是改变退汇汇票上的汇率。例如，如果一位波尔多商人用 100 里弗赫（livre）交换了一张原始汇票，这张原始汇票在阿姆斯特丹可以兑换 140 荷兰盾，那么退汇汇票可能以 140 荷兰盾在波尔多兑换 105 里弗赫。但并非所有的虚假交易都涉及这样的诡计。有些交易是直接贷款。事实上，科恩评论道："尽管高利贷限制在 16 世纪被削弱或取消，汇票［作为一种信用工具］的受欢迎程度并未减弱。"[33]

对汇票的处理吸引了许多纺织企业家正式或非正式地进入银行业。弗朗切斯科·达蒂尼的档案中有 5000 多张汇票，他主要从事羊毛贸易，但 1399 年他在佛罗伦萨开了一家银行。这家银行的服务是最先进的。达蒂尼的传记作者写道，除了签发和承兑汇票，这家银行还提供"背书（avalli）、担保（fideiussioni）以及一种或多种货币的账户往来服务。对于支付给第三方的款项，刚刚开始使用的支票是可以被人自由接受的"。

与该市著名的美第奇银行或阿尔贝蒂（Alberti）银行不同，达蒂尼的企业只向私人放贷，而不向教会和国家提供贷款。尽管生意兴隆，但这家银行仅仅维持了三年，就因负责日常事务的合伙人死于黑死病而倒闭。普拉托主广场上的 19 世纪达蒂尼雕像描绘了他手持汇票的样子，以此纪念他的金融事业。[34]

在以纺织业为基础而发展的银行业务中，最重要的是奥

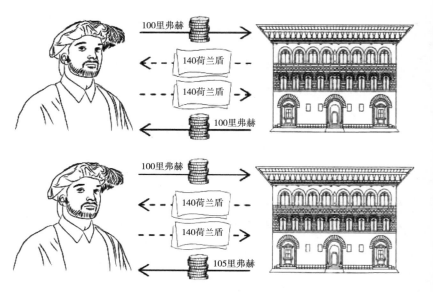

两种形式的虚假交易：第一种，汇票上的宽限期（习惯期限）用于创建无息贷款；第二种，改变汇率以收取内含利息。（*Joanna Anderson*）

格斯堡富格尔家族（the Fuggers）的银行业务，奥格斯堡位于现在德国南部，是当时的羊毛和亚麻制品之都。1367 年，汉斯·富格尔（Hans Fugger）从一个小村庄来到这座城市，到 1408 年去世时，他已经租用了 50 台织布机。他的儿子雅各布本身就是一名织布能手。雅各布将家族业务扩展到纺织品和香料贸易，并开始发行汇票，还把自己的儿子雅各布二世送到威尼斯，在那里他学会了最新的商业惯例，包括复式记账法。

168

雅各布二世和他的兄弟们在整个欧洲建立了富格尔家族的银行业务，他们经常接受矿山和采矿权作为担保，当欧洲的王公贵族们无力偿还的时候就开采矿山。纺织业的收益为发展开采银、汞、铜和锡等高利润业务提供了启动资金。富格尔家族利用他们借给神圣罗马帝国皇帝的贷款获得了相当大的政治影

雅各布·富格尔（Jakob Fugger），被称为"富人雅各布"（Jakob the Rich），他将家族的纺织业打造成了一个银行帝国。根据老汉斯·霍尔拜因（Hans Holbein the Elder）的银针画制作的木刻版画。（*iStockphoto*）

响力。他们享有将天主教会在德国和斯堪的纳维亚出售赎罪券所得资金转回罗马的垄断权。当时的人称雅各布二世为富人雅各布，他利用纺织品贸易所得的资金和经验，积累了当时最大的财富。[35]

从一个更小范围的角度看，在 17 世纪和 18 世纪英国商业扩张期间，从事汇票交易的纺织商扮演着乡村银行家的角色。以托马斯·马斯登（Thomas Marsden）为例，他生产棉亚麻混纺粗布，这是一种以亚麻线为经纱，以棉线为纬纱的流行布料。17 世纪末，马斯登在曼彻斯特附近的博尔顿（Bolton）经营业务，他在伦敦也设有办事处。那里经营的业务是买卖原材料和布料，但主要的功能是金融。

到这个时候，汇票已经可以流通了。你只需要在一张原本写给你的汇票背后签字，就可以将其转让给他人。这个签名表达了一项法律义务，即如果这张汇票无法兑现，你必须偿还相关的债务。一旦汇票可以流通，它们的流动性就更高了。如果你需要现金，你可以以低于票面价值的折扣价出售你的汇票，就像今天的债券易手一样。或者你也可以签发一张新的汇票，以折扣价出售给货币经纪人，以便日后赎回。至少从理论上说，一张汇票由一个所有者转让给另一个所有者的背书次数是没有限制的。

科恩写道："这一进化过程的产物——可流通汇票的贴现——是一项具有重大经济意义的金融发明。事实上，在17~18世纪，它将成为现代商业银行的基础。"[36]

马斯登在伦敦的办事处拥有"巨额资金"，他用这些资金兑现他的汇票，并通过以折扣价购买其他商人的汇票来发放贷款。（对于一个月的贷款，马斯登通常每100英镑收取5先令，或约3%的年利率。）他还充当"税收返还者"（Retorner of the Revenue），负责把税款运输回首都。有时，他会像托马斯·萨蒙那样，把硬币换成能在伦敦付款的打折汇票。其他时候，他把硬币藏在一包包的棉亚麻混纺粗布里运到首都。人们信任他的好名声。[37]

"如果买家和卖家在空间上相距遥远，或彼此不太熟悉，那么利用像马斯登这样的人提供的服务就具有优势，"一位经济史学家写道，"一张由在伦敦享有盛誉的公司承兑的汇票几乎可以在全国通用。很难说在哪个阶段某个中间人不再是商人，而成为银行家：只要说兰开夏郡早在拥有专业的银行家之前已拥有银行设施就足够了。"[38]

可流通性使得汇票在专业货币市场之外的日常贸易中越来越有用。虽然没有规定人们必须接受它们作为支付的款项——汇票不是法定货币——但如果人们信任这些汇票的签署者，那它们的作用几乎就和现金一样。"作为人工制品，它们没有任何内在价值，"特里韦拉托评论说，"它们的货币价值是对支持它们的一系列签署者的信任度的衡量，而不是对任何主权的衡量。"[39]

有时这种信托会失败。

1788年，兰开夏郡最大的全棉印花布工厂利夫西哈格里夫斯有限公司（Livesey, Hargreaves and Co.）宣告破产，拖欠了150万英镑的债务。它的垮台震撼了整个地区，造成的经济创伤超出了对就业的直接影响。这家纺织印花厂通常用自己的汇票付款，这些汇票在当地作为货币流通。织布工、农民、店主，各行各业的人们都依赖于这些现在一文不值的纸张。许多人破产了。一家曼彻斯特银行倒闭，另一家则遭遇挤兑。据一份19世纪的编年史报道，这家公司的"失败震撼了整个国家一段时间"。[40]

然而，尽管存在风险，汇票仍继续存在，只有在被中央银行发行的货币取代后，才从日常贸易中逐渐消失。最晚到1826年，一位曼彻斯特银行家证实了它们的持续流行，他在议会的一次调查中说，他曾见过面值为10英镑且带有100多个签名的汇票在市场上流通。"我看到过汇票上贴满了纸条，像一张长方形的纸那么长，"他说，"当这张纸条签满名后，又贴上另一张纸条。"[41]

委员会还听取了一位来自一家苏格兰银行的代表的证词，这家银行有一个奇怪的名字——英国亚麻公司（British Linen Company）。这家银行成立于1747年，最初是一家布料制造公司，仅仅几十年后，它就凭借自己在当地的许多分支机构进入了银行业。

随着企业对营运资金的需求不断增加，汇票有助于解释为什么有这么多人从纺织商人起步，最终成为银行家。[42]

*

1738 年 11 月，布商亨利·库尔撒斯特（Henry Coulthurst）通知织布工们，他将削减他们的计件工资，从此会将工资以货物而不是现金的形式支付给他们。不用说，他们很不高兴。食品价格在上涨，工资降低意味着饥饿和匮乏。

171

12 月，这些织布工们发动了一场持续三天的暴乱。第一天，他们捣毁了库尔撒斯特的工厂，毁坏了他的家，并"把地窖里所有的啤酒、朗姆酒、葡萄酒和白兰地都喝了、带走了、洒了"。第二天，他们又回来拆毁了库尔撒斯特的房子，把它夷为平地，然后袭击了庄园里的租户小屋。在最后一天，一个星期五，他们得意扬扬地在英格兰西南部威尔特郡（Wiltshire）的梅尔克舍姆（Melksham）游行示威。军队于周日晚上抵达，阻止了进一步的暴力。13 人被捕，其中 1 人被宣告无罪，3 人最终被施以绞刑。[43]

这些早在机械化之前发生的暴乱大部分已经被人遗忘了，但就像我们这个时代发生的类似骚乱一样，它们引发了公众的反思和激烈的辩论。公共秩序的崩溃是谁的过错？无良的布商还是无理的工人？暴力是正当的吗？如果不是，至少是可以理解的吗？

这一时期，毛料业的日子很艰难。[44] 国内的顾客被更轻薄的面料吸引，而国外的竞争也在加剧。一位观察者表示，每个人都有理由感到愤愤不平。

对于一个想要面包、听到饥饿的儿童尖锐的哭声的人来说，这是一种不满；对于一个没有得到他应得的工资的人来说，这是一种不满；对于一个必须为生活必需品付出比其价值或市场价格更多的人来说，这是一种不满；对于一个他的房屋、建筑或贸易必需品被暴民摧毁的人来说，这是一种不满。[45]

许多人发现很难就此指责任何一方。幸运的是，还有另一种选择：把责任归咎于中间商。

在这个例子中，所谓的恶棍是那些在伦敦代表布商的代理商。"从事西班牙羊毛加工的穷人所受的苦难，并不是因为布商的无情，"一位署名特罗布里奇（Trowbridge）的评论员断言，"而应该归咎于在布莱克韦尔大楼（Blackwell-Hall）工作的代理商的暴政，他们原本应该是制造商的仆人，现在却成了他的主人，不仅是制造商的主人，还是羊毛商人和布商的主人。"他指责说，与辛勤工作的织布工和布商不同，这些代理商变得"富有，没有任何风险，也没有什么麻烦"。他们就是"人类蜂巢中无用的雄蜂"。[46]

在这里，我们看到了社会技术的阴暗面。它们看不到、摸不着，平淡无奇，缺乏能凸显其重要性的有形标示，经常被人轻视为无关紧要的，或者被谴责为有害的。

布商本人就是一个中间商，通过一个提供运营资金和营销的外包制度来协调布料生产。他购买羊毛，交给承包商清洗、梳理和纺纱。然后，他把纱线交给织布工，告诉他们他想要制造的布料的规格。染色和整理的流程也是这样。布商承担材料的成本，并在每个阶段向工人支付劳动报酬。

布料制作完成后，布商就把它带到伦敦的布莱克韦尔大楼，那里是伦敦唯一允许非伦敦人出售纺织品的地方。布莱克韦尔大楼市场在周四、周五和周六开放，让布商能够在每周三之前进城。如果一个布商在回家前没能卖掉所有的商品，他可以把这些商品储存起来，或者让另一个布商替他售卖。

172

换句话说，像香槟地区交易会一样，布莱克韦尔大楼是一个终点站，供来自各地的人们在特定的时间销售纺织品。它也逐渐发展成了某种更便利的场所。布商可以与伦敦的一位代理商签订合同，以佣金的形式出售他的纺织品，而不必来回奔波。早期，代理商来自各行各业。据说，人们可以从"几乎所有职业背景的人中选择一个代理商，比如石油商人、布料打样工、烟草商等"。17 世纪末，大约有三十几个代理商在布莱克韦尔大楼处理业务，一个代理商可以代表很多个布商。一项 1678 年的法律正式承认了他们的职能。[47]

代理商保管着客户的布料库存，一次可保留几百件存货。如果一个布料批发商或一个出口商对某一种特定类型的纺织品表示出兴趣，代理商会发出样品。买家可以从库存中购买布料，也可以订购定制布料。当然，购买现货布料速度更快，商人也很清楚自己购买的是什么。由于染料批次或纺纱工艺的差异，即使是看起来一模一样的样布，最终的成品也可能会呈现不同的效果。定制生产尽管往往是仓促完工的，但仍然很常见。

为减少未售出库存的风险，代理商仔细监控市场趋势。历史学家康拉德·吉尔（Conrad Gill）研究了一家伦敦公司和它在英格兰西南部诸郡的客户之间的通信，他写道："通过在办公室、在布莱克韦尔大楼以及在咖啡馆的交谈，通过观察时尚的趋势，"

> 代理商收集关于可能的需求方向的信息，并做出预测，然后将这些预测传递给布商。例如，1795 年，薄毛呢（制作西服用的斜纹布）制造商被告知，顾客对白色布料有需求，不是羊毛天然的颜色，而是经过仔细漂白和处理的……这家被建议制造漂白薄毛呢的公司同时被告知，

各种其他颜色的布料——淡黄色软皮革、各种褐色布、少量的鲜红色布也可以出售；几天后，还提到了深蓝色特级品（品质最好的毛料）。

代理商经常给客户发去关于他们认为能卖得好的款式的详细建议。

除了远程代理和市场情报，代理人还提供质量管理，解决了经常困扰纺织品市场的劣质工艺和公开欺诈问题。为了节省纱线，织布工可能会缩减布料尺寸，或者在一匹布的开头一部分使用密度较高的纬纱，因为这里更容易被人看见，而越往后织越偷工减料。[48] 他们也可能试图用强力缩绒法隐瞒使用粗纺纱线的事实——因为缩绒时，羊毛织物会收缩，纤维就会被压紧。直到 1699 年，一类被称为"毛料规格管理官"（aulnager）的政府检验人员会对羊毛布料的尺寸和质量进行认证，但这种检查往往是敷衍的，主要集中在布料的尺寸上。这位毛料规格管理官的主要职责似乎是对每一块布料征税。

吉尔写道，由于他们的声誉岌岌可危，"代理商做的工作比毛料规格管理官还要多，他们必须不断努力确保运送到仓库的货物不仅尺寸正确，而且尽可能没有任何瑕疵"。一个布商可能会因为质量可靠的布料而建立起自己的声誉，很多人确实是这样做的，但代理商扩大了这种效应。他们从多个来源积聚物资，与此同时，又反复与相同的顾客打交道。他们不太可能因受短期收益的诱惑，而将劣质商品出售给他们或许再也见不到的买家。可靠的质量会带来回报。

但是，维持标准意味着有时要拒绝那些布商投入了时间和金钱并期待有所回报的布料。布料可能会因为颜色不均匀、有污渍或小破洞而被拒绝；也可能太薄、太粗糙、太肮脏，或者就是"太糟糕"。如果这位布商通常是可靠的，那么代理商会

174

提出建设性的批评意见。然而，在处理一贯劣质的商品时，代理商就会毫不客气。弗朗西斯·汉森（Francis Hanson）是这家伦敦公司的合伙人之一，吉尔仔细查看了他的往来信件。他告诉一位布商，不要试图在伦敦出售他那些"臭名昭著"的商品，就守在乡下销售，因为乡下人的期望值较低。

反过来，布商为了满足代理商对质量的要求，必须对承包工推行一致的标准。如果一个布商发现布料上有瑕疵，因而拒绝付款，那他是不是在压榨和欺骗一个织布工、染工或纺纱工呢？对于那些勉强糊口的工人来说，情况似乎的确如此。

随着时间的推移，代理商承担了额外的角色。他们开始购买羊毛，并将其出售给布商。他们为那些被禁止进入布莱克韦尔大楼的外国商人购买布料。当需求量很大时，他们就自己充当布商，这让他们的客户很恼火。此外，他们还提供贷款。他们借钱给购买布料的商人和购买羊毛的布商。在布料出售前，他们就把钱预付给了布商。[49]

这类做法使布料市场的运行更加顺畅，但布商为他们对代理商的依赖感到恼火。特罗布里奇宣称："我曾听他们中的许多人说过，如果立法机构能把他们从这个令人无法忍受的枷锁中解救出来，那么他们就愿意提高工资，并且降低商品的价格。"[50]

心怀不满的布商们认为，代理商支付给他们过低的价格，毫无理由地拒绝他们的织物，同时不费吹灰之力就能赚钱。他们感受到偿还贷款的压力，对代理商购买羊毛再卖给他们赚取利润的行为愤恨不已。他们忘记了最初导致他们对代理商产生依赖的服务：便利、营运资金、市场情报、质量管理和客户关系。特别是在困难时期，人们很容易感知到为中间商的工作付出的费用，包括佣金和利息，却看不到它带来的好处。

*

故事发生在美国南北战争前几年的南方。迈耶·雷曼（Mayer Lehman）被一个名叫芭贝特·纽加斯（Babette Newgass）的年轻女孩迷住了，他拜访了她的父亲，请求他同意把她嫁给他。迈耶是犹太人，家里有三个兄弟，他是最小的一个。他们从巴伐利亚移民到亚拉巴马州（Alabama）的蒙哥马利，在那里开商店为生。富裕的纽加斯先生似乎对他未来女婿的前途持怀疑态度。

纽加斯先生：让我听听，你怎么介绍自己？年轻人，我想知道，你们雷曼一家在商店里都卖些什么？

迈耶：我们过去是卖布料的，纽加斯先生，但我们现在不卖了。

纽加斯先生：如果你们不再售卖布料了，那你们还开店干什么？

迈耶：噢，我们还在卖东西，纽加斯先生。

纽加斯先生：你们卖什么呢？

迈耶：我们卖棉，纽加斯先生。

纽加斯先生：棉不是一种布料吗？

迈耶：我们卖的时候，它还不是布料，纽加斯先生。我们卖的时候，它还是原棉。

纽加斯先生：谁会来你们店里购买啊？

迈耶：把这些原棉制成布料的人，纽加斯先生。我们的工作是中间的一部分，最中间的一部分。

纽加斯先生：这是一种什么样的工作啊？

迈耶：某种过去不存在的工作。某种由我们创造出来的工作。

纽加斯先生：到底是什么？

迈耶：我们是……中间商。[51]

176 　　这些角色都是真实的历史人物。这个场景是想象出来的。它来自意大利剧作家斯特凡诺·马西尼（Stefano Massini）长达5个小时的史诗巨著《雷曼兄弟三部曲》（*The Lehman Trilogy*），英文版上演时被浓缩成了3个小时。2019年4月，当这部作品在纽约公园大道军械库（Park Avenue Armory）上演时，纽约人蜂拥而至，场场爆满，这让他们罕见地回想起雷曼兄弟公司（Lehman Brothers）的发家史源于纺织业，2008年，这家具有传奇意义的投资银行倒闭，象征着华尔街未能兑现的承诺。

　　《雷曼兄弟三部曲》具有历史背景，同时也是一部虚构作品，正如莎士比亚的《亨利五世》（*Henry V*）和《尤里乌斯·恺撒》（*Julius Caesar*）既是历史剧又是小说一样。当一位看了首演的纽约朋友告诉我是雷曼兄弟创造了中间商这一职业时，我想她一定是误解了。

　　毕竟，在雷曼兄弟从巴伐利亚乘船来到美国的3900年前，普苏－肯和他的商人伙伴们就已经是中间商了。即使在美国南北战争前的南方，这三兄弟所做的事情也不是独一无二的。与羊毛、丝绸和亚麻贸易中的前辈一样，19世纪的棉花贸易依赖中间商。中间商最初被称为"代理商"，后来被称为"经纪人"，这反映了铁路和电报带来的组织变革。（在南北战争后，我自己的祖先们也进入了这一行业，在亚特兰大和纽约从事经营。）中间商是一个很常见的角色，是从旧大陆引进而来的。这当然不是雷曼兄弟的创造。

　　经纪人为棉花种植者提供了营运资金、作物运输和买家网络。他们评估棉花的质量，并预测价格。在美国内战前，他们也提供商品。一位历史学家写道："无论种植园主是想要为自己的图书馆添置一套图书，还是想为他的奴隶买鞋，买几瓶进口的白兰地，或者买一桶西部猪肉，他只需要跟代理商说一下，代理商就会购买这些商品，并送到种植园。"[52]内战结束后，棉花经纪人变得越来越老练。19 世纪 70 年代，他们在纽约和新奥尔良建立了交易所，目的是跟踪价格并促进期货合约交易，作为防范价格波动的手段。

迈耶声称是他们创造了中间商这一职业，这是一种艺术效果。通过这场对话，马西尼捕捉到了中间商这一角色所引发的困惑和忧虑。这些人是做什么的？他们的工作有什么价值？**这到底是一份怎么样的工作？**

在早期剧情中，这位剧作家虚构了一场危机——发生了一场毁灭性的大火，摧毁了蒙哥马利的棉花作物——来解释商店店主是如何成为棉花商人的。为了提供重新播种所需的种子和工具，雷曼兄弟接受以下一季收成的 1/3 作为抵押。简而言之，这就是中间商的工作。他们在今天和明天之间架起经济桥梁，并收取通行费。

观众们看着一代又一代雷曼家族的人投资咖啡、香烟、铁路、航空、广播和电影，最后是电脑。马西尼说："雷曼兄弟公司的历史，不仅仅是一个家族和一家银行的故事。它是我们上个世纪的历史。"棉花很快就被人遗忘了，在剧中被人遗忘的速度要比在现实生活中快得多。

雷曼兄弟帮助建立了纽约证券交易所（New York Stock Exchange），这是一种被人焦虑地描述为"文字殿堂"的社会技术成果。迈耶抱怨说，证券交易所不经营真实的商品，只经营一些文字："那里没有铁，没有布料，没有煤，什么都没有。"这种交易源自斐波那契的算术，它教导西方人在纸上用符号记录自己的生意——仅仅用墨水记录，是一种令人怀疑的

177

178

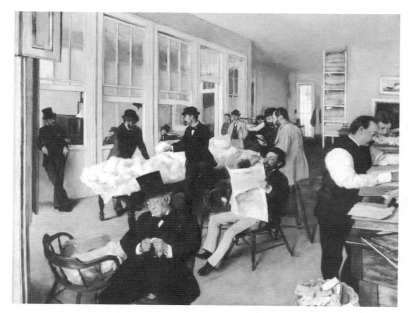

1873 年，埃德加·德加（Edgar Degas）的叔叔是新奥尔良的一名棉花经纪人，当时这位画家创作了《新奥尔良的棉花办公室》（*A Cotton Office in New Orleans*），这是他第一幅被博物馆购买的作品。（*Wikimedia*）

无形交易。

　　《雷曼兄弟三部曲》不是一个具有道德寓意的故事。它是矛盾的，既使人认识到金融所具有的神奇力量带来的可能性，又使人认识到这种力量的危险。剧中的人物既不是天使，也不是魔鬼，而是真实的人。马西尼在叙述他创作该剧的灵感时回忆说："在我的一生中，有那么一刻，我发现意大利人、欧洲人，或许美国人也是，都憎恨经济学家、银行和伟大的金融。那一刻我觉得我应该书写一段历史，不是关于一家糟糕的银行里一群糟糕的人的历史，而是关于作为银行基础的人性的历史，这是令人难以置信的。我认为，雷曼的故事恰恰是人性的历史，它是这个伟大帝国的基础。"[53]

如果是美国人，就会写一篇关于贪婪和灾难的檄文。许多美国评论家就是这样看待《雷曼兄弟三部曲》的——一位评论家称其为"一则关于清算的宗教寓言"——或者谴责它忽视了奴隶制的罪恶。[54] 但马西尼来自一个对巨额财富的得失、商业银行家的暧昧生活及其对后人的长久影响、历史的复杂性以及信贷的必要性都习以为常的地方。他是一个佛罗伦萨人。

第六章

消费者

> 今则婢子衣绮罗，倡妇厌锦绣矣。
>
> ——田艺蘅，《留青日札》，1573

在一幅大约于公元 1145 年绘制的手卷中，一位中国织丝工坐在一架庞大的落地织机旁，正专注地将纬线打入合适的位置。她抿着嘴唇，赤脚踩下踏板，左手做好了下一步穿梭的准备。需要这样持续不断地工作三天，她才能织出一匹大概 13 码长的丝绸，这匹丝绸够制成两套妇女穿的衣衫和裤子。但是这位织丝工自己穿的却不是丝绸。[1]

在这幅画的旁边，还附有一首为画中这些辛勤工作的织丝工而作的诗：

> 辛勤度几梭，始复成一端。
> 寄言罗绮伴，当念麻苎单。

在这幅名为《耕织图》的长卷中，一位名叫楼璹的地方官员细致入微地记录了养蚕的 24 个不同阶段，每个阶段都题有一首反映乡村生活的情感和经验的诗作。在当时，这幅长卷具有深刻的道德和政治意义，旨在对权贵施加影响。一位艺术史学家写道："画中的农业劳动者是自给自足的，而维护他们的福祉是政府应当做的事情。"楼璹的作品鼓励官员尊重农民的

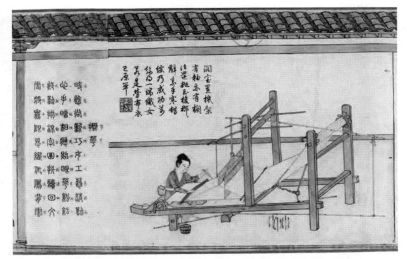

图中的织丝工织绢纳税，她自己却穿着粗麻布衣。出自《耕织图》（*Pictures of Tilling and Weaving*），相传为程棨（生活在公元13世纪中期至晚期）根据楼璹的画作所绘。（*Freer Gallery of Art, Smithsonian Institution, Washington, DC: Purchase—Charles Lang Freer Endowment, F1954.20*）

情感和技能，并要求他们对农民所缴纳的税金负责。[2]

这是一个崇高的目标。但作为一件历史文物，这幅卷轴延续了一种常见的偏见。生产者引起我们的兴趣和同情，消费者被轻视或遗忘，然而，他们是同样重要的。

如果没有消费者的欲望，纺织品的故事是令人无法理解的，也是不完整的。纺纱工和织布工的辛勤劳动，育种员、机械工和染料化学家的创造力，以及商人的商业冒险，这些本身并不是目的。它们的存在是为了服务于布料的使用者。这些消费者包括要求以纺织品作为贡品的统治者、以纺织品作为军需装备的军队、靠捐赠的纺织品做装饰的宗教场所，当然，还有在市场——既有公开市场，也有非法市场——购买布料的消费者。

对新布料的需求是一股惊人的强大力量。无论是购买布

181

料、为自己制作布料还是从他人手中抢夺布料，纺织品消费者的所作所为都是无法预料的。他们发动战争，破坏律法，推翻等级制度，藐视传统；他们的品位不断变化，导致了财富和权力的重新洗牌，使大批新贵发家致富，也使曾经的赢家倾家荡产；他们的选择挑战了传统社会中有关身份与地位的固有观念。纺织品的消费者改变了世界。

*

在楼璹生活的南宋时期，对于政府来说，丝绸是维护政权稳定的必不可少的东西。[3]皇帝用这种珍贵的织物安抚威胁其边境的敌对政权、为日益扩大的军队提供衣物、奖励忠诚的官员，或是作为礼物赏赐给平民。每年，南宋政府要购买400万匹丝绸，还需额外征收300多万匹丝绸作为贡税。在这些贡税背后，是无数穿着粗麻布衣的农民的劳作。

在这幅长卷的最后一幅图中，三位妇女在测量几匹丝绸，把它们折叠起来放进一个篮子里，交给收税员。画上的题诗表明，养蚕者付出的辛勤劳动是值得的。它宣称，政府会好好利用这些丝绸，而不是把它们拿走供达官贵人享用。

> 输官给边用，辛苦何足惜。
>
> 大胜汉缭绫，粉涴不再著。

通过提及"粉涴"（暗指腐败官僚的情妇）和"罗绮伴"，楼璹的说教暗示了丝绸需求的另一个来源——蓬勃发展的消费市场。

182
在宋朝，中国经历了自己的商业革命（其中包括被称为"飞钱"的汇票的诞生）。纺织品市场蓬勃发展。丝绸的公共和私人消费量每年高达 1 亿匹。其中，大约 2000 万匹丝绸出自专门生产高档布料的城市工匠，其余都是在乡村用更简朴的织机织出来的。一位历史学家写道："以前，纺织制造业主要局限于国内需求和缴纳贡税，现在则转向为市场生产。"由于丝绸高昂的价格，农村家庭转而从事全职丝绸生产。[4]

城市里的布料商店繁荣兴旺。一位纺织学者写道，在都城杭州，专门售卖布料的商店包括"城西的陈氏丝绸店、水巷附近的徐氏刺绣店、水巷桥下的生丝店、清河的顾氏丝绸店、平津桥附近的大麻布和苎麻布店"。[5]

由于质地轻薄，图案精巧的丝织品——纱罗，深受最富有阶层买家的欢迎，因此，农村生产者创造出了一种价格更低廉的替代品。他们设计了一种轻而薄的平纹织物，称为"波纹绸"（open tabby），制作这种布料不需要制作纱罗那样的技术和特殊设备，后者是将两条经纱捻在一起，并将纬纱插入捻合而成的经纱后制成的。这种新创造出来的布料吸引了大量中间市场的热切买家，他们是介于诗中所说"罗绮"和"麻苎"之间的消费者。

中国的丝绸技术也吸引了外国的注意，他们并非全都满足于朝贡和贸易。楼璹的卷轴保存得最好的版本并非南宋时期的原作，而是一份可以追溯到元朝的摹本，当时这些来自草原的勇士统治着中国和世界大部分地区。

*

从公元 1206 年成吉思汗统一相互交战的草原部落开始，到 13 世纪末，他们的统治疆域从日本海（Sea of Japan）一直延伸到多瑙河。

蒙古人不织布。他们属于游牧文明，用的是毛皮和毛毡，毛毡是通过摩擦将潮湿的动物纤维缠绕在一起制成的。但他们非常珍视编织而成的纺织品，正是出于对精美织物的渴望，激发了他们多次发动对外征服战争。历史学家托马斯·爱尔森（Thomas Allsen）写道："每次掠夺物品时，他们最看重的是稀有而多彩的纺织品、帐篷和服装。"为了用布料装饰自己的都城，成吉思汗将被征服的领土上的纺织工人驱逐到了哈拉和林。[6]

蒙古统治者将本土产品和舶来品混用在一起，他们在巨大的帐篷里接待来客，帐篷的外墙是白色的毛毡，内衬金线织成的丝锦缎。这种布料称为织金锦（*nasīj*），起源于蒙古西部遥远的穆斯林地区。但它与蒙古人的关系如此密切，因此欧洲人

蒙古人对精美织物（如这件用金线织成的土耳其长袍）的渴望刺激了其对外征服的欲望。随着时间的推移，这件衣服上大部分原本是金色的地方都变成了棕色。（*The David Collection, Copenhagen, 23/2004. Photo: Pernille Klemp*）

将其称为"鞑靼布"。"鞑靼"是欧洲人对草原民族的通称。[7]

一位专门研究亚洲纺织品的艺术史学家评论说:"奢侈纺织品在蒙古帝国的重要性怎么强调都不过分。"

> 掠夺、贸易、外交、仪式、朝贡和税收是获取、分配和展示布料——特别是用金线编织的华丽丝绸纺织品——的场合,这些活动经常是公开的,也是蒙古政治权力的象征。奢侈纺织品有很多用途:服装和个人配饰、马和大象的装饰、帐篷和宫殿的帷幔、坐垫和华盖、宗教艺术品,甚至是帝王肖像。[8]

184

公元1221年,蒙古人横扫阿富汗,赫拉特城(Herat)是他们最大的战利品之一。赫拉特城是一个以金线织物闻名的纺织中心,不战而降。除了对物资的掠夺,他们还夺取了一份特别珍贵的纺织业瑰宝:一千多名技术娴熟的织布工。

他们将这些俘虏从1500多英里以外的中亚运送到别失八里,现在中国西北部的新疆地区,离蒙古的中心地带更近。(维吾尔人是最早臣服于蒙古统治的族群,他们本身也以织锦挂毯闻名。)凭借着这些被迫而来的纺织人才,蒙古人建立了一个生产织金锦的纺织基地。不久,别失八里,这个历史上曾是佛教徒和聂斯脱利派基督教徒聚集地的小镇,在背井离乡的赫拉特织布工的推动下,变成了一个蓬勃发展的穆斯林社区。

随着忽必烈于1271年建立元朝,蒙古人通过强制移民建立了新的纺织中心。鉴于中原地区原本就有自己生机勃勃的丝绸传统,这种迁移不仅仅是为了确保便利的布料供应。这似乎是一项深思熟虑的政策,在蒙古人的作坊里,他们鼓励技术和图样的交换。

随着他们建立作坊以满足对纺织品的渴望,蒙古人还把不同地方的工匠混居在一起。他们将来自撒马尔罕的织布工运送到位于现在北京附近的洗马林（Xunmalin）；他们还将中国的织布工转移到了撒马尔罕。他们将300名来自西亚的工匠和另外300名来自中国北方地区的工匠一起派往了洪州（今河北省平山县一带），这是北京西边一处新的定居点。

爱尔森写道："在蒙古人的支持下，大量的西亚织布工和纺织工人（不仅仅是他们的织机上织出的产品）被送往东方，成为中国的永久居民。这种情况可能不是完全史无前例的，但实施这么大规模的强制安置确实是非同寻常的。"尽管野蛮而残忍，但这些迁移"为技术和艺术交流创造了前所未有的机会"。[9]这样做的结果，或许正是其目标，是出现了大量新颖的图案。

克利夫兰艺术博物馆（Cleveland Museum of Art）收藏的一块由金线织成的蒙古织物展示了当时诞生的混合图案。它将伊朗狮身鹰首兽的图案和中国祥云的图案结合在一起，狮子的翅膀上就是中国的祥云。在深棕色的丝绸上织出图案的金线是把金属固定在纸质底面上制成的，这是中国人发明的一种技术，而被称为"彩花细锦缎"（lampas）的织法，则起源于伊朗。

"无法对这一时期来自元朝统治疆域内的纺织品下任何定义，"一位纺织史学家写道：

> 随着蒙古帝国贸易的繁荣，纺织品设计跨越了文化边界，将中国传统图案、中东元素和中亚当地风格混合在一起，在一个较短的时期内，中国、中东、马穆鲁克（Mamluk）和卢卡的丝绸都出现了这种国际化的装饰风格。这些地区都有由不同种族的熟练工匠聚居的居住地，这促进了纺织品艺术和技术的融合发展——这一复杂的发

这件蒙古纺织品融合了中国和伊朗的图案和技术。(*Cleveland Museum of Art*)

展过程至今令纺织史学家困惑不已。[10]

　　随着外交官和商人对混合纺织品的进口，这股具有创造性 186
的发展潮流超越了元朝的疆域，对欧洲的风格产生了影响。两
位艺术史学家写道："在意大利，他们的设计极具异国情调，
其影响触发了欧洲丝绸织造史上最富有想象力的篇章。"[11]

　　出于同样的原因，蒙古人劫掠城市、俘虏工匠，但他们也
鼓励商业活动。他们想要物品，特别是纺织品。"他们对长途

贸易的兴趣和对奢侈纺织品的渴望之间的密切联系经常反映在纺织品的材质上，"爱尔森评论说，"成吉思汗曾在他的一句格言中赞扬了那些'带着金色锦缎衣服而来的'商人的美德，甚至宣称他们是他的军官的榜样！"[12]

到了公元 1260 年，蒙古的对外征服战争终于结束了，随之而来的"蒙古和平"（Pax Mongolica）为和平交换提供了一大片广阔的空间，因为蒙古人把他们以前的行军路线变成了受保护的贸易路线。除了丝绸，蒙古的贸易路线还把新的思想和技术从东方带到了欧洲，包括火药、指南针、印刷术和造纸术。黑死病也随之而来。蒙古人对纺织品冷酷无情的追求带来了文化、图案和编织技术的大融合——以及一个永远改变了的世界。

*

公元 1368 年，朱元璋登基，即为"洪武帝"，建立了明朝。朱元璋出身于农民家庭，曾率领军队推翻了由蒙古人统治的元朝。最终，他既战胜了旧的政权，又战胜了和他争夺政权的其他反叛者。一旦掌权，他就试图恢复他所认为的"传统秩序"。

他最初的举措之一就是制定一套服饰规范，禁止蒙古风格的服装，并为各个级别的政府官员制定了标准——这些标准将他们彼此区分开来，也将他们与普通百姓区分开来。其他的规定则强化了新儒家的平民等级制度：士、农、工、商。这套规范规定了衣服的面料、颜色、袖子长度、头饰、珠宝和刺绣图案。皇帝宣称，这样做是为了使尊卑有别，彰显地位和权威。[13]

大多数规则不是限制服装的款式，而是规定谁可以使用哪种类型的纺织品。平民被禁止穿着丝绸、缎纹或锦缎。1381年，对农民的服装限制放宽了，允许他们穿着丝绸、纱罗和棉布。但是，如果这个农民家庭有任何成员从事商业活动，那么这个家庭中的任何人都不得穿着丝绸。商人尽管对社会很有用，但都恪守本分，严格遵守服装规定。

一位历史学家写道："明朝服装制度的基本功能是对整个社会实行国家控制。如果整个社会完全由这些规则塑造，并且永远延续这些规则，那么它将是一个稳定有序且阶层分明的模范儒家社会。"至少理论上是这样的。[14]

在明朝统治的近三个世纪里，这些规定在很大程度上保持不变。[15]对违规行为的处罚不时增加。然而，社会并没有维持稳定。作为儒家秩序核心的仪式渐渐废止，或呈现出不和谐的元素，比如葬礼上出现了供娱乐所用的伶人、乐师和妓女。道教和佛教的实践渗透到儒家文化中。随着商业的繁荣，商人家族变得富有而显赫，有时甚至跃升至贵族阶层。

此外，人们并没有遵守这些规则。历史学家陈步云写道："明朝王陵中的考古证据显示，直到公元16世纪，仍存在蒙古风格的服装，从而揭示了朱元璋服制规定的局限性，更严重的是，这表明他为消除元朝遗留影响所做的努力失败了。"[16]

随着时间的推移和商业的发展，违反服装规定的行为也在增加。富有的平民穿着本应是贵族阶层专属的面料和款式。他们看不上素色丝绸，开始采用锦缎，这原本是禁止他们穿着的。他们所穿服装的颜色也是被禁止的，包括深蓝色和鲜红色。他们惹人注目地穿着金色的刺绣服装。他们购买帽子和长袍，这些原本是朝廷官员专属的服饰。16世纪末，一位明代学者曾抱怨，世世代代以来，习俗已经发生了改变。所有人都倾向于尊重和仰慕财富和奢侈品，为了这些东西相互争夺，丝毫不考虑政府的禁令。

188

平民不是唯一违反服装规定的群体。官员和他们的家人穿着高于其地位的衣服。那些官阶只有区区八品的贵族子弟，也习惯性地穿着他们官阶较高的父辈专属的服装。另一位明代作家曾记述到，这些人戴着深棕色的帽子，穿着印有麒麟图案的长袍（麒麟的外表和龙相似，长着分趾蹄），系着金色的缎带，即使当他们在家里，或是被免去官职时也是如此。他观察到，皇帝们自己也在破坏这些规则，他们将长袍赏赐给自己的宠臣，而不考虑他们的地位是否配得上这一设计。[17]

虽然明朝的消费者无视律法，但矛盾的是，他们却承认了它意图推行的等级制度。他们对麒麟长袍的渴望并不是因为它们比其他带有不同图案的类似服装更美丽或更奢华。他们想要麒麟长袍的原因是这种服装与高级别的朝廷官员之间的联系。禁奢法令明确规定了什么是值得追求的，而最令人渴望的东西往往是王权地位的象征。因此，陈步云认为："仿制品并不一定会削弱朝廷的权力。人们竞相穿上代表国家认可的权力的服装，重申了皇帝在统治中心的地位。"[18]

明朝与江户时代的日本形成了鲜明对比。在那里，德川幕府建立了自己的一套受到儒家思想启发的等级制度，并制定了与之相匹配的禁止奢侈浪费的规定（在这套等级制度中，级别较低的武士取代了文人，成为日本级别最高的平民）。这些法律不断遭到蔑视，并经过了多次的修改，因此人们嘲弄它们为"三日之法"。

然而，尽管城市工匠和商人被归类为地位低下的"町人"（chōnin）或城市居民，他们并没有模仿所谓的上层阶级，而是发明了新的装饰图案和穿戴方式，巧妙地规避了限制，形成了一种独特的品位。法律禁止他们使用扎染出的图案（shibori），他们就手绘丝绸。由于不允许穿着鲜艳的颜色，衣着讲究的城市居民就保持衣服外在的朴素，而将奢华隐

藏在内衬中，形成了一种被称为"粹"（*iki*）的审美品位，这
种审美中最重要的是细节。有什么方法能够巧妙地避开那些禁
止你穿金线刺绣花绸的武士？人类学家莉萨·多尔比（Liza
Dalby）写道：

> "比如，穿一件用野蚕丝制作的朴素的深蓝色条纹小
> 袖，但内里却是华丽的黄色花纹绉，或者委托城里最有名
> 的画家为你素色的外套绘制内衬。这样做不仅遵守了法
> 律，也在某种程度上胜过了那些势利的法律制定者。作为
> 不屈不挠的时尚引领者，町人反而对那些被禁止的华丽不
> 屑一顾，从而重新掌握了时尚潮流中的主动权。就让武士
> 和娼妓抱紧那些五颜六色的锦缎吧。但凡是有品位的人都
> 会更看重其中的细节，正是这些细微之处，才彰显了一个
> 人"粹"的审美。[19]

在这里，禁奢法令没有设定时尚的标准。这套标准是由
富有的商人和歌舞伎明星设定的。在中国，在科举考试中取得
高分可以让一个农民成为政府官员，但个人的雄心壮志仍然集
中在朝廷上。他们的目标是在一个静态的等级制度中不断攀
升，而对服装的选择，无论受到多少禁止，都反映了这种雄心
壮志。在日本，平民并不渴望成为武士。他们重视的是充满艺
术、乐趣和时尚创新的城市生活。不过，在这两个地方，人们
都用纺织品来表达他们想成为什么样的人。

*

当朱元璋建立明朝统治时，在丝绸之路的另一端，意大利
诸商业共和国开始对纺织品、服装和装饰品采取自己的限制。

从 1300 年到 1500 年，意大利城邦颁布了 300 多条不同的禁奢法令，一位历史学家指出，这个数字"比欧洲其他地区的总和还多"。帕多瓦（Padova）限制妇女"无论是否结婚，无论地位和条件如何"，都只能拥有两条丝绸连衣裙；博洛尼亚对佩戴镀金银纽扣的人处以罚款；威尼斯禁止火车和"法国时装"；佛罗伦萨甚至规定尸体下葬时所穿的衣服只能是内衬亚麻布的素色羊毛，坟墓里绝不能放置华丽的衣服。[20]

190

在商人统治的城邦里，这些规则更关注的是遏制普遍的铺张浪费，而不是维护社会等级制度。日益奢华的展示可能会冒犯方济各会修士所宣扬的禁欲主义基督教，以及传统商人所推崇的谦逊和节俭。但是禁止奢侈浪费的管理最重要的目标与这些传统无关。这是一种财务上的自我约束。

这些法律试图减轻在珠宝、纺织品和公共庆祝活动上所花费的越来越多的资金带来的压力。执政的家族既忧心公共利益，也担心自己的家庭预算，他们希望缓解这场日益激烈的炫富竞赛。禁奢法令给了他们一个拒绝这类消费的好借口，尤其是对他们的妻子和女儿。（在佛罗伦萨，这些规定是由一类名为"Ufficiale delle donne"的官员来执行，这一官名的字面意思是"女性官员"，颇具象征意义。）

191

与明朝不同，意大利城邦不断修改规则，试图让市民遵守，但收效甚微。历史学家罗纳德·雷尼（Ronald Rainey）分析了从 13 世纪末到 1532 年共和国末期的佛罗伦萨禁奢法令，他发现，尽管当局反复重申和修订这些规范，但几乎没有什么效果。他写道："鉴于 14 世纪时政府频繁颁布禁奢法令，很明显，立法者对于公众遵守着装规定的情况并不满意。"[21]

14 世纪 20 年代早期通过的佛罗伦萨法律禁止妇女拥有四套以上适合在公共场合穿着的服装。其中，只有一件服装可以用夏米托（*sciamito*，一种价格不菲的丝绸）或者是斯卡拉塔

歌舞伎演员第三代市川八百藏（Ichikawa Yaozo III）扮演一位年轻的花花公子，他身着深色和服，配有鲜艳的红色衬里，这样穿既遵守了禁奢法令，又展示了自己的"粹"风格。这幅作品由鸟居清长（Torii Kiyonaga）于 1784 年绘制。

在这幅多梅尼科·吉兰达约于 1488 年绘制的肖像画中，乔瓦娜·托尔纳博尼（Giovanna Tornabuoni）穿着提花锦缎，衣服上带有花朵装饰和交叉布条，这些都是佛罗伦萨禁奢法令禁止的。（*Metropolitan Museum of Art; Wikimedia*）

（*scarlatta*，一种用昂贵的胭脂虫红染料染色的羊毛织物）制成。随后，在 1330 年，该城市完全禁止新的斯卡拉塔连衣裙，要求已经拥有这些服装的妇女向政府登记。1356 年，当局甚至宣布这些例外的服装是禁止穿着的，只允许使用素色丝绸。任何穿着更精致的纺织品的妇女，都要受到严厉的罚款。

法律的改变是为了堵住漏洞并适应不断变化的时尚潮流。14 世纪 20 年代的法律禁止任何人，无论男女，穿着装饰有"树木、花卉、动物、鸟类或其他任何图案的衣服，无论这些图案是缝在衣服上，嵌在衣服上，还是以其他方式固定在衣服上的"。1330 年修订的法律规定在衣服上绘制图案也是非法的。它还禁止在妇女的连衣裙上缝上布条或纵横交叉的布料来做装饰。[22]

意大利的禁奢法令可能制止了一些铺张浪费的行为，但肯定没有彻底遏制住它。它们只是鼓励了偷偷摸摸的行动和时髦的变通方法——避开了限制的新风格。因此，有必要修改法律，禁止丝绸条纹和彩绘图案。[23]

14世纪的作家佛朗哥·萨凯蒂（Franco Sacchetti）是一位执行禁奢法令的官员，在一篇关于佛罗伦萨生活的故事中，他捕捉到了当时社会流行的态度。一位名叫阿梅里戈（Amerigo）的法官受雇执行这些禁令，但他似乎失职了。佛罗伦萨的妇女身穿明令禁止的华丽服饰走在大街上，但他没有指控任何人违反规定。

阿梅里戈宣称，这不是他的过错。这些女人实在是太擅长辩解了。一位涉嫌违法的妇女因其在帽子上饰有非法刺绣图案而被拦下，她随即解开了帽子上的装饰镶边，宣称这是一个花环。另一位因佩戴了太多纽扣而被质询的人说，这些银色的小球不是纽扣，而是珠子。它们没有匹配的纽扣眼。阿梅里戈被这种逻辑难倒了，他不能逮捕这些女人。他的领导们也同意："所有的官员都建议阿梅里戈法官（Messer Amerigo）尽其所能，不要管其他人。"萨凯蒂以一句流行的谚语结束了这个故事："女人想要什么，上帝就想要什么，上帝想要什么，就能实现什么。"[24]

在明朝，如果有人违反了禁奢法令，就会面临体罚、劳役和没收财产的风险。在意大利，这种处罚通常是罚款。着装限制可以实现财政目的，充实市政府的金库。

除了罚款，这些法律还产生了其他费用。当新的规定生效时，市政府通常会为市民提供一种让他们能够保留现在被禁止的衣服的方法：报告违法的衣服，支付一笔费用，然后就能得到一个印章，标志着这件衣服现在是得到允许的。1401年博洛尼亚颁布了一项新的法令后，市民向政府登记了200多件衣服，由此产生了至少1000里拉的罚款。（作为比较，一位办事员的年薪是60里拉。）一位妇女购买了保留她那件绿色羊毛外套的许可，外套上用金线绣着鹿、鸟和树木等森林图案。另一个人为5件衣服支付了保留费用，包括一件红色条纹的羊毛外套，外套上带有组成波浪图案的银色星星。第三个人登记了一件天鹅绒连衣裙，裙子上装饰着镀金的鲜红色叶子。一位历史学家评论道："罚款和盖印章成为一种征税手段。"他指出，"财政动机是推行监管奢侈品和外貌的政策最强有力的驱动因素之一"。[25]

为了争夺收入，佛罗伦萨更进一步，将罚款变成了事实上的许可证。支付一笔年费（*gabella*），就可以购买到一项豁免权，凭此免除一项令人恼火的限制。根据1373年的规定，花费50个弗罗林——足够公众支付一名弩手15个月的工资——就可以让一名妇女有权穿着饰有丝绸图案的羊毛连衣裙。只要花费25个弗罗林，一名已婚妇女就可以装饰她的裙摆，这原本是一项只有未婚女性才能享受的特权。花费10个弗罗林就可以让男人穿上"pannos curtos"（字面意思是"短服"），这是一种可以让他站立时露出大腿中部以上部分的服装。同样的价格也可以让一个女人佩戴引人注目的丝绸包边的纽扣。

可按价提供豁免的清单几乎和禁止清单一样长。雷尼写道："事实上，这一可购买的豁免范围是如此广泛，因此，对于有能力支付规定税款的女性来说，过去禁止穿着的衣服几乎没有哪件是被真正禁止的。"他说，可以预见的结果是，"这助长了佛罗伦萨人对炫耀性消费监管的漠不关心"。[26]

尽管偶尔会涌现出一些狂热的禁欲主义者，最著名的是佛罗伦萨修士吉罗拉莫·萨沃纳罗拉（Girolamo Savonarola）

193

针对奢侈品的激烈布道，但意大利的商业城市缺乏严格监管华丽服饰或将其限制在少数人范围内的信念。这些城市的市民发自肺腑地相信，制作精美的物品都是好东西，将给穿着者和城市带来荣誉。即使是一件金线刺绣的连衣裙，也可以表明穿着者的神圣性。

为捍卫米兰传统的"穿衣自由"，一位米兰人在反抗西班牙强加的禁奢法令时写道，正如思考"大自然的无限杰作"会让一些人认识到上帝的伟大一样：

> 当人们思考艺术的奇迹时，也会以某种方式提升自己，去思考上帝的伟大智慧，正是上帝把这种知识灌输给了人类，从而他们也以某种方式理解了这位上帝的伟大恩赐，他通过自己的仁慈，赋予人类智慧和勤奋；因此，当他们看到上帝授予尘世的华丽服饰所具有的威严时，他们也瞥见了在天堂上的同一位上帝所具有的无限而难以理解的威严。[27]

作为商业和工业重镇，意大利城市知道它们的伟大依赖于工艺和消费乐趣。在政府试图通过监管来抑制市民的占有欲的同时，这些城市的市民在各种艺术的创造和展示中赢得了荣誉，包括奢华的纺织品和服装。只要是消费者想要的，最后都会实现。

*

在一次去肉店购物的途中，年轻的拉热纳小姐穿着一件新的外套，这件外套裁剪合身，所用的面料是时髦的印花棉布，白色的底布上印有大大的棕色花朵和红色条纹。正是这件衣服导致她被捕了。

　　另一个年轻的女子站在她老板的葡萄酒店门口，引人注目 194
地穿着一件类似的带红花的外套。她也被捕了。

　　维尔夫人、库朗热夫人和布瓦特夫人也遭遇了这种不幸。
执法部门通过她们家的窗户，发现了这些妇女穿着白色印有红
花的衣服。她们都因私藏罪而被捕。[28]

　　这是 1730 年的巴黎，自 1686 年起印花棉布——法语中称
"toiles peintes" 或 "indiennes"，在英语中称 "calicoes"、
"chintzes" 和 "muslins"——就一直是非法的。每隔几年，
当局就会重申和修订这项法律，但这种时尚始终存在。1726
年，猖獗的走私和无处不在的违法者让政府备感受挫，他们加
大了对非法买卖者和任何帮助他们的人的惩罚力度。违法者可
能会被判处在海军的战舰上划桨数年，特别恶劣的违法者将判
处死刑。地方当局有权在未经审判的情况下拘留任何穿着违禁
织物或用这些织物装饰房屋的人。

　　时尚史学家吉莉恩·克罗斯比（Gillian Crosby）写道：
"从这部法律中，可以感受到立法者的愤怒，因为 40 年来，他
们连续颁布的法令和条例几乎都被忽略、无视和规避了。"它
的主要影响是对消费者产生严厉打击，仅仅因私藏这些织物就
被逮捕的人数激增。克罗斯比写道："政府官员在禁止跨境贸
易、印花工艺或兜售商品方面无能为力，他们只专注于树立个 195
人穿着者的榜样，试图阻止这种时尚。"他们失败了。[29]

　　在禁止印花棉布的编年史上，法国对印花棉布的战争是最
奇怪和最极端的篇章之一。这项禁令不是一项禁止奢侈浪费的
法律，而是一种严厉的经济保护主义形式，旨在将现有的行业
与消费者的品位隔绝开来。最早于 1686 年颁布的禁令解释道：

　　　　国王已被告知，大量在印度群岛绘制图案，或是在

从 1686 年到 1759 年，在法国拥有一个像这样的印花椅垫会让你被捕入狱。
（*Metropolitan Museum of Art*）

王国境内仿造的棉织品……不仅导致数百万棉布被运送到
王国之外，还导致了在法国长期存在的丝绸、羊毛、亚麻
布、大麻布等制造品的减少，同时引发了工人们的破产和
流离失所，由于没活可干，他们再也找不到工作，也不能
维持家庭生计，就离开了王国。[30]

　　包括英格兰在内的其他欧洲国家也禁止进口全棉印花布，
但是法国的政策最为严厉。它不仅禁止印花布，它还禁止从国
外进口素色棉布。它禁止在法国国内对布料进行印花加工，即
使是在法国生产的棉布上。这不仅仅是排外，这是反棉和反印
花。相反，英格兰培育出了一项对棉亚麻混纺粗布进行印花加
工的国内产业，棉亚麻混纺粗布是以亚麻线为经纱，以棉线为
纬纱织成的。[31] 法国针对印花棉布的禁令长达 73 年，是欧洲

持续时间最长的。它从来都不起作用。消费者喜欢全棉印花布，他们拒绝放弃这种布料。

印度织物最初由葡萄牙商人于 16 世纪引入欧洲，它和欧洲人此前见过的纺织品完全不同。蓝色和红色的布料令人惊叹，多亏了几个世纪以来不断打磨的染色技巧，这些颜色在频繁的洗涤后依然保持不褪色。棉布柔软轻便，是夏季服装的理想面料，作为内衣，棉布要比亚麻布更舒适。对于欧洲人来说，印花本身在很大程度上就是一种新事物，它提供了令人无法抗拒的丰富图案设计，却不需要像用手工提花织机编织那样花大量费用。

精明的印度生产商更改了棉布上的印花图案，以适应当地消费者的品位，就像他们长期以来为东亚客户所做的那样。最重要的改变是在白色底布上印花或绘制彩色图案，而不是在蓝色或红色底布上印出白色的图案。要阻止一大片布料吸收染料需要新的技术。因此，一位历史学家评论说："欧洲的消费者不仅改造了产品，还创造了用于生产这些产品的创新技术。"由此产生的纺织品图案是混合型的，将欧洲和亚洲的设计混合在一起，产生的新图案令人感觉既熟悉又具有时尚的异国情调。[32]

印花棉布并不仅仅是奢侈品。各个阶层的人都可以购买到不同的印花布。一位贵夫人可以穿着一条带有精美印花图案的裙子去宫廷，而一个女仆也可以花不到一天的工资，用一块花头巾装扮一身单调的服装。历史学家费利斯·戈特曼（Felice Gottmann）写道："印花棉布成功的秘诀在于，它们涵盖的品质类型范围极广，从最精致的手绘印花棉布，到最便宜的木版印花或染色印花棉布，不一而足。因此，它们既可以装饰贵族的避暑别墅，又可以作为贫穷劳动者的服装，还可以为资产阶级提供高品质法国丝绸的廉价替代品。"[33] 到 17 世纪中叶，印花棉布随处可见，每个人都穿着用这种布料制作的服装。

196

棉布的巨大成功引起了来自丝绸、亚麻布和羊毛制造商的政治抗议，他们在凡尔赛宫的影响力要比消费者大多了。这些行业的代表说服政府认定这种新兴的面料是非法的。但是，从一开始，走私者就利用了所有能想到的漏洞。

政府不想完全剥夺官方控制的法属东印度公司（French East India Company）在欧洲的市场。因此，法律允许对那些本来要卖给国外买家的印花棉布进行拍卖。纺织品拍卖吸引了大量的竞拍人，他们囤积印花布，以便在西非进行奴隶交易，这样做是合法的，还吸引了那些计划在法属西印度群岛（French West Indies）出售纺织品的人，这样做则是非法的。要弄清每个人的目的是什么几乎是不可能的。

得到官方认可的合法外国买家有着可疑的动机。许多人来自瑞士和海峡群岛（Channel Islands），这些地方是臭名昭著的非法纺织品来源地。[34] 外国人在拍卖会上购买印花棉布，把它们带回家，再通过走私的方式把它们运回法国。被法国禁止的纺织品通过荷兰和萨伏伊的边境进入，在那里它们是合法的。它们从教皇控制下的阿维尼翁悄悄进入，从马赛的船只和仓库中流出，它们本应该在那里再出口到国外。

在法国，任何一个想要印花棉布的人——几乎人人都想要——最后都能得到。就在这个国家最有权势的男人的眼皮底下，最时髦的女性穿着用印花棉布制作的服装，这种布料的吸引力从未减弱。这项禁令非但没有为王国创造财富，反而使无数公民沦为不法之徒。

它还扼杀了法国纺织品印花行业的发展，尽管英格兰、荷兰和瑞士的企业家正在发明有效的印花技术。这些国家的印花布的质量不如印度纺织品那么好，但对包括法国买家在内的许多客户来说，已经足够好了。

针对印花棉布的禁令还产生了思想上的后果。在这一时

从王公、贵妇到女仆、妓女，印花棉布让每一个人都能享受到色彩、图案丰富和穿着舒适的布料，比如这幅 18 世纪印刷品上所画的"圣吉尔斯的美人"（St. Giles's Beauty）。（*Courtesy of The Lewis Walpole Library, Yale University*）

期的启蒙运动浪潮中，这项禁令引发了一些最早的经济自由主义主张。戈特曼写道："早在关于粮食贸易自由化、关于税收，甚至关于法国印度公司的垄断等更著名的辩论之前，启蒙思想家和启蒙运动政治经济学家就把关于印花棉布的辩论视为他们第一个重要的战场。"[35]

在重商主义者认为允许印花布生产将有利于法国工业的主张之中，经济自由主义者增加了一个全新的观点。他们认为，为了少数人的利益而惩罚多数人，这样的法律是不公正的。纺织品生产商提出的要求是野蛮的。1758 年，安德烈·莫雷莱神

198

父（Abbé André Morellet）在一本反对禁令的小册子中写道：

> 一个本应受到尊重的公民社会，为了商业利益，竟然对法国人处以可怕的惩罚，比如死刑和在战船上划桨，这难道不奇怪吗？当我们的后代阅读到，在 18 世纪中叶，一个法国人仅仅因为在日内瓦以 22 苏的价格购买到了他能够在格勒诺布尔以 58 苏的价格出售的货物①，就被处以绞刑，他们能够相信我们的国家真的像我们现在所说的那样是开明和文明的吗？

他提醒读者，纺织业不是法国的全部，而只是其中的一小部分。一位历史学家写道："作者希望强调的是镇压**制度**的残酷性，而不是它的任何一个实例。"[36]

政府被公众的抵制和知识分子的争论搞得不胜其烦，又担心欧洲的竞争对手发展他们自己的印花棉布产业，因此在 18 世纪 40 年代授权一些企业家在国产织物，包括来自法国殖民地的棉布上印花。一旦这些企业生产出令人满意的印花布，要求印花布生产合法化的呼声就越来越高。毕竟，即使是法国统制经济计划之父让 - 巴蒂斯特·柯尔贝尔也只主张对新兴产业，而不是像里昂丝绸这样的老牌产业实行贸易保护。

这项禁令于 1759 年解除，反对禁令者由此获得了部分的胜利。政府设置了 25% 的税率，这使走私者有利可图。一旦进入这个国家，这些逃过了关税的织物很容易被视为合法产品。尽管起步较晚，法国的企业家们还是成功地发展了全棉印花布产业，并最终完善了新的铜凹版印花技术，该技术借鉴了欧洲发达的使用版画作为书籍插图的业务。国产棉布，比如约

---

① 中世纪时法国的货币单位，1 法郎≈20 苏。

依印花布（*toile de jouy*），像带有异国情调的印花棉布一样流行了起来，约依印花布的特色是印有错综复杂的花饰图案，这些图案的灵感来源于中国的瓷器。[37] 并且，法国公民不再因为穿着饰有花卉图案的围裙、坐在印花棉布制成的软垫上，或是用彩绘印花棉布装饰自己的床而被监禁。

*

无论人们如何想象当时的英格兰，理查德·迈尔斯（Richard Miles）知道他的客户不是乡巴佬。他们不会接受外国商人提供的任何旧玩意儿。他们很挑剔，具有品牌意识，他需要让他们满意。

因此，当迈尔斯写信回家要求提供新的产品时，他言简意赅，意图明确。他指示说，送几块蓝色的布料来，"不要绿色的布料。我相信黄色的布料能卖出黄金的高价"。他接着说，顾客们喜欢由一家名为"奈普"（Knipe）的制造商生产的名叫"半色呢"（*half says*）的轻质斜纹羊毛布料。这家工厂生产的这类布料要比其竞争对手的产品质量好很多。

> 我非常抱歉地告诉你，克肖（Kershaw）先生的工厂制造的薄羊毛斜纹布根本不能与奈普的产品相提并论，我也不认为如果王国里的所有人都尝试生产这种布料，他们能赶得上奈普的产品；至少在这里的黑人商人看来不是这样的，而我们要取悦的恰恰是他们。

这是 1777 年，迈尔斯是非洲贸易公司（Company of Merchants Trading to Africa）的一名官员，负责管理一处位于今天加纳的边界贸易站。另外，他经营自己的私人生意，用进口商品交换黄金、象牙，以及最重要的——奴隶。

在他任职期间，从 1772 年到 1780 年，迈尔斯共进行了 1308 次以货易货的交易，购买了 2218 名非洲奴隶。他主要与沿海地区的芳蒂人（Fante）进行交易，芳蒂人充当从内地贩卖俘虏的阿散蒂人（Asante）奴隶贩子的中间人。历史学家乔治·梅特卡夫（George Metcalf）指出，由于芳蒂人既为他们自己交易，也为他们的阿散蒂供应商进行交易，"毫无疑问，迈尔斯在该地区交易的商品是阿坎人（Akan）居住的这片领土上最最需要的。"阿坎人包括阿散蒂人和芳蒂人，他们用奴隶来交换想要的纺织品。

梅特卡夫分析了迈尔斯保存的详细贸易记录，发现布料占了用来交换奴隶的商品价值的一半以上，黄金占 16%，位居第二。黄金的基本功能是作为货币，如果不考虑它，纺织品的占比将上升到 60% 以上。梅特卡夫评论说："就阿坎消费者而言，毫不夸张地说，纺织品就是贸易的全部意义所在。"[38]

就像在他们之前的蒙古人和与他们有贸易往来的欧洲人一样，芳蒂人和阿散蒂人对其纺织品的残酷成本几乎没有人道主义顾虑。甚至在棉花征服美国南部之前，奴隶贸易就已经与西非消费者的需求所驱动的布料贸易完全交织在一起了。[39]

该地区气候炎热，轻薄的织物是最受买家欢迎的，在迈尔斯用来交换奴隶的纺织品中，棉布占了大约 60% 的份额。一位法国作家说："漂亮的印花棉布总是比另一种更昂贵的布料卖得更好，要么是因为印花棉布颜色多样，更符合黑人的口味；要么是因为它质地轻薄，更适合当地炎热的气候。"这种印花布通常是专门为非洲市场生产的，后来被称为"几内亚布"。为了得到他们真正想要的商品，阿散蒂人还用欧洲进口品交换一种被称为"kyekye"的蓝白条纹棉布，这种布料来自现在的科特迪瓦。与进口纱线制成的纺织品相比，他们更喜欢

200

这种柔软结实的织物。[40]

换句话说，西非人知道他们想要的是什么，而且通常与欧洲人习惯制造的东西不同。按照当地的习俗，用靛蓝和白色编织的图案是最好的。就像印度生产商已经调整了原先的印度纺织品，以便适应欧洲人的品位一样，欧洲的纺织品制造商也试图取悦他们的非洲客户。为了了解和仿制可能销售的产品，英国纺织制造商指示他们的代理商寄回当地布料的样品。一位历史学家观察到："在这些模仿的尝试中，尽管有些比另一些更成功，但很明显，西非人的品位对其他地方的棉纺织品生产产生了影响。"

西非人使英国棉纺织品中最具特色的猩红色羊毛织物为自己所用。在贝宁王国（Kingdom of Benin，位于现在的尼日利亚海岸），这是制作王室服装最受欢迎的面料，国王只允许那些得到他许可的人穿着它。在整个地区，当地人把织好的纺织品拆开，重新使用拆下的纱线，无视它原本的用途。他们将红色的羊毛与本地棉或韧皮纤维混合起来，编织成锦缎，或者为仪式服装添加刺绣。当地的纤维素纤维吸收颜色的效果不如蛋白质纤维那么好。

一位历史学家写道："染色的羊毛，特别是染成猩红色的羊毛，因其非凡的亮度而立即受到人们的赞赏——显然，政治和宗教精英利用了这种视觉力量，使其为他们服务。这个案例中最值得注意的是，它展示了一些经过特别选择的进口材料如何轻而易举地与本地材料结合起来，从而改变了重要的仪式服装传统。"[41]非洲消费者并不是简单地接受给予他们的东西。他们富有想象力地对外国的布料进行调整，使其符合自己的目的，创造出新的混合纺织品。

如今，在西非和中非的大街上，你可以看到更多新近的混合纺织品，这些色彩鲜艳、批量生产的棉布被称为"蜡防印花布"（wax prints）。这些印花布在西非被称作"安卡拉布"（ankara），在东非被称作"肯加布"（kitenge），最初是为了迎合印度尼西亚客户生产的爪哇蜡防印花布的仿制品。19世纪，荷兰哈勒姆（Haarlem）的制造商完善了用树脂蜡在布料正反面印花的滚压工艺。但树脂会在加工的过程中裂开，在织物上留下独特的线条，正是这些线条使这些织物如今独具特色。印度尼西亚人不喜欢这些裂纹，他们更喜欢手工印花的布料，尤其是在蜡防印染制造商发明了不那么费力的技术并降低了价格之后。到了19世纪晚期，印度尼西亚市场已经萎缩了。

1890年左右，苏格兰商人埃比尼泽·布朗·弗莱明（Ebenezer Brown Fleming）想出了一个好主意，在非洲黄金海岸（即现在的加纳）出售机器织物。或许他知道当地人喜欢蜡防印花布，驻扎在印度尼西亚的荷兰军队里服役的士兵会将当地的蜡防印花布买回去作为礼物。布朗·弗莱明依靠数百

加纳市场上展示的蜡防印花布。这种印花布起源于以荷兰方式制造的印度尼西亚蜡防印花布，如今被认为是典型的非洲布料。（*iStockphoto*）

名女性商人告诉他顾客想要什么，他并没有简单地重复爪哇图案，而是根据非洲人的品位设计专门的图案。因为非洲人比印度尼西亚人更高大，他还将织物的宽度从36英寸改为48英寸。

这种色彩鲜艳且光泽度高的织物在那些追求更高社会地位的消费者中大受欢迎，与此前价格低廉的英国棉布相比，他们希望能得到更好的面料。与印度尼西亚人不同，非洲买家喜欢破裂的树脂产生的不规则线条。一位艺术史学家评论说："对他们来说，这些特征使人联想到历史悠久且深受喜爱的西非扎染和防染印花技术。"42

随着蜡防印花布的流行，诞生于欧洲的设计显然具有了地方色彩。布料商人和顾客根据他们自己的谚语和生活境况为这些图案命名。一位艺术史学家写道："命名是消费者'拥有'蜡防印染纺织品的一种方式，它创造了纺织品在设计和生产时不存在的意义。"因此，一块由荷兰设计师设计的带有卷曲茎秆图案的印花布，原名为"叶蔓"，在加纳变成了"好珠子不说话"，这源自一句加纳谚语，指真正令人钦佩的人不会自吹自擂。一幅被创造者戏称为"桑塔纳"的风车图案，在科特迪瓦则变成了"亲爱的，不要离开我"。

"飞鸟"是一种展现燕子飞行样态的经典图案，在加纳的一些地方寓意"花钱如流水"，而在另一些地方意味着"流言满天飞"。加纳人称一种圆形的图案为"留声机唱片"，这个名字不带任何恶意，然而这幅图案在科特迪瓦奉行一夫多妻制的顾客中却被称为"牛粪"。（这个名字指的是一句谚语，意思是一夫多妻的家庭并不像表面上看上去那么和平："几位妻子之间的竞争就像牛粪一样。顶部是干燥的，内部是黏糊糊的。"）女性通常穿着有特定图案的服装来传递信息，而对于布料的价值而言，名字和设计本身一样重要。一位曾在加纳进行实地考察的博物馆馆长写道："布料商和消费者都同意，尽管

203

妇女购买布料是因为'它很漂亮'，但还有一个原因，是'它有名字'。"[43]

尽管偶尔被人指责是赝品，但蜡防印花布已经完全成了非洲布料的代名词，就像靛蓝与白色相间的斜纹布［曾经被叫作"尼姆斜纹布"（serge de Nimes）］被认为是美国的布料一样 ②。一位纺织学者认为："对于使用这些印花布的人来说，它们是他们社会生活中固有的一部分。"妇女收集并珍藏未剪断的长匹布料，将布料传给女儿和孙女。为了纪念国家庆典和政治运动，会设计限量版的图案。蜡防印花布在婚礼、葬礼、洗礼和婴儿命名仪式上扮演着重要的角色。真正的蜡防印花布是奢侈的面料，无论是在国内还是国外，它们都是用传统的方法制作的。但是仿制品，包括中国人用聚酯纤维制作的印花布，却在最贫穷的村庄中找到了市场。

"这些纺织品完全融入了非洲许多地区的日常生活模式，它们无处不在，但却难以为人察觉。"一位艺术史学家评论道，"这是一种主要的非洲艺术形式，也是一种主要的欧洲艺术形式和亚洲艺术形式。简而言之，它是复杂的。"[44] 纺织品往往是这样的。布料的文化真实性并非源于其起源的纯洁性，而是源于个人和群体将纺织品应用于自身目的的方式。决定纺织品意义和价值的是消费者，而不是生产者。纺织品无处不在，适应性强，在形式和意义上不断演变。无视消费者的信仰和愿望，试图强加一个外部标准，不仅是徒劳的，而且是无礼和荒谬的。

*

2019 年 9 月，美国众议院纪念了被奴役的非洲人抵达美

---

② 这里指的是"牛仔布"。

洲殖民地 400 周年。为了纪念这一时刻，国会黑人核心小组（Congressional Black Caucus）和众议院领袖，包括议长南希·佩洛西（Nancy Pelosi），都披上了一款长围巾，这款长围巾的图案与许多非洲裔美国人在参加毕业典礼时所穿的礼服的图案相似。它们是用交替的方格印染的，一个方格内是黄色、绿色和红色的条纹，另一个方格内全是黑色的，中间有一个黄色的图案。这个黄色的图案代表了"金凳子"（Golden Stool），对于阿散蒂人而言，这是王位和权力的象征。最初，这些方格是编织而成的，而不是印染出来的，一共有 24 块布条，每一条都是 4 英寸长，将它们缝合在一起制成一件织物，穿起来就像一件托加袍式样的长袍：这就是加纳著名的肯特布。

一千多年来，西非人通过编织几英寸宽的布条并将它们沿着边缝合在一起制成了纺织品。但肯特布出现的时间不早于 18 世纪晚期。它独特的图案需要彩色的外国线、新的织机技术以及阿散蒂人和埃维人在编织实践方面的相互交流。肯特布一旦制成，就在国内和国外呈现出不断变化的形式和意义，直到奴隶贩子君主似的长袍变成了向那些祖先曾被他们奴役的人的遗产和成就致敬的长围巾。

几个世纪以来，阿散蒂织布工织出的布料几乎都是白色和蓝色的。除了靛蓝，他们没法为棉布染上鲜艳的颜色。但他们确实在进行贸易。从利比亚（穿过撒哈拉沙漠）和从欧洲（沿着大西洋海岸）运来了色彩丰富的丝绸，用来交换黄金和奴隶。通过拆开这些织物，阿散蒂织布工得到了色彩鲜艳的线，可以用来装饰他们的图案。

丹麦商人路德维希·斐迪南·罗曼（Ludewig Ferdinand Rømer）在他 1760 年撰写的回忆录中，将这一创新归功于阿散蒂土王（*asantehene*）奥普库·瓦尔一世（Opoku Ware I，1700–1750）。他写道，国王命令商人"购买各种颜色的塔夫

在一场纪念被奴役的非洲人抵达美洲大陆 400 周年的活动中，众议院议长南希·佩洛西（右）和众议员约翰·刘易斯（John Lewis）、希拉·杰克逊·李（Sheila Jackson Lee）披着带有肯特布图案的长围巾。（*Getty Images*）

绸布料，再令工匠将这些布料拆开，因此，他们得到的不是红色、蓝色、绿色等的布料和塔夫绸，而是几千亚伦（*alen*）的羊毛线和丝线"③。不管这个想法是否真的是阿散蒂土王想出来的，他确实对此非常赞赏。这种五彩缤纷的布料深受皇室的喜爱，满足了贵族市场的需求。这种享有盛誉的新型奢侈品的价格是普通面料的十倍。[45]

尽管这种布料色彩丰富，但它并不是我们今天所说的肯特布。肯特布与其他窄条织物的不同之处在于它是由经面编织和纬面编织的方格交织而成的。这些条纹风格的方格布并非在所有的织机上都能织出来。垂直方向的图案和水平方向的图案相交织。在垂直方向的图案中，只能看到经纱，完全看不到纬纱；

---

③ "亚伦"是丹麦的长度单位，1 亚伦 =0.627 米。

在水平方向的图案中，又只能看到纬纱，完全看不到经纱。[46]

　　要织出这样的方格图案，不仅需要规划和技巧，还需要特殊的设备：一台有两组独立综丝的织机。你可以用通常的方式穿过前一组综丝，用一根经纱穿过每一根综丝；用一根综杆提起奇数线，另一根提起偶数线。这一组综丝织出的就是经面方格。

　　相反，在后一组综丝上，你一次要将线穿过 6 根（有时是 4 根）综丝，在奇数束和偶数束之间交替，而不是单独形成一股。把它们捆绑在一起，经纱就被纬纱遮盖住了。最奢华的肯特布被称作"阿萨斯"（*asasia*），专供皇室使用。要织出这种布料，得在织机上加入第三组综丝，这样才能织出斜纹。

　　关于"双综"织机究竟是如何以及在何处发展起来的问题，学者们一直争论不休。在普通加纳人中，肯特布的起源具有高度争议性，且受到种族竞争的影响。阿散蒂人和埃维人都声称这种国民织物是他们发明的。[47]事实上，肯特布最有可能是从编织传统的融合中产生的。

　　为阿散蒂土王和他的宫廷织布的织工们都住在首都库马西（Kumasi）附近的邦沃尔小镇（Bonwire）。这个行业等级森严、控制严密，由一位被称为邦沃尔土王（*Bonwirehene*）的首领监管。他维持整体的生产标准，并直接监督皇家织造。他还确保没有人违反社交礼仪，购买高于自己身份的布料。威尼斯·拉姆（Venice Lamb）是最早收集和记录西非纺织品的学者之一，他写道，在 20 世纪 70 年代初，

　　　　邦沃尔土王告诉我，大约在 50 年前，他会拒绝把一块上好的丝绸卖给一个年轻男子，或是一个没有社会影响力的人，如果一个年轻男子在公共场合穿着这样的布料，会被认为是对长辈的不尊重。只有首领和"大人物"才有

206

资格穿上好的布料。[48]

为了服务这个精英市场，阿散蒂织布工在创造和制作丝绸图案方面发展出了高超的技能。邦沃尔成为雄心勃勃的工匠们的天堂。但是，王室的赞助和集中化的场所既培育了高质量的产品，也限制了技术的变化和创新。

埃维人生活在大草原上，他们比生活在森林中的阿散蒂人更容易获得棉花。他们对鲜艳的色彩没有兴趣。因此，虽然他们确实使用丝绸，但埃维人最好的布料主要是用染上淡雅色彩的棉线织成的。他们的织布工也更分散、独立，以市场为导向。埃维人最好的纺织产品并不专供皇室所用。任何有资源的人都可以委托定制布料。

阿散蒂布和埃维布在织物结构上有至关重要的差别。所有的阿散蒂布都是经面编织的。相反，埃维布既有经面编织，也有纬面编织。此外，他们的布料上通常饰有程式化的图案——鸟、鱼、鳄鱼、花、叶、人物——这些图案都是以补充纬线织入的。简而言之，他们在构想交替编织经面方格和纬面方格方面，早已有了经验。

根据现存的纺织品、传教士的照片和语言学分析，纺织学者马利卡·克雷默（Malika Kraamer）提出了令人信服的理由，证明事实上最早使用两组综丝生产出肯特布独具特色的方格的人是埃维织布工。然而，这种创新一旦构思出来，就迅速传播开来。在他们各自领地的交界处，阿散蒂织布工和埃维织布工有时会在一起工作，这促进了相互交流。同时，埃维人蓬勃发展的纺织品贸易传递着这种新的想法。看着埃维布料上交替编织的方格，一个聪明的阿散蒂织布工可能会弄清楚如何织出它们——或者至少开始提出恰当的问题。

不管使用了哪种类型的织机，到了 19 世纪中叶，埃维织布工和阿散蒂织布工都采用了交替方格织布，他们各自在图案上留下了自己的印记。埃维人喜欢素净的色调和具象派的图案。阿散蒂人则更喜爱色彩鲜艳、带有几何图案的布料——这是权力和威望的醒目象征。

正是这些阿散蒂布，在加纳第一任总统克瓦米·恩克鲁玛（Kwame Nkrumah）的推广下，成了国际知名的肯特布，也是"泛非洲主义（pan-Africanism）的身份象征"和非洲移民自豪感的象征。恩克鲁玛在1958年对美国进行国事访问时身穿肯特布，《生活》（*Life*）杂志刊登了他和他的随行人员在会见美国总统艾森豪威尔及参加其他官方仪式时穿着这种独特服装的照片。五年后，当美国社会学家和民权运动领袖威廉·爱德华·伯格哈特·杜波依斯（W. E. B. Du Bois）从加纳大学（University of Ghana）获得荣誉博士学位时，他所穿的

208

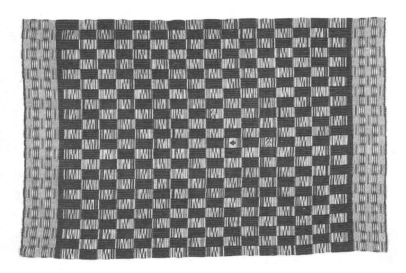

在一块完整的肯特布上，每一根布条上都交替编织着经面方格和纬面方格，这些布条是分别编织好后再缝合在一起的。这块阿散蒂布是在20世纪中期用棉线和人造丝或丝绸织成的。（*Courtesy of Indianapolis Museum of Art at Newfields*）

学术袍上缝着肯特布条。其他非裔美国名人，包括小亚当·克莱顿·鲍威尔（Adam Clayton Powell Jr.）、瑟古德·马歇尔（Thurgood Marshall）和玛雅·安吉洛（Maya Angelou）也采纳了这个做法。1993 年，这个一度属于精英人士的做法开始向本科生推广，当时，位于宾夕法尼亚州的西切斯特大学（West Chester University）举办了一次特别的"肯特布毕业典礼"，以表彰该校的黑人毕业生。如今，各个级别的毕业生都会披上肯特布长围巾，通常会在上面织入年级或其他字母。

历史学家小詹姆斯·帕迪里奥尼（James Padilioni Jr.）写道："当黑人学生披着肯特布长围巾，作为他们成功接受高等教育的标志时，他们将自己的身体变成了活生生的谚语。"帕迪里奥尼毕业于西切斯特大学，现在在斯沃斯莫尔学院（Swarthmore College）任教。他在向毕业生的演讲中明确阐述了现在赋予肯特布的意义：

> 你围在肩膀上的肯特布长围巾证明了非洲的古老智慧，以及"奴隶的梦想和希望"。阿散蒂人通过肯特布的诗意使他们的价值观念和道德准则程式化。在肯特布的流散系谱上编织着非洲的知识和骄傲，它穿过中途航道，进入美国黑人毕业生戴着帽子、穿着长袍的身体。

肯特布是美丽、精巧、具有象征意义和独具特色的，它将流散在外的穿着者和母国（无论是真实的还是想象中的）联系在一起，也和他们理想的自我联系在一起。一位新泽西州的毕业生说："当我穿着肯特布时，它告诉我，我来自非洲。我是王族成员。"[49]

随着肯特布走向世界，它的形式和用途早已超出初创者的设想。1992 年，一位来自曼哈顿的进口商告诉《纽约时报》：

"肯特布是最早成为非洲中心主义服装同义词的布料之一。"当时，肯特布图案正受到非洲裔美国人的极力追捧。他警告消费者，当心假冒商品。《纽约时报》解释说："要制作真正的肯特布，首先要把棉布漂白，然后在布料的正反面用染料将图案湿印上去。由于这是一道相对昂贵的工艺流程，所以假冒产品的印花通常只在布料的一面染色。"这篇文章没有提到的是，严格来说，真正的肯特布根本不采用印花工艺。它的图案是用彩色纱线编织并组合而成的，相比印花棉布，制作肯特布需要更多的规划。[50]

为了满足游客的需求，肯特布织工现在只生产布条，再也不打算把它们缝合在一起制成更大的布料。有些用作长围巾，有些用作墙饰，还有一些裁剪制成帽子或手袋等物品。一位艺术史学家写道："如果我们说到肯特布的'传统'，那么这些物品就必须作为这个传统的一部分包括在内。世界上几乎没有哪种纺织'传统'拥有如此动态的历史。的确，很少有织工会用一平方厘米的布料覆盖一颗珠子的表面从而制成的耳环。"[51]

肯特布和用肯特布制作的耳环、领结和瑜伽裤可能会让传统主义者感到震惊，他们中的一些人甚至对用肯特布制成的墙饰和桌布也心存不满。一位加纳学者和社会批评家宣称："肯特布是为穿着织就的。"他谴责这种家居装饰品具有"文化颠覆性"。然而，试图固定这种纺织品的形式和功能既是徒劳的，也是不明智的。与把肯特布制成床罩相比，在织布时添加外国丝线以取悦国王肯定更具文化颠覆性。现存的纺织品传统正在发生改变，反映了使用这种布料的人的身份和愿望。[52]

*

现在是傍晚时分，这名身着红色衣服的女人看起来像是在圣胡安拉古纳（San Juan La Laguna）市场待了一天后回家，这座小镇位于危地马拉阿蒂特兰湖（Lake Atitlán）畔。她穿着传统的套装——也被称为"土著服装"（*traje*）——但在她紧系着的西班牙式腰带（*faja*，一种宽大的手工编织腰带）间，却塞着一部智能手机。这种新旧对比引起了我的兴趣，我请一位危地马拉朋友询问她我是否能给她拍照。在翻译的过程中，这位朋友没有完全表达我的意图。她很乐意合作，取下手机，把它藏在背后。不，请告诉她我想把手机照进去。她自豪地用左手拿着手机摆姿势。但那部手机已不属于她所穿的全套服装的一部分了。哎，算了吧。

尽管这个女人所穿的土著服装包含了表明她是一个玛雅人的基本元素，但它并不像最初看起来那么传统。她的上衣不是手工编织的棉质套头罩衫（*huipil*），而是一件工厂制造的衬衫，材质很可能是聚酯纤维，装饰着机器刺绣和水钻——比在背带织布机上编织并缝合在一起的厚重的棉布方形罩衫更便宜，也更适合日常穿着。她的裙子（*corte*）是全套服装中最关键的组成部分；危地马拉习语"她穿着一条［传统的］裙子"（*Lleva corte*）即指这个女人是土著人。她身上包裹着长匹布料，由西班牙式腰带固定，她的这条裙子看起来就像是由传统落地织机织出的——这是一种由西班牙人引进的技术——但是，红色和海军蓝的格子反映的是时尚而不是习俗。她的全套服装就像她的指甲油和智能手机一样是新式的。但毫无疑问，它仍然是玛雅人的服装。

在流传已久的浪漫主义叙事中，物质进步意味着与魔鬼达成了交易：鞋子、自来水和疫苗的代价是美丽、身份和意义；独特性被同质化的全球文化取代。玛雅土著服装说明了一种不同的——可能是更常见的——模式。如果任由他们自己决定，消费者很少会将传统和现代性视作非此即彼的选择。他们想方设法维持自己继承的身份，包括表示归属感的物质表现，同时也满足对新奇和自我表达的欲望。[53]

与人们对农民习俗永恒不变的怀旧看法相反，危地马拉的纺织品一直是不断变化的。许多套头罩衫融入了用补充纬纱织出的彩色凸起图案，有些是几何图案，另一些则用程式化的动物、植物和人物图案装饰。织出这些图案的亮色纱线最初来自中国的丝绵，纺织品收藏家雷蒙德·塞努克（Raymond Senuk）指出："在危地马拉的中国人至今已经是第五代了。"第二次世界大战爆发后，丝绵的供应中断，织布工转而采用带有光泽的丝光棉。

用手指或类似织针的尖棒逐行逐行分辨，这些图案包含了从古玛雅的图像到当代的创新。在安提瓜岛（Antigua）一家售卖二手套头罩衫的商店里，我买到了一件套头罩衫，上面装饰着一行行驴子、兔子、蝎子、公鸡、大咬鹃（这是危地马拉的国鸟）、篮子、蜘蛛、人物，最引人注目的是，竟然还有直升机！19世纪时，当杂志开始刊登十字针法编织的图案时，玛雅织布工改变了这种设计，发明了一种新形式的凸起图案，被称为"挑花"（*de marcador*），在这种布料上，补充纱线缠绕在经纱上，使得织物的正反面是完全相同的。

许多看起来最传统的土著服装主要是红色的——这些土著服装都是在宗教仪式上穿的——事实上，这种红色只能追溯到19世纪从德国引进的茜素（合成茜草）染料。尽管茜草也在危地马拉生长，但当地人从未学会利用它，而且他们也缺乏用该地区著名的胭脂虫红为棉布染色所需的媒染剂。

当地人没有放弃用背带织布机织布，同时也采用了欧洲的落地织机，用它们生产制作裙子、围裙和裤子的布料。可能是受到亚洲织物的启发，他们发明了一种新的染色传统，即"印花经纱"（*jaspe*）。印花经纱在其他地方更广为人知的名字是

211

"絣织"（*ikat*），这是一种复杂的扎染技术，先将未染色的纱线扎在一起，勾勒出图案的大样，等布料编织好，图案就显现出来了。（你可以根据图案略显模糊的外形来鉴别这种技术。）此外，如今用落地织机织出的布料经常含有用涂层聚酯薄膜制成的金属线。

212　　　塞努克说，危地马拉的织布工艺绝不是一门即将消失的艺术，"它在危地马拉发展良好。但它确实在发生巨大的变化。在过去的 20 年里，发生了许多戏剧性的事情"。直到几十年前，你只要简单看一眼一位玛雅妇女的服装，就能轻易地分辨出她来自哪个村庄。尽管每个织布工都创造了自己的图案，但她们都遵循织物结构、底布颜色和装饰图案的明确规定。比如一件来自圣胡安拉古纳的套头罩衫，其特色是在一条用之字形

这是一件危地马拉套头罩衫的局部，其图案是通过填充纬纱织成的，包括直升机的图案以及其他更传统的符号。（*Author's photo*）

线条装饰的裙腰下，饰有 24 块绣片，分为 4 行，每行 6 块，所有这些都编织在一块红色的条纹底布上，这块底布是由两块布料组合而成的。与这件套头罩衫配套的裙子是黑白相间的。

相反，在北部高地的托多斯桑托斯库丘马坦村（Todos Santos Cuchumatán），一件套头罩衫是由三块编织着红白相间条纹的布料缝合而成的。罩衫的中间部分饰有用另一条纬纱织入的凸起几何图案，裙腰上缝着从商店里买来的荷叶边。布料上的条纹可大可小，凸起的图案也可以有多种变化，有时候一块布料上的一个凸起图案还可以延伸到另一块布料上。但对于一个见多识广的观察者而言，这件衬衫清楚地表明它的穿着者来自托多斯桑托斯。每个村庄都有自己独特的元素组合。

到了 20 世纪 90 年代，情况开始发生变化，妇女开始在当地市场上购买和销售衣服，而不是全靠自己动手制作。塞努克回忆说："我在市场上看到了一个女人，我知道她来自圣安东尼奥阿瓜斯卡连特斯（San Antonio Aguas Calientes），她身上穿的套头罩衫却可能来自上韦拉帕斯省（Alta Verapaz）或科万（Cobán）。我问她'为什么？'她的回答是'因为我喜欢它。'"从其他村庄挑拣和选择土著服装已经演变成了新的"泛玛雅"时尚，并不局限于任何特定的地方。

大约在世纪之交，玛雅妇女发明了一种新颖的风格，当我在圣胡安拉古纳大街上行走时，这种风格引起了我的注意：全套服装都是单色的，包括套头罩衫、腰带和裙子——有时候还配有围裙、发带和鞋子——所有的颜色都是协调一致的。塞努克解释说："你所要做的就是确定一种基础色，比如松石绿。先去买一件松石绿的套头罩衫，上面带有相近颜色的机器刺绣。裙子是用扎染布制成的，饰有松石绿色的镶边。腰带是托托尼卡潘（Totonicapán）风格的编织腰带，颜色也是松石绿。现在你可以选择松石绿色、粉色、咖啡色、紫色——所有

213　　这些都是可能的选项。并且，这些颜色对村庄而言没有任何意义。"单色时尚使人可以轻松地搭配一套引人注目的服装，使其既带有玛雅风格，又适合在照片墙（Instagram）上以"#chicasdecorte"为话题标签发布图片。[54]

*

　　到了 2000 年底，精通互联网的购物者希望在网上找到他们真正想要的东西。《连线》（*Wired*）杂志的编辑克里斯·安德森（Chris Anderson）在一篇 2004 年的文章和一本随后出版的书中，用"长尾理论"概括了这种现象，他写道：

> 我们的文化和经济正逐渐从关注需求曲线"头部"相对少量的热门产品（主流产品和市场）转向关注需求曲线"尾部"大量的利基市场。在一个没有实体货架空间限制和其他分销瓶颈的时代，目标客户群体较小的商品和服务可以像主流市场一样具有经济吸引力。[55]

　　因此，当斯蒂芬·弗雷泽（Stephen Fraser）的妻子买不到她想用来做窗帘的带有黄色大圆点的布料时，她的"网虫"丈夫主动提出他可以在互联网上搜索一下。他也一无所获，没有人售卖她想要的那种布料。他想，没关系，肯定有提供按需在纺织品上定制印花的网站，就像弗雷泽曾经担任营销主管的那家自助打印新兴企业一样。很不幸，没有这样的网站。

　　很快，弗雷泽就约他的前同事加特·戴维斯（Gart Davis）一起喝咖啡，讨论如何填补这一市场空缺。戴维斯的妻子也是一个酷爱做手工的人。2008 年，他们创办了一家名为"匙花"（Spoonflower）的公司，在此之前，他们前往附近北卡罗来纳州立大学（North Carolina State University）的纺织学院，详细了解了那里的数码纺织印花机。这台机器看起来很眼熟，让他们很放心。"我看着它说，'它看起来就像我桌上的喷墨打印机，只是稍微大一点'，"戴维斯回忆道，"操作起来能有多困难呢？"

实际上，这真的是困难得让人难以置信！

事实证明，纺织品比纸张更难以处理。布料松松软软，甚至一块看起来标准化的布料也包含着细微的变化。戴维斯说："你不得不抚平这些布料。这绝对是一件手工活。"他向我展示了公司最早的纺织印花机。"用这些纺织印花机中的一台在5码长的布料上印花是相当困难的。"在最初的阶段，匙花公司每小时只能在2~3码长的棉布上印花。但是，有足够多的客户渴望设计和制造他们自己的布料——并愿意为这种特权支付额外的费用——这家公司由此得以生存下来。

随着时间的流逝，数码纺织印花技术逐渐改进，脸谱（Facebook）提供了一个理想的营销工具，匙花公司扩大了基础纺织品的范围，公司规模也日益扩大，在纺织品印花领域占据了举足轻重的地位。到2019年底，该公司有200多名员工，分布在达勒姆（Durham）、北卡罗来纳和柏林，每天运送大约5000块布料。每块布料的平均长度是一码。

戴维斯坦言："我们是一家规模很小很小的公司，但是在互联网上，没有人知道你的规模究竟有多大。在客户看来，匙花公司就是纺织业中的脸谱，是一家庞大的公司。"

对于琼娜·海登（Jonna Hayden）来说，匙花公司简直是天赐之物。"我是一个服装设计师，居住在一座小镇上，"她说，"预算有限，必须严格遵守财政纪律。"十年前，每一次时装秀都意味着令人沮丧的妥协，因为当地纺织品资源有限，海登也无法想象可以通过委托定制材料来实现她的设想。匙花公司现在为她提供的选择原本是专属于大城市大型时装秀的。她在脸谱上发来了一条信息，欢欣鼓舞地表示："我可以设计出**我真正想要的款式**，然后上传到网站上，花 5 美元订购一块样品，下周就能看到实物。"

事实上，匙花公司使纺织设计师和纺织厂摆脱了行业工会的束缚。我不再屈从于他们决定的年度流行趋势、印花图案或颜色。我可以按照自己的意愿，做出我想要的产品，实现我想要的外观，而不是"接近于"我想要的外观。

海登正是戴维斯和弗雷泽创建公司时所设想的那种目标客户：一个想要自己设计面料为自己所用的人。但她不是他们的典型客户。

或多或少出于偶然，匙花公司发现了专门化这一古老的经济现象——以及一个更大的市场，只有到这时它的生意才真正起飞。作为推广，该公司开始在网站上投资举办每周设计比赛。比如，向顾客提出挑战，要求他们创作一个猫的印花图案，或者万圣节用的东西，再由顾客投票选出他们最喜欢的设计。获胜者可以赢得积分，在该公司的网站上使用。匙花公司通过 Etsy 的在线市场销售少量的获奖设计。Esty 的销售结果清楚地表明，这个世界上有很多潜在的顾客，他们自己不是设计师——大部分人是手工艺人，与在一家典型的纺织品商店里购物相比，他们想要更多的选择。

事实再次证明，纺织品消费者是令人惊奇的。戴维斯说："我原以为我们 10% 或 20% 的业务会变成市场业务——陌生人与陌生人之间的交易。"现在这个比例高达 75%。匙花公司现在有超过 100 万种设计可供出售，它的服务对象正是"尾部"市场。[56]

利用最先进的技术，它还复原了纺织品在前工业时代具有的某些特征。通过以定制面料取代大规模生产，匙花公司让消费者能在视觉上更准确地定义自己。你可以订购由巴比伦人、苏美尔人的楔形文字或外星文字、北欧符文或蒙古文书法、圣母经（Hail Mary）或施玛篇（Shema）设计而成的图案。曾经在法国被禁止的印花棉布现在饰有蓝色和红色的印度印花，黑色底布上的亮粉色图案会让维多利亚时代的女裁缝兴奋不已，波普艺术再次流行，而且更逼真了。你可以购买到印有传统田园风光的样布，也可以购买到偷偷印有《星际迷航》（Star Trek）、《神秘博士》（Dr. Who）、阿加莎·克里斯蒂（Agatha Christie）或《塞尔达传说》（The Legend of Zelda）相关图像的纺织品——或者是印有向科学领域中的女性、主张妇女参政权的女权主义者或逃亡的奴隶致敬的图案的纺织品。

"我所希望的是，"戴维斯说，"人们能和自己的群体建立联系——无论你想表达什么，不管是略微有点红色主题的哥特式蒸汽朋克，还是威尔士语石雕符号。你应该能表达你所在的群体。"纺织品消费者一次又一次地提醒我们，布料绝不仅仅是物品。它是以视觉和触觉形式体现的欲望与身份、地位与社群，以及经验与记忆。

第七章

创新者

> 未来世界服装的重要改进和创新将在于织物本身。
>
> ——雷蒙德·洛伊（Raymond Loewy），《服饰与美容》（*Vogue*），1939 年 2 月 1 日

华莱士·卡罗瑟斯并没有打算创造一种新的纤维，更没有想过创造一种全新的材料。他只是试图解决一场科学上的争论。

卡罗瑟斯是一名化学家，他爱好音乐，热爱阅读，一心致力于探索材料结构的基本问题。1924 年，他在还是一名研究生时，就发表了一篇大胆创新的论文，将尼尔斯·玻尔（Niels Bohr）开创性的原子模型应用于有机分子。这篇论文极具争议性，因此审阅人在讨论是否发表它时陷入了僵局。最终，它被认为是一部经典之作。[1]

尽管卡罗瑟斯致力于纯科学研究，在商业上没有什么天赋，对工程也不感兴趣，但在 1927 年，他发现自己受到了工业界的青睐。当时，杜邦化学公司正在建立一个基础研究实验室，它希望由这位 31 岁的哈佛大学讲师来领导有机化学部门。卡罗瑟斯对这项商业冒险极感兴趣。尽管杜邦公司承诺给他远比现在的收入高得多的薪水、一支得力的研究团队，他也可以

研究任何他感兴趣的东西，卡罗瑟斯还是拒绝了这份工作邀约。他说，自己性情不定，更适合留在学术界。他在写给招聘

人员的信中写道:"我患有间歇性的神经衰弱,与在学术界相比,这种情况在公司会被视为一种更严重的生理缺陷。"

杜邦公司坚持不懈,几个月之后,它再次向卡罗瑟斯抛出了橄榄枝,这次允诺提供的薪水更高。这一次,卡罗瑟斯接受了这份工作。这些钱对于这个总是囊中羞涩的年轻人来说是非常有诱惑力的,但并不是让他改变想法的真正原因。在这段时间里,他发现了一个有趣的科学问题:聚合物到底是什么?他相信这个科学问题的解决将与他的新雇主的商业利益相辅相成。

为了解决这个问题,卡罗瑟斯所做的不仅仅是满足自己对化学的好奇心。他引发了自陶瓷和冶金发展以来最伟大的材料革命。他的研究印证了经济史学家乔尔·莫基尔(Joel Mokyr)在描述早期技术进步时所说的"工业启蒙"(Industrial Enlightenment)。当纯科学和实用工艺相互影响时,它们往往会取得最大的进步——而且最有可能改变日常生活的结构。这种互动为基础研究人员提供了新的研究工具和新的研究问题,同时为工匠、工程师和企业家提供了指导,告诉他们应该把注意力放在哪儿。"如果没有杜邦公司在1927年深秋对他的极力劝说和持续接触,"一位科学史学家评论说,"这位年轻的哈佛大学化学家可能永远不会把他的注意力转向聚合物,也不会考虑新的研究项目。"[2]

纵观历史,对更多、更好的布料的渴望推动了技术创新,从杂交蚕种到数码针织,从传送带到汇票,无不是如此。纺织品的无处不在,以及生产和销售纺织品所赚取的金钱,扩大了它们的影响力。它们激发了科学家和发明家、投资者和企业家、唯利是图的人和理想主义者的想象力。改变纺织品,你就改变了世界。

*

到 20 世纪 20 年代末，有机化学家们了解到，蛋白质、纤维素、橡胶和淀粉等常见天然物质（包括所有生物纤维）的组成部分，要比他们赖以建立学科的简单分子大得多。除此之外，聚合物还是未解之谜。大多数化学家认为，这些奇怪的物质实际上并不是单一的化合物，而是由某种尚不可知的力将一些较小的分子聚合在一起形成的聚集体。

赫尔曼·施陶丁格（Hermann Staudinger）不同意这种看法。这位德国化学家认为聚合物是真正的高分子，比化学家习惯于使用的分子要大数千倍。当他在 1926 年的一次会议上提出这个理论时，在场的有机化学家们都惊呆了。其中一位有机化学家说："我们都震惊了，就像动物学家被告知在非洲某处发现了一头体长 1500 英尺、高 300 英尺的大象。"遗憾的是，施陶丁格没有足够的实验证据来支撑他的说法。[3]

卡罗瑟斯相信施陶丁格是正确的，他开始寻找缺失的证据。第一步是利用酸和醇形成酯类化合物，制造出比以往合成的任何分子都更大的高分子。通过反复试验，杜邦团队建立起了长链——最早的聚酯，不过并不是我们现在所知道的以这一名称命名的特定化合物。这些分子比以往的分子都大，但研究团队始终无法让一个分子的相对分子质量超过 6000——这比许多已知生物物质的相对分子质量要小得多。也许施陶丁格终究是错的。

随后，卡罗瑟斯灵机一动。除了聚酯，反应还产生了水。也许水的成分与部分聚酯链结合在一起，把它们分开，就能重新生成酸和醇。他们需要彻底清除掉所有的水。

卡罗瑟斯获得了一种特别精密的新设备，叫作分子蒸馏器。利用这一设备，他的助手朱利安·希尔（Julian Hill）慢慢地将水蒸馏出来，放在一个真空装置中煮沸，然后再把水放入冷凝器中冰冻，最终将其分离出去。这一过程耗时数天，但最终希尔得到了一种坚硬、有弹性的聚合物，这种聚合物在熔化后仍保持极强的黏性，表明其相对分子质量很高。他用玻璃棒碰了碰它，得到了意想不到的结果。他后来回忆说："那是纤维的花彩。"

希尔和其他研究人员对这种新材料进行测试，将其拉出丝状物，缠绕在实验室的门厅上，并庆祝他们发明了这种新材料，卡罗瑟斯并没有亲身经历这激动人心的一刻。这些丝状物有光泽、柔软、有韧性、结实，就像蚕丝一样。这种新物质由一长串普通化学键连接在一起的酯组成，它的相对分子质量超过 12000。卡罗瑟斯和他的团队证实了施陶丁格的理论。

1931 年 6 月，卡罗瑟斯发表了一篇权威性论文，论文的题目很简单，就是"聚合"。这篇论文证明聚合物是一种有规律的分子，具有异乎寻常的、理论上不受限制的长度。他详细介绍了合成高分子的技术，并列出了描绘其特征的词汇表。凭借这篇发表的论文，时年 35 岁的卡罗瑟斯开创了高分子科学的新领域。他的同事、著名的研究员卡尔·马弗尔（Carl Marvel）说："在那篇文章之后，人们已经相当清楚地解开了高分子化学的奥秘，即使是天赋一般的人，也有可能在这个领域做出贡献。"[4]

在当年 9 月的美国化学学会年会上，卡罗瑟斯和希尔宣布了世界上第一种完全人工合成的纤维。《纽约时报》将这种"合成丝"称为"化学发展进程中一座新的里程碑"。[5]

然而，这种合成纤维的直接意义体现在科学性和启发性上，不具有商业价值。聚酯纤维的熔点很低，在非常低的温度下就能熔化，不适合用来制作纺织品。他们尝试用酰胺代替酯类，制造更耐用的聚合物，这一努力也宣告失败。卡罗瑟斯转

220

向了其他研究课题。

但是，日益严重的经济萧条开始限制他的研究自由。杜邦公司需要从其研究投资中获得回报，而他的老板认为，纤维可能正是能使他们获益的东西。他对这位明星科学家说："华莱士，如果你能找到性能更好、熔点更高、可溶性更低且抗拉强度更大的纤维，你就可以创造一种新型的纤维。仔细看看，看能不能有新的发现。毕竟你一直是在处理聚酰胺，而羊毛就是一种聚酰胺。"[6]

因此，从 1934 年初开始，卡罗瑟斯放弃了他心爱的纯科学研究，开始制造一种耐热水和干洗液的聚酰胺。经过几个月的系统试验，该实验室取得了第一次成功：制成了一种类似蚕*丝的丝*状物，它在热水和干洗液中都能保持原样。在进一步的实验中发现了一种利用苯（一种储量丰富的煤衍生品）来合成这种纤维的方法，从而使更多的人能买得起这种新型的纤维。到 1935 年底，第一根尼龙纱准备投入试验。[7]

三年后，它进入了市场——不是作为纺织品，而是被用在了韦斯特博士（Dr. West）的"神奇塔夫特"（Miracle-Tuft）牙刷上——在广告中，它被宣传为一种"无刷毛的牙刷"。这种新型牙刷拥有干净、洁白、均匀和无孔的人造纤维，它宣称将"永远结束动物刷毛造成的麻烦"。刷毛再也不会分裂，也不会变得湿漉漉的，或者在你嘴里折断。杜邦公司的高管在向公众介绍这种新型的神奇纤维时将尼龙描述为用"煤、空气和水"制成的。他们说，该纤维最早的主要用途之一是制成女式袜子。

在 1939 年的纽约世界博览会上，谜底正式揭晓，当时在杜邦公司的展馆里展出了一位穿着尼龙丝袜的模特。当年 10 月，第一批 4000 双尼龙丝袜上市销售，很快就被抢购一空，不到两年的时间，尼龙丝袜就占据了女性长袜市场 30% 的份额。该公司曾宣称尼龙比蚕*丝*更不容易钩破，但很快就不得不

尼龙的发明者华莱士·卡罗瑟斯在展示他的第一个重大发现，即氯丁橡胶，这是一种合成橡胶。(*Hagley Museum and Library*)

降低公众对这种新长袜永远不会抽丝的期望。即使是神奇的纤维也有其局限性。[8]

　　第二次世界大战爆发后，尼龙的用途暂时从消费品转移到降落伞、滑翔机牵引绳、轮胎帘子线、蚊帐和防弹衣上。当盟军伞兵从天而降，在诺曼底登陆时，他们打开的降落伞是用尼龙制成的。某个人，也许是杜邦公司的一位精明的公关人员，将这种新型合成纤维称为"赢得战争的纤维"。

　　尼龙还只是这一切的开始。英国化学家雷克斯·温菲尔德（Rex Whinfield）一直梦想着发明一种合成纤维，从1923年开始，他就反复研究这个问题。当卡罗瑟斯发表他的研究成果时，温菲尔德知道他找到了答案。

　　1940年，他和他的助手詹姆斯·迪克森（James Dickson）开始了他们自己的酯类合成研究。他们使用"不太为人所知且长期被人忽视的"对苯二甲酸（terephthalic acid）作为原料，其理论依据是对苯二甲酸分子对称性更大，将产生比卡罗瑟斯的聚酯实验更好的结果。在第二年的早些时候，他们从一种"非常容易变色的聚合物"中提取出了第一种纤维，温菲尔德将其命名为"涤纶"。它的化学名称是聚对苯二甲酸乙二醇酯，但现在我们通常只叫它"聚酯纤维"。这是世界上最重要的纺织纤维，销量甚至超过了棉。[10]

卡罗瑟斯没能活着看到尼龙的成功，也没能看到他的研究带来的改变世界的涟漪效应。1937 年 4 月 29 日，他长期患有的抑郁症终于彻底压垮了他。那天一大早，他住进了一家酒店，取出了随身携带的氰化物胶囊，这是他自进入研究生院学习以来就一直带在身上的。他将毒药混合在一杯柠檬汁中，服毒自杀。这一年，他 41 岁。[11]

在短短 13 年的研究生涯中，卡罗瑟斯彻底改变了有机化学，并改变了日常生活的物质。他的同时代人立刻认识到这一成就的重要意义。

受到即将开幕的纽约世界博览会的启发，1939 年 2 月，《服饰与美容》杂志邀请 9 位工业设计师畅想在"遥远的未来"人们会穿什么，以及为什么会这样穿。你可能已经在网上看到了该杂志的一些样衣效果图。比如，一件上装为透明网罩的晚礼服，上面精心装饰着螺旋形的金边；或者是一件宽松的男式连衫裤，上面系着多功能腰带和天线光环。我们在社交媒体上会时不时重新发现一两部英国新闻短片，模特们在短片中展示这些服装，而一位做作的解说员（"哦，太美了！"）则在辛勤地开着一些拙劣的玩笑。这些荒谬的打扮总是引得现代人一阵自鸣得意地傻笑。过去的那些预言家真是一群傻瓜！[12]

这种嘲笑是不公平的。设计师们预见到了室内的温度控制、更多的裸露、更多的运动、更多的旅行和更简单的衣柜，他们实际上准确把握了很多潮流。除此以外，这些样衣并没有揭示究竟是什么让他们所预测的时尚具有未来感。如果只看这些图片，你就无法发现最重要的技术主题——新的面料。每一个设计师都在谈论纺织技术的进步。他们知道新一轮的突破已经开始，并期待着更多的突破。就像之前的染料一样，20世纪的纤维也不是从生物界中获取的，而是在实验室中设计出来的。再一次，人们创造了财富。再一次，日常生活的结构将发生改变。

　　在接下来的几十年里，纺织业再次在科学和工业的进步中扮演了引人注目的角色。它们是高科技产品，赋予非常先进的时尚业和室内设计以灵感。它们把妇女从烦琐的家务劳动中解放出来。一位商业历史学家评论说："可以自干的窗帘、不

尼龙丝袜在全美销售的第一天，购物者蜂拥而至，竞相购买。(*Hagley Museum and Library*)

需要熨烫的制服、可以清洗且不会缩水的毛衣，这些都减轻了家庭的负担。"20 世纪 70 年代，当大量美国妇女进入职场时，她们穿着容易打理的聚酯纤维材质的长裤套装。然而，到了 20 世纪 80 年代，人们的态度发生了转变。合成纤维不再新潮，甚至已经完全过时了。一篇刊登在《华尔街日报》上的特写开篇写道："可怜的聚酯纤维啊，人们总是对它诸多挑剔。"[13]

在随后的几十年中，合成纤维织物变得越来越好——更柔软，更透气，更不容易钩破和起球，外观和手感也更加多样化。今天使用最先进技术制造的雨衣、正装衬衫或紧身裤会让 1939 年甚至 1979 年的人感到惊讶，但现在我们只希望它能起作用。减少面料褶皱、使连帽衫透气，或者延长家具软垫的使用寿命，这些渐进式的创新是无形的。吸湿排汗的 T 恤和具有弹性的瑜伽裤不像尼龙丝袜那样吸引眼球。纺织品创新者的成功恰恰掩盖了他们的成就。

*

凯尔·布莱克利（Kyle Blakely）和他的室友都饿坏了。这些北卡罗来纳州立大学的新生们来不及吃早餐，一大早就去参加了学院招生咨询会。在那里，他们聆听工程学和商学教授们解释为什么学生应该选择这些专业。这对朋友并没有被说服。工程学太吓人了——要学习微分方程！——而商学又太热门了。他们不想在人群中迷失方向。到了上午 9 点，他们还像刚醒来时一样拿不定主意。

学校要求他们听取来自三个不同学院的推介。由于肚子饿得咕咕叫，又没有确定第三场咨询会到底听哪个专业，他们做了合乎逻辑的事情——开始寻找免费的食物。

布莱克利——他现在是运动服装制造商安德玛负责材料创

新的副总裁——说："那是一个气派的大礼堂，我们走进所有的房间，看看哪个学院还剩下了早餐。"纺织学院咨询台前的访客寥寥无几，仍有充足的甜甜圈和橙汁供应。这对室友对纺织品一无所知，但他们很乐意聆听介绍，以此交换食物。

45分钟以后，他们就被说服了。纺织学课程包括工程学和商学，并为学生所学提供了明确的应用。布莱克利回忆说，这所学院很小，但"他们的就业率超高，大概是98%"。这一令人印象深刻的统计数据反映了这所学院的教育质量，它被普遍认为是全美国最好的纺织专业。但这也意味着人才短缺。纺织业存在形象问题。

雄心勃勃的美国年轻人不会考虑从事这个行业，即使他们考虑的话，也认为这个行业是一潭死水，早在他们出生之前几十年就停止创新了。他们预计在轰轰震响的地方不会存在有趣的工作，而目前仍在运营的美国纺织厂也对年轻人没有吸引力。布莱克利说，这些工厂大部分都在农村地区，当你访问这些工厂时，"时间就像暂停了一样。一切都是木板制造的。这很可怕。谁想去那里？每个人都想在谷歌—苹果式的公司环境中工作"。

这样的环境正是现在他工作的地方。安德玛公司位于巴尔的摩的园区原本是宝洁公司（Procter & Gamble）的综合性厂房，经过改造后，这里拥有明亮的开放空间，充满工业气息，传递出真实和传统。便利员工的设施，包括最先进的健身房和美味的自助餐厅——如果科技公司里到处都是运动健儿的话，那么这些设施放在硅谷也非常合适。（苹果公司有专门为拳击手准备的训练室吗？）

该公司的实验室装备精良，从计算机控制的三维针织机器到"躯干汤姆"（Torso Tom）无所不有。"躯干汤姆"是一款测试假人，看起来更像一枚直立的导弹而不是人，它会喷出蒸汽来模拟出汗。大厅里排列着真人大小的运动照片，这里是体育成就和创新的圣地。墙上的一条标语写着："我们还没有生产出我们的标志性产品。"

今天的纺织品消费大户不再是旧时宫廷里的达官贵人，也不再是时装公司和时尚达人，他们是精英运动员、户外冒险家、士兵和急救人员。安德玛和耐克等竞争对手不断竞争，寻找新的方式来满足其主要客户对更高性能的永无止境的需求。

安德玛成立于 1996 年，当时它的创始人凯文·普兰克（Kevin Plank）是马里兰大学（University of Maryland）的一名足球运动员。他决定用紧身丝质超细纤维面料生产 T 恤，这和他穿的紧身短裤的面料是一样的。与棉质 T 恤动辄就被汗水浸透不同，这条紧身短裤可以在训练中保持干爽。聚酯织物的细丝直径不超过人类头发的 1/10，可以将水分散开，使其迅速蒸发。尽管其他运动员最初对用"女用氨纶"代替棉质运动衫持怀疑态度，但在意识到这种新材料确实能让他们保持干爽后，很快就接受了它（这种紧身上衣凸显了他们雕塑般的身材，事实证明这也是一个卖点）。普兰克说："我们没有发明这种合成材料，但我们确实开创了它的应用。"[14]

他的创业洞见得以实现，首先受益于几十年来的一系列小改进，正是这些小小的改进，最终创造出了超细纤维。一位纺织化学家解释说："这不是一种特定的技术，而是许多种技术。有些涉及改变纤维的形状，有些涉及利用化学处理方式减小纤维的尺寸，有些涉及新的纤维挤压技术，这样处理过的纤维含有一种以上的聚合物成分。"[15]

超细纤维既快干又柔软，挽救了聚酯纤维饱受诟病的形象。这种织物现在变得相当普遍，环保人士甚至担心，当这些微小的纤维在洗涤时脱落、进入供水系统，会发生什么情况（为了测量和控制这一问题，安德玛的测试实验室为他们的洗衣机开发了一种过滤器）。寻找同样令人满意的替代品，比如我们在第一章看到的生物工程丝，现在是研究前沿。**可持续性**已经成为纺织科学家的口号。

在寻求改进安德玛材料的同时，布莱克利越来越关注制造过程的早期阶段，从更早的阶段入手可以提供更多增添特色的方法。例如，为了开发一种凉爽的面料，该公司与一家亚洲供应商合作，开发了一种纱线，这种纱线的横截面表面积能够实现最大化。该公司在这种材料中注入二氧化钛，二氧化钛的存在能使人们在炎热潮湿的环境中锻炼时感到凉爽。[16]

此外，安德玛也在重新设计纱线的形状，希望开发出新的防泼水材料。为了让穿着者保持干爽，该行业的传统做法是在布料或成衣上涂上一种叫作"持久防泼水"（DWRs）的涂层。但这些涂层依赖一种叫作含氟聚合物的化学物质，这种化学物质的使用因对环境有害而遭到反对。[17]

具有环保意识的消费者希望能找到替代品。但他们既不想穿着湿漉漉的衣服，也不希望自己的夹克衫变得更重、更不灵活和更昂贵。替代性的化学涂层根本不起作用。因此，安德玛公司正在尝试物理屏障。布莱克利解释说："我们想开发出在横截面上相互交织的纱线，形成某种阻断，让水无法机械地流过。而无氟防水整理剂也起到了帮助作用。"

寻找这样的解决方案也许不像发布一款新的手机应用程序那样引人注目，但这无疑是一种创新——纺织行业竞争激烈，无法享受谷歌式的利润率，使这样的创新更具挑战性。布莱克利说："我希望看到纺织业被认为是一个进步的行业。它确实是这样的。"[18]

除了稳步改进日用纺织品外，研究人员也在进行更大胆的实验。在如今这个时代，硬件不断缩小，纳米技术专家操纵单个原子，生物工程既是科学研究前沿又是思考新材料的模式，对环境的关注已成为最迫切的文化议题。我们所处的世界在很大程度上是由这些微小的纤维组成的，它们为雄心勃勃的科学家提供了极具诱惑力的竞技场。他们的大部分研究将永远停留在深奥的期刊页面上，有些研究只能应用于利基市场，另一些研究会激发出广泛的调整，少数研究会重塑我们生活的结构。

就像 1939 年参与《服饰与美容》杂志调查的设计师一样，我们只能模糊地展望未来。但即便是对当前研究进行简要的考察（出于实际原因，仅限于美国），也能让我们对纺织品的未来有所了解。它也揭示了纯科学与工业实践之间关系的变化。尽管在早期阶段，纺织品研究就渗透进了其他领域——染料生产推动了化学的进步，聚合物纤维催生了塑料和蛋白质化学——但现在，这种交流往往以相反的方式进行。研究人员先在其他领域开展研究，在此过程中，意识到布料的普遍性和重要性，随后开始将他们的研究应用到纺织品上。

*

这些晶莹剔透的物体，高度从几英寸到一英尺不等，看起来就像是一座未来都市装饰艺术风格的立体模型中的迷你尖塔。当它们从嵌有灰黑色条纹的透明底座上升起时，方形的边缘逐渐向内弯曲，直到与底部平行的条纹逐渐汇聚成一个细长、深黑的尖顶。

这些尖顶是一项制造工艺中引人注目的纪念品，不过，这项工艺制造出的产品——一根缠绕在塑料线轴上的细丝，看起来实在是平淡无奇。它看起来就像是你可以在五金商店或工艺品店买到的东西。没什么特别的。

约尔·芬克（Yoel Fink）认为，这种纤维预示着一场织物革命。

芬克是麻省理工大学的材料科学教授，也是非营利组织美国先进功能纤维制造创新研究机构（Advanced Functional Fabrics of America，简称"AFFOA"）的创始人。该机构共有137名成员，包括大学、联邦国防部和航天局，以及规模大小从初创企业到跨国公司不等的公司。在麻省理工学院校园内一座小型工业大楼里，AFFOA可以自己做实验和进行测试。它还负责协调一个成员网络，该网络中的成员都同意开发纺织样品。

与一般大学中的研究人员不同，AFFOA的成员不仅在系统地思考下一个有趣的科学问题，而且在思考下一步如何将他们的研究转化成真正的纺织品。该网络提供了接触产品设计师、纺织厂和装配厂的渠道，这些工厂可以将材料科学的进步转化为纺织样品——在某些情况下，他们也可以开发自己的应用。

通过将研究和工业联系起来，芬克决心让纺织品变得像笔记本电脑和手机一样功能强大，具有同样高的升级频率和可预测性。他希望"将快速发展的半导体设备世界带入缓慢发展的纤维世界"。他并不是在用隐喻的方式讲述行业文化。他的意思是将芯片、锂电池和其他电子要素植入纤维。请注意，不是包裹在纤维中，也不是与其相连接，而是永久地、密不可分地嵌入其中。

这些卷绕在线轴上的细丝并不像它们看上去那么普通。它们包含着芬克所说的"现代技术的三个基本要素，即金属、绝缘体和半导体"。芬克的这种观点带有典型的21世纪狭隘主义。在我们这个时代，**技术**并不意味着机器、化学品，或大多数其他形式的**技艺**。它意味着软件和芯片。

这些尖顶实际上是倒置的。它们最初是一些小棒，称为预制棒，每根大约2英尺长。为了制造细丝，要将一根预制棒

229

伸入一个叫作拉伸塔的两层装置顶部，这个装置带有一个小型熔炉。当预制棒穿过熔炉时，它被拉成一根像头发丝一样细长的线，此时材料的拉伸长度是原来的 1 万倍。水晶尖顶是纤维从预制棒底部剪下时剩下的残留物。这不过是些没用的垃圾而已。但它足够大，可供游客观看和触摸。真实的行动太微小了，肉眼根本看不见。

预制棒和拉伸塔是早已成熟的技术，用于制造光学纤维，比如传输大部分互联网数据的光纤。芬克第一次采用这些设备是在 20 年前，当时他刚刚获得博士学位，试图制造内衬特殊反射镜的空心光纤来传输激光。这项发明基于他的博士研究成果，催生了一家名为"OmniGuide"的公司，该公司生产的激光手术刀可以切割和烧灼组织，精确度可达到微米。[19]

鲍勃·达梅利奥（Bob D'Amelio）是 AFFOA 的制造运营总监，他在"OmniGuide"工作了将近 13 年。离开"OmniGuide"到另一家公司工作了不到一年，他又忍不住回到了芬克身边。达梅利奥是一位热情洋溢的东波士顿本地人，他穿着一件红色的哈雷 – 戴维森（Harley-Davidson）T 恤，操着一口独特的口音（他讲英语时 R 不发音），以一款搭载发光二极管（LED）的纤维为例，向我详细介绍了使 AFFOA 纤维与众不同的制造工艺。

每根预制棒本身就是一件制造精密的物品。首先，要从热塑性塑料（这里用的是聚碳酸酯，具体材质因项目而异，关键是黏度要随着温度不断变化）上切割下一根几英尺长、一到两英寸宽的小棒。然后，根据小棒的长度，碾压出两个狭窄的凹槽，在每个凹槽中插入一根芯轴金属丝，做临时占位之用，在顶部铺上一层较薄的聚碳酸酯片，用热压机将顶部和底部熔合。最后的成品是一根实心的小棒，末端悬挂着芯轴金属丝。

接下来，要将数百个排成一列的单独口袋钻到熔合在小棒顶部的薄聚碳酸酯片上，这些口袋每一个都小得肉眼几乎看不见。技术人员使用镊子和显微镜，在每个小口袋中放入一个微芯片（这项操作可以由一台机器来完成，但 AFFOA 的产量还不足以平衡这笔开支）。一旦放入这些芯片，就要在顶部再放置一张薄聚碳酸酯片。最后，拿起第二根碾压过的小棒——这根小棒带有一个凹槽，凹槽中插入了芯轴金属丝——并将其堆放在顶部。你可以用热压机将所有的部件热压在一起，然后移开那些临时占位的芯轴金属丝，在凹槽中插入永久金属丝。现在，这些预制棒已经做好准备，可以放入拉伸塔了。

达梅利奥说，当材料拉伸成细丝时，"这就像，亲爱的，我把预制棒缩小了"。当周围的材料变得越来越小时，每一个部件都停留在它相对于其他部件的位置。最后，纤维变得非常纤细，导致金属丝掉落到芯片上，从而形成了传输电力的连接点。

要找到准确的位置，需要极大的精确度。达梅利奥说："这些金属丝必须丝毫不差地掉落在芯片的垫子上。我们实际上是在烤箱内部进行焊料连接。"材料和温度也必须恰到好处，这样热塑性塑料才能充分熔化，同时电子元件也不会受损。

利用同样的方法，也可以在细丝中嵌入锂电池、传感器或麦克风。这样创造出的纤维颜色就像羽毛的颜色一样，这些颜色不是来自染料或颜料，而是来自它们过滤光线的方式。达梅利奥一次又一次地为自己的工作场所而惊叹，他称这项工艺为"科幻小说中才有的东西"。

最终的目标是让这项技术消失在普通的纺织品中，让日用布料具备感知、交流、测量、记录和回应的能力。当我不小心脱口而出时，芬克纠正说："我们不使用**可穿戴设备**（wearables）这个词，这个词不该用来指称你所穿戴的东西。你所穿戴的东西叫作'衣服'。"他希望把纺织品变成激发无数发明家想象力的平台，就像智能手机带来了意想不到的应用

231

一样。

AFFOA 纤维不会取代普通纱线，它们可以与普通纱线并肩作战，为针织物或梭织物增加新的功能。穿着这样的织物，你可以将手机贴在衣服口袋里，用隐形纤维电池为其充电，或者通过嵌入夹克领子里的微型扬声器和麦克风接听电话。帽子可以为你指引方向，而内衣则可以持续地监测你的健康状况。在展出的纺织样品中，有一条定制的裤子，当受到光线照射时，裤子上的 LED 灯会闪烁——对于天黑后行走在路上的人来说，这是一件看上去不起眼的安全服。

作为一名材料科学家，芬克认为让纺织品具有更强大功能的关键是改变它们的成分。"纤维通常是由一种单一材料制成的，而我们所知的任何先进的或能够年复一年快速变化的东西，都不是由单一材料制成的，"他说，"自由度太小了。"大多数纤维经历了数千年的时间才达到现在的状态，合成纤维也需要数十年的时间。芬克想要加快速度。

他设想了纤维的摩尔定律，该定律以经验法则命名，即芯片上的组件数量每 18 个月到两年翻一番，计算能力由此呈指数增长。摩尔定律不是自然法则，而是一种自我实现的预言，它推动着创新努力和客户期望。每一代芯片都比前一代芯片更强大，但每比特的价格却更便宜。因此，计算能力的价格不断下跌，编写软件和制作电子产品的人也相应地进行规划。

这个独创的纤维摩尔定律成就了 AFFOA 纤维，使它的成分变得微小且价格便宜。过去由高度专业化的制造商提供的昂贵定制产品如今都成了现成的商品。

以半导体为模型，AFFOA 团队努力达到他们自己逐步提高的基准。当我参观他们的实验室时，他们已于近期实现了其中一个目标：让纤维经受住五十几次洗涤而保持原样，当然是用冷水且不加洗涤剂。["我有一种感觉，它们只能干洗，"当时的首席产品官托莎·海斯（Tosha Hays）说。她是服装行业的资深人士，其父亲和祖父拥有一台佐治亚轧棉机。］其他指标则涉及诸如可弯曲性和抗拉强度等关键特性。

2019 年 12 月，海斯离开了 AFFOA，在此之前的三年里，她见证了 AFFOA 取得的重大进展。她说："刚开始的时候，我们什么都生产不了。现在我们每天能生产几千米。"纺织样品"过去看起来就像科学项目。现在，你必须非常仔细地观察，才能看到织物样品上的开关或电池"。纤维直径缩小了 2/3，从 1 毫米缩小到 300 微米。

但是这些细丝仍然很僵硬，很难处理。它们包裹在回收再利用的聚酯纤维中，看起来就像是普通的纱线，但它们既不柔韧，也没有弹性。制造纺织样品需要对织物结构和服装构造进行巧妙的构思。你不能简单地用梭织或针织的方法把它们编织起来。

商业应用要求这些智能纤维能更容易地被处理掉。把它们制造得更薄一些会有所帮助，但正如芬克承认的那样，"如果没有弹性，我们的产品就没有多大的市场"。他的一个研究生正在攻克这个问题，他向我保证："一年之后，她差不多就能解决这个问题了。"

所有的电子设备都面临着一个挑战：电力。智能设备在电力不足的情况下很快就不能使用了，而 AFFOA 的充电抽屉里令人不安地塞满了正在充电的电池。这个团队正在努力研究电量存储问题。他们已经可以制造含有锂离子电池或超级电容器的纤维。超级电容器的电量不如电池，但它们充电速度快得多，不会损耗，而且，对于纺织品而言还有一个重要的考虑因素——不会发生自燃。

在织物纱线中植入电池可以消除它们现在增加的重量，这对战场上的士兵来说是一个重要的优势，对于运动服装和医疗应用而言也有好处。海斯指着一个穿着缀满小灯的运动紧身衣的人体模型，她说："想象一下，你穿着这些紧身衣，但没有一块单独的电池。它就存在于织物之中。"挑战在于如何使电池纤维具有足够的柔韧性，可以用来制成现实生活中的服装，同时也足够可靠，可以提供必需的电力。

然而，即使是纤维电池也需要充电。你本来只有一部智能手机需要充电，但现在却有一整个衣柜的衣服需要充电。"如果你看看'智能纺织品'这个术语，"一位对此持怀疑态度的服装业高管说，"假使你必须把它插入某样东西中（充电），那这个纺织品能有多智能呢？"

因此，AFFOA 的纤维可能只适用于制造专业产品，永远不能用于日常服装。也许纤维电池可以利用你运动时产生的能量，在你走动的时候充电，或者，芬克提到了一个科幻场景，"你的椅子上有一个感应线圈，而你的裤子上也有一个感应线圈。事实上，这种情况未必不能实现。毕竟你每时每刻都在与织物接触"。[20]

*

芬克和胡安·伊诺斯特罗萨（Juan Hinestroza）都是材料科学家。他们两人都于 1995 年大学毕业。两人都是到美国来读博士的，芬克来自以色列，伊诺斯特罗萨来自哥伦比亚。[21] 这两个人都在世界顶级的大学里主持实验室：芬克在麻省理工学院，伊诺斯特罗萨在康奈尔大学。两个人都在进行可能改变日常纺织品的研究。

但在其他方面，他们两人可谓截然相反。他们的差异说明了围绕着纺织业未来的骚动和不确定性。

芬克既是一名科学家，又是一名企业家，他尤其专注于将研究转化为具有商业潜力的纺织样品。他倡导"限时创新"（Shot Clock Innovation），即提供 90 天的研究资助，并以周为单位衡量研究进展。当他谈到"纤维的摩尔定律"或"纤维可能占据了世界上最有价值的不动产——我们的身体表面"时，他展示了一些自信的说辞，这样的话术在 TED 演讲中会很受欢迎。你可以想象，他成功地说服了政府官员和纺织业高管，启动了 AFFOA。

伊诺斯特罗萨没有给自己设定期限。他的研究耗时数年，并且他很明确地表明自己不会涉足工业。"我们做的是竞争前的研究，"他说，"学术问题不容易解决，这恰恰说明为什么它们存在于学术界。"他探索基础科学，为相关成果申请专利，并将发展留给外界。虽然他的很多工作都受到实际问题的启发，但他本人并不想将自己的研究付诸应用。

芬克将大块配件转化为细线，而伊诺斯特罗萨的转化规模要小得多。他通过操作分子来创造新的涂层——或被称为"整理剂"（finishes），这是它们在纺织行业中的叫法。他的工作将纺织品和纳米技术——"大面积和微观元素，"他说，"可见和不可见"——结合起来。他没有将织物变成满足尚未明确的需求的平台，而是试图让它们更好地履行保护和装饰的传统功能。他从已经存在的问题着手，寻找解决这些问题的新方法。

芬克认为，将 21 世纪的技术引入纺织品需要新的纤维。伊诺斯特罗萨不同意这种观点。人们喜欢现有材料的外观和触感。他观察到，现有的纤维也能更好地经受住织机和针织机"极端剧烈"的压力。他说："我认为可以用这些我们已经使用了几千年的纤维来解决这些问题。"他用的是棉。

21 世纪初，在"9·11"事件后对化学武器和生物武器的恐惧中，伊诺斯特罗萨在北卡罗来纳州立大学进行了他的第一次纺织品研究，那时他刚晋升为教授。当时的防护服依

234

赖于不同化学物质的不同层，这种方法不可避免地具有局限性。"你不可能穿5件以上的T恤，"他用自己最喜欢的一件衣服为例解释道，"我决定把这些T恤制造成只有一个分子那么厚。通过把它们制造成只有一个分子那么厚，我就可以制造成千上万件这样的T恤，从而应对不同化学物质带来的更大威胁。"他不是将不同的纺织品层层堆积起来，而是在单一织物上层层叠加保护性化学物质。一个分子层可以阻断芥子气，另一个分子层可以阻断神经性毒剂，还有一个分子层可以阻断细菌，等等。

为了构建保护性分子，他采用了最初用于制造半导体的技术。但与均匀的硅片不同，棉纤维具有高度的不一致性。每一种纤维的纤维素聚合物可能是相同的，但捻曲度等特性各不相同。他解释说："亚拉巴马州的棉与得克萨斯州的棉不一样，与越南的棉也不一样。不同的年份生长的棉不一样。即使是同一年生长的棉，根据你使用的肥料不同，棉也不相同。我们必须克服所有这些问题。"

20年后，伊诺斯特罗萨搬到了纽约州北部。但他仍然对棉纤维着迷。与聚酯纤维和尼龙等工程聚合物相比，处理棉纤维的难度更大，因此在科学上更具挑战性。它深厚的历史深深地吸引着他。他说："我们已经与这种纤维发展了一种独特的关系。"当他要求在场的观众如果**没有**贴身穿着棉质衣服就举起手时，几乎没有人这样做——而举起手来的寥寥数人，通常也是错误的。

伊诺斯特罗萨现在正在研究他所说的棉织物"通用整理剂"。为了使织物具有理想的品质，比如耐污性或抗皱性，纺织品制造商通常会在织物制成后在上面涂抹化学品。在20世纪60年代，"耐久压烫"服装曾让疲于熨烫的家庭主妇们兴奋不已，这得益于新的整理剂，而这些涂层至今仍是许多纺织品

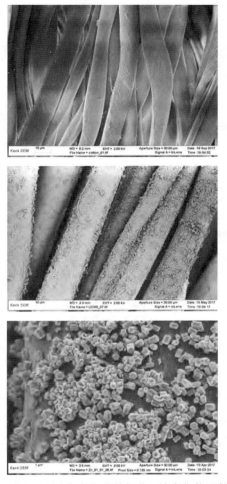

裸棉和附有金属有机框架的棉纤维，放大倍数不断增加
（*Cornell University, Juan Hinestroza*）

得以不断改进的原因。20 世纪 90 年代，当男式免烫卡其裤上市时，正好赶上商务休闲装的流行，其中的关键性创新是一种新的整理剂。

漫步在大型户外零售展的过道里，你会发现服装品牌都在兜售各种功能性纺织品，包括耐磨损（比如攀岩）、防水和驱虫的衣服。还有一些宣称不会发臭的快干衬衫和袜子。这些效果大多依赖于化学整理剂。包括不缩水的羊毛、能杀死细菌的医院室内装饰物，以及承诺较少起球的毛衣，都依赖于整理剂。

但是织物整理的过程并不精确，要得到不同的效果，就要采取不同的处理方式，在有些情况下，比如使用含氟聚合物防水剂，会引起环境问题。整理剂也不能持久存在，随着时间的推移，它们可以被洗掉和擦掉。

伊诺斯特罗萨推测，存在一种能与纤维素聚合物永久结合的单一通用分子——纤维素聚合物不仅是棉纤维的结构主链，也是包括亚麻和大麻在内的古老植物纤维的结构主链，还是人造丝（粘胶纤维）及其更环保的同类产品莫代尔和天丝的结构主链。他正在用所谓的"框架化学"（reticular chemistry）来创造一种附着在每个纤维素分子上的无形网络。

他解释说："既然我们了解纤维素分子、聚酯纤维分子或尼龙分子的每一个组成部分，我们就可以设计分子来精确地'锁定'这些特性。"我提议说，就像拼图一样。"拼图是一个很好的类比，当拼图的各个部分涂上了'超能胶水'"——它们通过化学键结合在一起——"一旦就位，它们就永远不会脱离"。

构成这个网络的是一种叫作"金属有机框架"（metal-organic frameworks）的分子。顾名思义，每个分子有两种成分：有机分子和金属。想象一个六边形，每个角上都有一个金属球，沿着侧边用链条将金属球连接起来。这些链条就是有机化合物。它的内部构成了一个可以容纳其他物质的"笼子"。你可以通过改变每根链条的长度来增大或缩小空间，但其整体形状保持不变。金属有机框架是精确的、可预测的和统一的。如果它们是六边形的，它们就会保持六边形的形状；如果它们是正方形的，它们就会保持正方形不变。[22]

"这就是框架化学背后的魔法，"伊诺斯特罗萨说，"它可以高度逼真地复制一个框架网络"。这是在数千码长的织物上制造均匀一致涂层的理想选择。在实际合成框架之前，还可以用数学的方法预测框架的行为——这为解决困难的问题节省了大量时间。他说："这是我最喜欢的分子。"

要制造一种棉织物整理剂，第一步是设计一种能与纤维素聚合物结合的分子。然后是棘手的部分——找到一个具有所需功能属性的"包裹"或"负载物"，使这些功能属性可以装入笼子里，并在需要执行特定工作时释放。触发因素可能是磨损、温度或湿度变化，或者暴露在油或细菌中。在精确的位置释放少量整理剂意味着整理效果持续的时间更长。

这是一个棘手的问题，有很多变量。耐油涂层必须与许多不同种类的油相互作用；抗菌涂层也是如此。防水涂层需要在防止雨水渗入的同时让汗水逸出。伊诺斯特罗萨安排了一名研究生来破解上述难题。

到目前为止，该团队已经成功制造出一种能同时抗油、防水和防细菌的涂层，但是仍然难以实现防皱，这是一项更复杂的挑战，它对温度的要求更高。伊诺斯特罗萨还希望这种处理方式能做到驱蚊、杀死臭虫，并在某些情况下，能根据需要提供维生素或药物。当他说"通用整理剂"时，他不是在开玩笑。

他还希望用纺织品制造商已经在使用的同一种整理剂浴器来涂抹通用整理剂，这进一步提高了难度。他的目标是为纺织业提供一种精确的方法，以生产更多的功能性纺织品，同时减少浪费且不需要新的资本投资。找到一种通用的整理剂需要花费大量的时间，这是纺织工厂或化学公司所难以承担的。"这

237

就是学术界的魅力，"他说，"我们遇到的问题非常困难，而且没有一个简单的解决方案。如果某个问题简简单单就能解决，那别人早就解决了。"

如果他成功的话，将会产生一个相当激进的后果，以至于他并不真的指望人们会接受它。一种能杀菌抗油的纺织品是不需要清洗的，只要刷掉表面的污垢就可以了。你可能需要偶尔重新装满"包裹"，但不会有更多需要清洗的衣服。"如果它不染上污渍，不吸收外部化合物，你就不需要清洗它，"他说，"但从心理上讲，你不会愿意穿这样的衣服。"[23]

*

格雷格·奥尔特曼（Greg Altman）和丽贝卡·"贝克"·拉库蒂尔（Rebecca "Beck" Lacouture）不是从纺织品起家的。但他们的生意确实是从蚕丝开始的。

这两位朋友是在拉库蒂尔第一天上塔夫茨大学（Tufts University）时认识的，当时奥尔特曼是生物工程入门课程的研究生助教。拉库蒂尔对奥尔特曼开发蚕丝基质以替代受损膝盖韧带的研究很感兴趣，她担任了实验室助理，并在获得博士学位后加入了他新成立的塞里卡科技公司（Serica Technologies Inc.）。

238 塞里卡公司根据奥尔特曼的博士研究成果创造了网状支架，在手术期间和手术后对软组织提供支持，特别是乳房重建手术。这种支架是由蚕丝制成的，蚕丝经过提纯，去除了黏性（有时会引起过敏）的丝胶蛋白（丝胶蛋白的作用是将蚕茧固定在一起），只留下使纤维具有独特强度和光泽的丝心蛋白。由于丝心蛋白是一种蛋白质，它具有生物相容性，一旦受损组织愈合，它就会分解成氨基酸，很容易被人体吸收。

2010 年，塞里卡公司被以生产 A 型肉毒杆菌毒素闻名的大型医疗公司艾尔建（Allergan）收购。[24]奥尔特曼和拉库蒂尔在那里又工作了几年，然后创办了一家同样基于蚕丝化学的新公司。这一次，他们希望制造的产品可以产生更广泛的影响，而不仅仅是一个市场规模很小的医疗设备。他们认为，皮肤护理是一个理想的市场。

从研究生院毕业三年后，拉库蒂尔在 27 岁时被诊断出患有卵巢癌。她康复了，但化疗的过程非常艰难。这让她更加担心日常物质会如何伤害免疫系统受损的人。她的肿瘤医生在积极治疗开始时建议："清理你的化妆品柜。"[25]受到这段经历的启发，她认为蚕丝——或者确切地说，丝心蛋白——将是合成皮肤护理成分的一个很好的替代品。这种蛋白质富有弹性，它的晶体结构能捕捉光线，它光滑而不油腻，从生物学角度讲，它是良性的。你可以把它吃掉，而不会有任何害处。[26]

在将丝心蛋白放入保湿霜和护肤精华液之前，奥尔特曼和拉库蒂尔必须确保它能在水中保持溶解状态。学术研究人员能在短时间内成功实现这一点，但这种物质不可避免地会凝结成凝胶。同样的情况也发生在奥尔特曼和拉库蒂尔身上。拉库蒂尔说："我们最初的做法实际上是制作蚕丝果冻，然后把它磨碎。"

他们利用一种橄榄球比赛战术破解了这个难题，即奥尔特曼所说的"简单拦截：控制过程，衡量你所拥有的"。他是塔夫茨大学橄榄球队的队长。他们花费了一年的时间做实验，最终找到了答案。事实证明，哪怕是最轻微的杂质，也会让丝心蛋白与之凝结，使其从溶液中分离出来。奥尔特曼说："即使是我们镇上供水系统中的盐，也会改变蚕丝的组织方式。"秘诀是要保持水的绝对纯净。

经过两年的努力，他们的第一款护肤品上市了。然而，在

239

那个时候，奥尔特曼和拉库蒂尔已经意识到，他们不应该从事皮肤护理业务——至少，不应该只从事皮肤护理业务。

该公司的首席财务官斯科特·帕卡德（Scott Packard）在带我参观实验室时说："我们意识到，他们在皮肤护理领域做出的化学成果才是最有价值的东西。"在实验室里，成千上万的废蚕茧被提炼成"活性丝"（Actived Silk），这是该公司的注册商标。皮肤护理只是其中一个可能的用途。"我们可以将这一成果应用于各种用途的纺织品上。这是使它从'炫酷'变为'重要'的原因。"

丝心蛋白有一种不同寻常的化学性质。它同时包含一些亲水性蛋白质序列和疏水性蛋白质序列。丝心蛋白的亲水性部分使其能够溶解在水中，至少暂时溶解，并使其具有弹性。疏水性部分则相互结合，从而使纤维具有强度。奥尔特曼说："蚕丝蛋白中的某些部分非常不喜欢待在水中，它们会几乎永久地粘在一起。"但它们并非只能如此。它们可以和其他物质黏合在一起。因此，杂质造成了果冻问题，也创造了商业时刻。

如果丝心蛋白能与自来水中的盐结合，它就能与尼龙、羊毛、羊绒、皮革等任何需要对表面进行保护、柔软化或其他改善处理的材料结合。通过将丝心蛋白聚合物切割成大小不同的碎片——一些碎片的边缘具有疏水性，另一些碎片的边缘则具有亲水性——该公司创造出不同结构和特性的材料。它可以填补廉价皮革上的粗糙点，使尼龙具有防泼水和排汗功能，或减少羊毛和羊绒收缩和起球的概率。蚕丝不仅取代了合成护肤成分，还可以替代现有的纺织品整理剂。

护肤产品只影响一部分人；纺织品则关系到每一个人。

这并不是说该公司希望占领整个市场。这家公司现在名为"自然进化"（Evolved by Nature），它把赌注压在一种文化趋势上：消费者对工业化学品的反感。该公司的蚕丝整理剂主要的目标客户是寻找替代品的纺织品生产商和皮革生产商。"从商业意义上讲，"奥尔特曼承认，"如果没有可持续发展的使命，就没有伦理和道德，我们就什么也给不了他们。因为我们所能做的一切，你都能找到一种合成化学品来做。"

正如奥尔特曼尖锐的言辞所暗示的那样，这家公司正在进行一场变革：在时装业谴责自己助长污染和一次性消费之际，这场变革吸引了积极的关注。2019 年 6 月，香奈儿公司通过购买该公司的少量股权，提升了自己的环保形象。[27] 然而，这些创始人都是务实的商人，他们明白，一场变革并不会改变产品或行业惯例。自然进化公司也不想把自己的客户局限于奢侈品消费者。奥尔特曼说："我们不想像特斯拉那样。我们希望像丰田的混合动力汽车那样。我喜欢普锐斯（Prius），这就是我们想要的。"

为了最大限度地扩大市场，自然进化公司的整理剂不需要新的设备或程序。工人们只需要按照指示使用多少溶液和在水中稀释多少溶液，就像他们制造其他整理剂那样。尽管这一前景不会让该公司的员工感到兴奋，但工厂甚至可以同时使用自然进化公司的产品和合成品。"我们并没有扰乱这个行业，"帕卡德说，"我们正在努力清理这个行业，一步一步来。"

*

她身穿白色套装，看起来完全是一位永葆青春的时尚偶像。她的直筒裙垂至小腿中部，末端饰有精致的流苏，其鲜明的线条与她柔软的针织紧身胸衣形成鲜明对比。她漫不经心地把围巾搭在脖子上，整个造型就完成了。围巾上的海军蓝镶边和她的卷发上搭配的丝巾为整个造型增添了一抹精致的色彩。

无论你多么渴望从粉红世界中解脱出来，你都无法在玩具区找到这个芭比娃娃。她和她身上这套独一无二的服装现位于麻省理工学院的一间办公室里，离该校著名的大穹顶不远。研究科学家斯维特拉娜·博里斯基纳（Svetlana Boriskina）用芭比娃娃来展示她对未来服装的设想。

博里斯基纳是一名光学材料专家，直到几年前，她还认为服装是不值得研究的"古老技术"。她专注于研究尖端设备的潜在原料。

随后，她收到了来自美国能源部的挑战，该部门正在征求关于"人体热量管理"的新想法。这是一个非常现代的概念。毕竟，在人类历史的大部分时间里，保暖主要是个人事务。取暖意味着用衣服或毯子包裹起来，用火提供辅助热量。当时的人还不知道何谓空调。现在，我们依靠集中的气候控制系统。它们提高了我们的舒适度，但为建筑物进行供暖和制冷消耗了大量的能源——占美国能耗的12%。让我们每个人都生活在自

241

芭比娃娃身上聚乙烯套装的透肤感，令她十分清凉。[*Svetlana V. Boriskina, MIT (sboriskina.mit.edu)*]

己适宜的温度下的技术将减少碳排放，附带的好处是结束关于恒温器设置的无休止的冲突。[28]

博里斯基纳对此很感兴趣。她的光学专业知识可以提供一种全新的方法。

你的身体在不断地散发热量。衣服会把这些热量限制在你的皮肤附近。像鸟类羽毛或动物皮毛一样，服装会阻碍**热传导**——这是指当两种温度不同的表面接触时发生的热量传递。较热物质的激发态分子将能量传递给较冷物质中的静止分子，直到两者达到平衡。把一杯冰镇啤酒长时间放在吧台上，它会逐渐升至室温。在冬天的室外脱下手套发送信息，你的手指会慢慢变冷。有些物质是特别快速的导体，这就是为什么你在夏天跳进游泳池会立刻感觉凉爽——并且你很快习惯了这些让你最初感觉寒冷的水。

通过在温暖的皮肤和较冷的空气之间设置屏障，衣服阻碍了传导。因此，当天气寒冷时，合适的衣服就可以处理你的热量管理，就像丹麦骑自行车通勤的人很快指出的那样。真正的挑战——也是激发博里斯基纳想象力的——是冷却。

她认为，解决方案必须是无源的，不需要电线或电池。必须是一些简单的东西，一些类似于衣服的东西，或者就像赤身裸体一样。

只要周围的空气不高于你的体温，脱下衣服后，传导就会使你的温度降下来。但另一个过程——**辐射**与气温无关。就像太阳一样，你的身体也在不断地向宇宙释放能量。虽然太阳的部分能量会以可见光的形式辐射出去，但你的身体却不会；它有更长的红外波长，夜视仪和红外摄像机可以通过接收红外波长，捕捉到隐藏在黑暗中的人。

你体内的热量大约有一半是通过辐射散发出去的。但是你的衣服阻挡住了它。"它们只是将这些热量据为己有，"博里斯

242

基纳说，"然后这些衣服自己暖和起来，把热量限制在身体周围。"在大热天，衣服会让你变得更热。

但如果它们没有这样做呢？如果纺织品是由红外辐射可穿透的东西制成的——这样热量就可以直接穿透它——但看起来是不透光的呢？你的衣服可以让你像裸体一样凉爽，同时保护你免受晒伤和凝视。博里斯基纳开始研究这种物质是否存在。

"我们完全是从一个概念开始的，"她解释说，"这是一个数学概念：如果我们有这种材料，如果我们能把它浇铸成某种形状的纤维，然后用这种纤维制成纱线，它就具有我们所预测的功能。如果你掌握了这种功能，你就可以控制温度。"

事实证明，答案是一种非常简单的聚合物，只有碳和氢，没有任何振动和阻挡辐射的离子键。到目前为止，一切顺利。然而，如果你真的想制造出人们能穿的衣服，你需要的就不仅仅是正确的方程式。博里斯基纳说："它必须舒适、便宜且轻薄。"

她发现，这种合适的材料不仅存在，而且随处可见。它构成了机器零件和管道配件、游乐场滑梯和洗发水瓶子，回收箱和备受诟病的一次性购物袋。它被称为"世界上最重要的塑料"，几乎占所有塑料产量的30%。[29] 它就是聚乙烯。

聚乙烯没有用来制造过纺织品。事实上，博里斯基纳花了大量的时间才找到用于实验的纤维。她最后找到了位于田纳西州的迷你纤维有限公司（MiniFibers Inc.），该公司将聚乙烯切割成小块，使其在两个表面之间熔化，作为胶水使用。他们给了她足够多未切割的细丝来开始实验。不过，你也可以用制造聚酯纤维的相同机器轻松地挤出聚乙烯，而博里斯基纳现在使用的是由附近的美国陆军纳蒂克士兵系统中心（US Army Natick Soldier Systems Center）生产的纱线，该中心支持她的研究。然后，她用AFFOA的设备将其变成织物。芭比娃娃的服装就是这样制造出来的。

聚乙烯轻便、柔软，穿上去就像裸体一样凉爽，听起来像是一种很棒的纺织品，特别适合气候炎热、潮湿的地区。为什么不用它制造我们的衣服？当我问起这个问题时，纺织行业的资深人士告诉我，它太昂贵了，在高温下会降解，而且不能染色。

总的来说，第一个反对意见是不准确的。它特指的是一种用于特殊应用的超强高密度聚乙烯（想想漂浮在水面上的重型船用链条）。大部分聚乙烯都非常便宜。这就是它被用于一次性包装的原因。

第二个批评意见是正确的，但可能并不重要，至少对于某些应用来说是这样。低密度聚乙烯在摄氏 130 度（华氏 266 度）左右熔化，相比之下，聚酯纤维的熔点约为摄氏 260 度（华氏 500 度）。在临近沸腾的水中，它可能会收缩或发生其他不良情况。在所有条件相同的情况下，聚酯纤维性能更好。但在炎热的气候下，一切条件都不再相同。你可以用温水洗涤聚乙烯衣服，把它们挂在绳子上，甚至把它们放入低温设定的烘干机中。但不能对它们进行沸煮或熨烫。

然而，染色问题绝对是真实存在的。这就是这个芭比娃娃的服装大部分是白色的原因。聚乙烯分子没有提供染料黏合的地方，所以颜色只是停留在表面。当博里斯基纳的团队尝试用普通的染料给他们的神奇织物上色时，它变成了黑色。"然后，我们把它放在冷水里，哇！它又变成了白色，"她说。要得到彩色聚乙烯纺织品，必须在制作纤维时就加入着色剂。这意味着减少染料污染——这对环境而言是重大的利好——但也改变了生产过程的经济效益，迫使工厂精确预测颜色的需求。一种不能沸煮且难以染色的织物是不太可能风靡全球的。但是，从阿拉伯长袍到贴身内衣，一种不能沸煮、难以染色的**凉爽**织物

244

仍有很大的潜在市场。它甚至可能让白色运动 T 恤重新流行起来。

染料问题的另一面是，染色分子也不会粘在一起。清洗快速简单，不需要长时间洗涤或高温。除了节能之外，你可以想象这给没有洗衣机的人带来的好处，特别是在气候炎热的地区。众所周知，聚乙烯的抗菌特性可以防止其在垃圾填埋场降解，这意味着它作为一种服装材料不太可能发臭，并且可以减少医疗环境中的感染。它很容易被回收利用，而且相关渠道已经建立。旧衬衫可以变成新瓶子，反之亦然。博里斯基纳说："你只要不把它扔进海里就行。"

博里斯基纳没有从能源部获得她想要的研究经费，但这一挑战改变了她的生活。她已经成为聚乙烯的传道者。

"如果你看看现在的织物——服装、床单、桌布或汽车座椅——它们都是由棉纤维或聚酯纤维制成的。这两种纤维几乎主宰了整个市场。无论从哪个角度来看，聚乙烯都比棉纤维和聚酯纤维好，"她热情洋溢地说，"而且它的制造成本也不高。我不明白为什么它不能取代几乎所有其他的材料。"她现在正在研究聚乙烯的抗菌特性，并在 AFFOA 的资助下研究聚乙烯纤维是否可以携带传感器或其他电子设备。

她的热情在一定程度上源于这样一种信念：这种经常被环保主义者诋毁的材料可以为地球创造奇迹。她相信，将聚乙烯制成日用纺织品可以节省空调和洗衣机所用的能源，同时还能改善世界各地人们的舒适度和健康状况。"这就是为什么一开始我就这么兴奋，因为这完全不是我的领域，"她说，"你真的可以改变世界。"[30] 从事与纺织品有关的工作提供了一个产生重大影响的机会。它们或许在很大程度上不为人所注意，但它们无处不在。

后记：为什么是纺织品？

旧的和新的，构成了每一刻的经纬。

——拉尔夫·沃尔多·爱默生（Ralph Waldo Emerson），
《引用与独创》（"Quotation and Originality"），1859

那些知道我写了这本书的人总是问我一个同样的问题：为什么是纺织品？

我可以给出我认为符合提问者期待的答案。我可以说，我在一个自诩为"世界纺织品中心"的小镇上长大，因此纺织品在我的成长过程中有着重要的影响。但事实并非如此。我的一些朋友的父母在这个行业工作，但我个人和纺织业的联系仅限于偶尔去工厂折扣店寻找便宜的衣服。

我可以说，我的家族中已经有人从事纺织业至少五代了。这种说法也有误导性。我的父亲是工程师，他在我上幼儿园之前，就把自己的研究方向从合成纤维转到了聚酯薄膜。他的叔叔从事地毯生意，但在我很小的时候就去世了。这两件事情都没有激发我对纺织品的兴趣。

尽管这样的答案可以编出一个好故事，但这本书的灵感并 非来自家族历史或童年经历。它不是从熟悉的事物中产生的，而是源于陌生的事物：印花棉布禁令和巴西木出口、米诺斯泥板文书和意大利捻丝厂，一条19世纪带有亮紫色条纹的连衣裙，以及用酵母制成丝的前景。我对纺织品的探索源于好奇。

当我从学者、科学家和商人那里听到这些时——起初是巧合，后来是在我开始研究这个课题时——我一次又一次为纺织品代表的重要技术、它们产生的震撼世界的影响，以及它们本身的非凡历史而震惊。

对纺织品的探索让我认识到神奇的自然现象，比如靛蓝奇怪的化学成分和棉花不可思议的遗传学。它向我展示了蕴含在手工业和工业中的聪明才智与精心照料——老挝织机上的图案细绳以及制造这些细绳用的尼龙、印度木版印花的多个阶段，以及洛杉矶一家染厂里正在染色的数千码长的织物。它使得我对工业革命满怀感激，它提供了大量的线，它解放了女性的时间。

我钦佩意大利商人开创的邮政服务企业，也赞赏他们的非洲同行把布条变成了货币。我嘲笑特拉斯卡拉议员们为胭脂虫暴发户而感到烦恼，想象着年轻的马基雅维利正在做关于布料的应用题。我为阿戈斯蒂诺·巴西坚持不懈地寻找蚕病的起源而欢呼，也为华莱士·卡罗瑟斯的去世而悲痛。我感受到了拉玛西的沮丧，也闻到了骨螺染色的恶臭味。

蒙古人把被俘虏的织布工迁移到亚洲各地，美国人将被奴役的工人带到密西西比河流域，他们的残暴行径让我不寒而栗。我想知道，如果《西北法令》（*Northwest Ordinance*）的条款，包括禁止奴隶制，适用于最初十三州的所有新建州，会发生什么情况？有了不同的选择，棉花可能意味着机会和解放吗？

我对纺织品了解得越多，对科学、经济、历史和文化——这些我们称为**文明**的现象就理解得越深。我们患上了纺织品健忘症，因为我们享受着丰富的纺织品。患上这种健忘症是要付出代价的，它掩盖了人类遗产的重要组成部分，隐藏了关于我们是如何发展到现在这一步以及我们是谁的很多问题。

我现在意识到，每一块布都代表着无数难题的答案。许多难题是技术性或科学性的：如何培育出有浓密白色羊毛的绵羊？如何保持足够的张力，使纤维能纺成线而不断裂？如何防止染料褪色？如何制造一台能够织出复杂图案的织机？

然而，其中一些最棘手的问题是社会性的：如何为一批蚕或棉花作物、一座新的纺纱厂或一支长途商队提供资金？如何将编织图案记录下来，以便其他人能复制它们？在实际上没有给付货币的情况下，如何支付纺织品的运费？当法律禁止某种你想要制造或使用的布料时，你会怎么做？

这些问题源于人类的共性。人类都有被保护的需要、对地位的追求和装饰的乐趣。我们是能够制造工具、解决问题的动物，也是具有社会性和感官性的生物。布料体现了所有这些特点。

但在历史上，共性只有通过具体事例才能体现出来：发明家、艺术家和劳动者的成就，科学家和消费者的渴望，探险家和企业家的进取心。纺织品的故事涵盖了美丽与天赋、暴行与残酷、和平贸易与野蛮战争、社会等级制度与微妙的变通方法。隐藏在每一块织物里的是来自世界各地、古今中外，知名或不知名的男男女女们充满好奇、聪明和渴望的行动。

这一遗产不属于某个国家、种族或文明，也不属于特定的时间或地点。纺织品的故事不是男性或女性的故事，也不是欧洲、非洲、亚洲或美洲的故事。这是所有人的故事——一个逐渐累积、共享共有的**人类**故事，一条由无数鲜艳的丝线编织而成的挂毯。

致　谢

2014 年，当德尼塔·休厄尔（Denita Sewell）建议我参加在我家附近的加州大学洛杉矶分校举行的美国纺织学会两年一度的研讨会时，我的纺织之旅从一个毫无根据的概念变成了一项严肃认真的研究。我特别感谢她。会议上听到的内容让我深深着迷，尤其是玛丽－路易丝·诺申（Marie-Louise Nosch）关于纺织品考古学的论文和贝弗利·勒米尔关于 18 世纪贸易的论文。我还与他们和其他纺织史学家，包括伟大的贝肯·巴伯（Betchen Barber），进行了激动人心的对话。

从那时起，我就受益于许多纺织学者、商人及工匠的热情和慷慨的帮助。在本书中介绍了其中一些人，我感谢他们与我分享他们的工作和时间。还有一些人也同样对我帮助巨大，但他们的名字没有出现在这本书里。我想在这里对他们逐一表示感谢。

玛丽－路易丝·诺申和伊娃·安德森·斯特兰德（Eva Andersson Strand）在我访问哥本哈根大学（University of Copenhagen）纺织研究中心（Centre for Textile Research）时接待了我，这些访问经历令我受益匪浅。在那里，玛格达莱娜·奥尔曼（Magdalena Öhrman）、简·马尔科姆－戴维斯（Jane Malcom-Davies）和苏珊·勒瓦德（Susanne Lervad）让我的纺织知识水平得到进一步提高，他们和我交谈，为我提供参考资料，指导我亲手实践。在我研究的早期阶段，谢林·

芒克霍尔特（Cherine Munkholt）为了鼓励我，向我介绍了埃伦·哈利齐乌斯－克卢克（Ellen Harlizius-Klück）的工作。我和塞西尔·米歇尔（Cécile Michel）是在纺织研究中心认识的，她好心地与我分享了她对古亚述文本的翻译，并回答了无数关于这些文本的问题。

约翰·斯泰尔斯（John Styles）给我开了一场名副其实的关于纺纱和工业革命的文学研讨会，当时他碰巧在访问亨廷顿图书馆（Huntington Library）。他后来还回复了我很多封邮件。克劳迪奥·扎涅（Claudio Zanier）把我介绍给弗拉维奥·克里帕（Flavio Crippa），他不仅安排了多次旅行，还开车载我往返于米兰。海伦·张（Helen Chang）告诉我，纺织品在丝绸之路上是作为货币使用的。德布·麦克林托克（Deb McClintock）帮助我理解了老挝织机的操作原理。当我还在构思我的书写计划时，史蒂夫·耶斯塔德（Steve Gjerstad）给了我一堆很有帮助的经济史文章。

戴安娜·费根·阿弗莱克（Diane Fagan Affleck）和卡伦·赫堡（Karen Herbaugh）向我分享了他们对 19 世纪棉布印花中"霓虹色"的研究，并在已经关闭的国家纺织历史博物馆（National Textile History Museum）中向我展示了一些样布。米歇尔·麦克维克（Michelle McVicker）在纽约时装技术学院博物馆里挑选了一些服装，展示经苯胺染料染色前后纺织品的变化。

迈尔·科恩（Meir Kohn）与我分享了他的书稿，并回答了关于经济制度的问题。我向帖木儿·库兰（Timur Kuran）请教了关于为什么纺织品在制度的演进中扮演了如此重要角色的问题。姚立宁分享了她对变形材料的研究。邱田回复了我的每一封邮件。

加布里埃尔·卡尔扎达（Gabriel Calzada）邀请我拜访了危

252

地马拉城的马洛京大学（Universidad Francisco Marroquin），并在我访问期间安排了一次长时间的纺织之旅和写作静修。巴勃罗·贝拉斯克斯（Pablo Velásquez）、伊萨贝尔·莫伊诺（Isabel Moino）、丽萨·汉克尔（Lissa Hanckel）和丽萨·菲茨帕特里克（Lisa Fitzpatrick）热情招待了我。

如果没有我的朋友希卡·达尔米亚（Shikha Dalmia）、我的嫂子杰米·英曼（Jamie Inman）和她们广泛的社会联系，我的印度之行就不可能实现。希卡·班纳吉（Shikha Banerjee）带我快速参观了新德里中央家庭手工业商场（Central Cottage Industries Emporium）里的印度纺织品。苏雷什·马图尔（Suresh Matur）邀请我在苏拉特的汽车大学（Auto University）发表演讲，该大学组织了一次参观拉克西米帕蒂纱丽（Laxmipati Saree）工厂的活动，并安排我在苏雷什美丽的酒店住宿。我在当地得到了两位东道主安居（Anju）和吉里什·塞西（Girish Sethi）的热情招待，他们带我购物并参观当地的工厂。

在我研究的早期阶段，我意识到除非学会使用织机，否则我永远不会理解它的操作原理。特鲁迪·索尼娅（Trudy Sonia）给我上了入门课，她借给我一台台式织机，用她自己漂亮的织布作品启发我，并介绍我加入南加州手工编织者协会。在我书写本书取得进展和早期的编织尝试中，该协会都给予我鼓励，它还是一个专业参考资料的宝贵来源。我特别感谢钱特尔·霍罗（Chantal Hoareau）和艾米·克拉克（Amy Clark），他们管理着该协会图书馆的 3000 本藏书，我还要感谢安娜·津斯梅斯特（Anna Zinsmeister），她借给我一些很难找到的关于西非织布的书籍。

253　　当我无法利用波斯特雷尔家族图书馆时，布赖恩·弗莱（Brian Frye）给我带来了一些未发表的论文和其他晦涩难懂的出版物。约翰·珀尔利·霍夫曼（John Pearley Huffman）专程去了加州大学圣塔芭芭拉分校（UCSB），帮我扫描急需的书籍。亚历克斯·内尔（Alex Knell）是我的研究助手，帮我从加州大学洛杉矶分校取书和还书。在过去的几年里，很多朋友都给我发来了大众媒体上有关纺织品的文章链接。我要特别感谢科斯莫·温曼（Cosmo Wenman）、戴夫·伯恩斯坦（Dave Bernstein）、克里斯蒂娜·惠廷顿（Christine Whittington）和理查德·坎贝尔（Richard Campbell）。

对《文明的经纬》的研究让我比平时更感激网络上丰富的历史和学术资料，我要感谢学术网（Academia.edu）、研究之门（Research Gate）和谷歌读书（Google Books）等网站。互联网档案馆（Internet Archive）绝对是一个宝藏，它收藏了一些早期图书版本的副本，这些版本只有在少数几家图书馆才能找到。（为了支持这家档案馆，我捐了钱，并鼓励读者们也这样做。）这本书中收录的图片有些是从互联网档案馆中获取的，还有大量不受版权限制的图片是从世界上许多伟大的博物馆中获取的。

在这本书出版之前，2015 年，我在《万古杂志》（*Aeon*）发表了一篇名为《线的失去》（*Losing the Thread*）的文章，我要特别感谢索纳尔·乔克西（Sonal Chokshi），是他把我介绍给了罗斯·安德森（Ross Andersen），安德森对这篇文章进行了出色的编辑。本·普拉特（Ben Platt）在读完这篇文章后，邀请我向基础图书出版社提交一份图书出版计划。当时我没有做好准备，而等我做好准备时，本已经离开了出版业。但利娅·斯特克（Leah Stecher）最后还是将这本书带到了基础图书出版社。就在一切都进行得很顺利时，她也离开了这个行业。这种情况通常是作家的噩梦，最后却变成了好事，让我幸运地认识了克莱尔·波特（Claire Potter），她是一位热情而富有洞察力的编辑，并邀请布兰登·普罗亚（Brandon Proia）协助审稿。在整个过程中，我的经纪人萨拉·查尔方特（Sarah Chalfant）、杰斯·弗里德曼（Jess Friedman）和亚历克斯·克里斯蒂（Alex Christie）一直非常专业，也十分支持我。布琳·沃里纳（Brynn Warriner）全程指导书稿的制作，克里斯蒂娜·帕拉亚（Christina Palaia）负责书稿的文字编辑，朱迪·基普（Judy Kip）编制了索引。

艾米·阿尔康（Amy Alkon）、琼·克朗（Joan Kron）、珍妮特·利维（Janet Levi）和乔纳森·劳赫（Jonathan Rauch）阅读了前几章后，与我分享了他们的想法。在我书写的过程中，莱斯利·沃特金斯（Leslie Watkins）阅读并评论了每一章的内容。贝肯·巴伯、和理查德·坎贝尔、戴尔德丽·麦克洛斯基（Deirdre McCloskey）、格蕾丝·彭（Grace Peng）和莱斯利·罗迪尔（Leslie Rodier）阅读了终稿，他们从不同角度给了我宝贵的反馈。当我努力重写前言时，安娜贝勒·格维奇（Annabelle Gurwitch）和凯瑟琳·鲍尔斯（Kathryn Bowers）帮助我快速重读了一遍。

我深深感谢琳恩·斯卡利特（Lynn Scarlett），她把自己位于圣芭芭拉的房子借给我，作为我写作期间的藏身之地。琼·克朗为我安排了多次纽约之旅，为我提供了无与伦比的陪伴，以及一个美好的住处。

当我忐忑不安地向大卫·希普利（David Shipley）请假，希望暂停为《彭博观点》（Bloomberg Opinion）撰写专栏一年时，他立即说："当然可以。"我感谢他，也感谢我的专栏编辑们，他们是乔恩·兰兹曼（Jon Landsman）、凯蒂·罗伯茨（Katy Roberts）、托比·哈肖（Toby Harshaw）、詹姆斯·吉布尼（James Gibney）、迈克·尼扎（Mike Nizza）、斯泰西·希克（Stacey Schick）和布鲁克·桑普尔（Brooke

254

Sample）。我还要感谢我的朋友，同时也是彭博社的同事亚当·明特（Adam Minter），他写的关于全球二手服装贸易的书与我的研究有重合之处；希望我们能有更多关于纺织品的交流。

这项研究得到了艾尔弗雷德·P.斯隆基金会（Alfred P. Sloan Foundation）关于科学、技术和经济学的公共认知（Public Understanding of Science, Technology, and Economics）项目的慷慨资助。我很荣幸能得到这样的认可，也非常感谢他们的经济资助。我感谢多伦·韦伯（Doron Weber）和阿里·丘恩诺维克（Ali Chunovic）的鼓励和帮助。

这本书献给我的父母，萨姆和苏·英曼，不仅因为他们是出色的父母，还因为《文明的经纬》反映了他们对我的智识影响：我父亲在科学和历史方面对我的影响，我母亲在艺术方面对我的影响，以及他们在写作和"创作"方面给予我的共同影响。这本书还要献给史蒂夫·波斯特雷尔（Steven Postrel），他是我最好的朋友和真挚的爱人，是我生命中不可或缺的人，也是我所有作品的第一读者——对于我这根纬纱而言，他是最牢固的经纱。

术语表

abacist：意大利早期的算盘老师，也被称为 "maestro d'abaco" 或 "abbachista"。

alizarin：茜素，一种橙红色染料化合物。

alum：明矾，一种钾或硫酸铝铵，是一种重要的媒染剂。

aniline：苯胺，一种生物碱化合物，是化学染料的主要成分。

Asantehene：阿散蒂土王。

aulnager：毛料规格管理官，负责对羊毛布料进行认证并征税的英国政府官员。

bastfibers：韧皮纤维，植物的树皮或茎中细长的维管组织，用于制作纱线、细绳或粗绳；韧皮纤维包括亚麻、荨麻、大麻、黄麻、椴树和柳树。

bill of exchange：汇票，通知另一个城市的代理商向某人支付一定金额的格式信函。

bistanclac：比兹坦克拉克，一个里昂方言词，用于指代使用雅卡尔装置的织机。

Bolinus brandaris：一种软体动物，被称为 "带刺染料骨螺"，能产生红紫色染料。

Bombyx mori：桑蚕，蚕丝的来源。

Bonwirehene：邦沃尔土王，在以肯特布闻名的阿散蒂地区邦沃尔小镇负责监管织布的首领。

Bran water：麸皮水，一种将麸皮浸泡几天后产生的酸，用于染色。

brazilwood：巴西木，一种从某些热带树木的致密心材中提取的染料，有时被简称为"巴西"；巴西这个国家就是以此得名的。

brocade：锦缎，一种织物，通常使用奢华的线织成，结合补充纬纱创造出图案。

calcino：蚕僵病，一种对蚕致命的疾病，阿戈斯蒂诺·巴西在 19 世纪早期对其进行了研究；这种疾病也被称为"mal del segno"、"muscardine"、"calco"或"calcinaccio"。

calico：印花棉布，原产于印度，也被称为"chintz"和"indienne"。

charkha：印度手纺车，特别适合纺棉花。

chintz：印花棉布，原产于印度，也被称为"calico"和"indienne"。

chōnin：町人，日本江户时代的城市平民，属于下层阶级，也包括商人。

clothier：布料制造商。

coal tar：煤焦油，从煤块中提炼出汽油和焦炭后留下的各种碳氢化合物烂泥状混合物，它成了新型化学染料的原料。

cochineal：墨西哥胭脂虫红，一种珍贵的红色染料，提取自寄生在胭脂仙人掌或仙人果上的微小昆虫，这种人工培育的新大陆染料取代了野生的欧洲胭脂虫红染料。

corte：裙子，作为传统玛雅套装的一部分，是一条长布，通常是用落地织机织出的，用一条紧系的腰带固定。

distaff：纺纱时用于固定纤维的手工纺纱杆。

double weave：一种双层的布料。

draft：图样，编织特定图案的简图。

drafting：牵伸，纺纱的第一个步骤，纺纱工将仍然连在一团干净的羊毛、亚麻或棉花上的纤维拉伸出一部分。

draper：布料批发商。

drawloom：大型落地织机，由织布助手（有时被称为牵线男童或牵线女工）控制单独的经纱，以创造出锦缎图案。

Drop spindle：手纺锤，一种由两个部分组成的纺线装置，包括一根小棍和一个一端带有纺轮的棒子。

dry exchange：虚假交易，指用另一张汇票支付原来的汇票。

factor：历史上指的是代理商或中间商，本书中也采用此意；现在指的是根据服装制造商当前的发票提供信贷的实体。

faja：一种紧紧系在腰间的宽大腰带，是传统玛雅套装的一部分。

felt：毛毡，是通过摩擦将潮湿的动物纤维缠绕在一起制成的。

filament：长丝，一种连续挤压而成的纤维，如蚕丝或合成纤维（与短纤维相反）。

Framework knitting：针织机，16 世纪发明的一种早期机械针织机。

fustian：棉亚麻混纺粗布，经纱是亚麻线，纬纱是棉线，在工业革命前的英国作为"棉布"生产。

gabella：年费（按官方的说法，这是一笔罚款），用于允许早期现代佛罗伦萨人穿着原本被禁止的奢侈服装。

gauze：纱罗，将两条经纱捻在一起，并将纬纱插入捻合而成的经纱后制成的织物；这种织法也被称为"罗纹"。

Gossypium arboretum：原产于印度次大陆的旧大陆棉花品种，通常被称为"树棉"。

257 *Gossypium barbadense*：长绒棉花品种，有时被称为皮马棉、埃及棉或海岛棉。

Gossypium herbaceum：草棉，旧大陆两种人工培育的棉花品种之一，有时也被称为"黎凡特棉"（Levant），这是原始非洲棉花品种幸存下来的最相近的后代，所有的棉花纤维都出自这种非洲棉花品种。

Gossypium hirsutum：陆地棉，最重要的培育棉品种，原产于尤卡坦半岛。

grana：胭脂虫红，几种珍贵的红色染料的统称，从微小昆虫的体

内提取而成。

hackling：梳麻，用梳子梳理亚麻茎，把长长的纤维和短而蓬松的纤维分开。

heddle：综丝，用于抬升和降低经纱的线圈或金属圈。

Hexaplex trunculus：根干骨螺，一种软体动物，也被称为带有斑纹的染料骨螺，可产生多种色调的紫色染料。

huipil：玛雅棉质套头罩衫，在背带织布机上编织几块布料并缝合在一起，通常用补充纬纱装饰。

ikat：绯织，在染色前用绳子将线紧紧地扎在一起，勾勒出不染色的区域，从而形成布料的图案；绯织的特点是图案略显模糊的外观；如果染色时将经纱和纬纱都扎在一起，这样的布料就叫作"经纬绯"（*doubleikat*）。

iki：粹，江户时代日本发展出的一种理想的审美风格，这种审美风格最看重搭配的巧妙。

indican：糖苷，靛蓝前体，存在于植物中。

indienne：印花棉布，原产于印度，也被称为"calico"和"chintz"。

Indigofera tinctoria：木蓝，南亚豆科植物，在欧洲被称为"真正的靛蓝"。

indigotin：靛蓝，是一种不溶于水的蓝色色素，也称作"indigo"，是吲哚酚暴露在氧气中时形成的。

indoxyl：吲哚酚，是靛蓝叶子在水中分解时产生的高活性无色化合物。

Jacquardloom：雅卡尔提花织机，这种织机上装有一个附件，使其能够自动选择单根经纱以织出图案；雅卡尔提花织机最初是由机械穿孔卡片驱动的，现在使用计算机控制器驱动。

jaspe：印花经纱，危地马拉扎染技术。

kente cloth：肯特布，一种西非条纹布，它的特点是有交替出现的经面编织和纬面编织方格图案；现在这个术语通常泛指带有肯特布设计图案的布料。

kermes：欧洲胭脂虫红，一种珍贵的红色染料，由生活在欧洲栎树上的微小红色昆虫制成，通常被称为"grana"。

knit stitch：针织法，针织中的基本针法，也被称为"平针织法"。在手工针织时，一个新的线圈是通过前一个线圈往下拉出来的。

lampas：彩花细锦缎，一种复杂的锦缎织法，使用两组经纱和至少两根纬纱。

leuco-indigo：隐色靛蓝，有时也被称为"靛白"，靛蓝在碱性环境中分解形成的可溶性化合物。

madder：一种从染色茜草的根中提取的多功能红色染料。

258 **magentic core memory**：磁芯存储器，计算机存储器的早期形式，由交织的铜丝组成，每个交叉口有一个微小的铁氧体磁珠，代表一个比特（信息量单位）。

mise-en-carte：呈现织物设计图案的大比例尺图纸。

mordant：媒染剂，化学物质，通常是金属盐，能使染料牢固地附着在纤维上。

nålbinding：单针编织法，指的是用一根钝针将线穿过绕在拇指上的线圈来制作布料；针织法只使用一根连续不断的线，单针编织法则是将一整根纱线穿过每一个线圈，它使用的是非常短的纱线，一根纱线织完再织另一根，前后两根纱线的接头处是通过毡合融为一体的。由于需要毡合，因此单针编织法只能使用动物纤维。

nasīj：织金锦，金线织成的丝锦缎，主要由蒙古人使用，也被称为"鞑靼布"。

open tabby：波纹绸，纱罗的替代品。

organzine：经丝，用多根纤维捻成，具有韧性。

pébrine：家蚕微粒子病，一种蚕病，19世纪时摧毁了欧洲的养蚕业，致病原因是一种寄生原生动物。

pick：一行纬纱。

plain weave：平纹织物，每隔一行交替使用经纱和纬纱织出的织
物结构，也被称为"tabby"。

polyploidy：多倍体，指一种生物现象，一个生物得到了两个亲本
的各一个染色体副本，而不是通常的单个副本；多倍体在植物中
很常见。

polyvoltine：多化性，一年繁殖多次（适用于昆虫，特别是蚕）。

purl stitch：反针织法，与针织法结合可以织出螺纹。在手工针织
时，一个新的线圈是通过前一个线圈往上拉起来的。

purpurin：羟基茜草素，一种紫色染料化合物。

quilling：卷纬，将纺好的线或缫好的丝卷绕到筒管上。

qilin：麒麟，外表和龙相似的生物，长着分趾蹄，是印在明朝高级
官员官服上的图案。

reed：筘，织机上一个梳子形状的部件，能使经纱保持整齐有序；
可能配合筘座一起使用。

reeling：缫丝，从浸泡在温水中的蚕茧中抽出长丝。

retting：沤麻，将亚麻的茎干浸泡在水中，分解使韧皮纤维黏附在
外茎上的果胶。

ropememory：线存储器，在"阿波罗计划"中使用的一种只读电
脑存储器。

satin：缎纹，一种表面光滑的织物，结构上经纱和纬纱的交织点很
少，这样可以避免像斜纹织物那样形成斜线。

scarsella：14 世纪时由意大利商人建立的定期邮政服务，字面意
思是邮差包，复数形式是"scarselle"。

scutching：打麻，捶打和刮削干亚麻茎，将纤维从茎秆上分离
出来。

sericulture：养蚕业，饲养和收获蚕。

shaft：综轴，固定和提升一排综丝的杆子，通常由操作杆或踏板

控制。

shed：梭口，抬升和降低经纱，形成一个可以让纬纱穿过的空间。

simple：法国织机上控制单个经纱提升的垂直绳子，统称为"控制绳"，也被称为"semple"。

spindle wheel：纺轮，使纺纱的前两个步骤——拉出纤维和加捻纤维机械化的装置，使用传送带驱动。

spindle whorl：锭盘，用硬质材料制成的小圆锥体、圆盘或球体，中间有一个洞；锭盘是手纺锤上的一个部件，它增加了重量，增大了角动量。

staple：短纤维，短小的纤维，必须纺纱成线（与长丝相反）。

stocking frame：织袜机，16 世纪时在英格兰发展的一种早期针织机器，主要用于生产长裤。

Stramonita haemastoma：一种软体动物，也被称为"红口岩螺"，可以被制成红紫色染料。

strip cloth：条纹布，将窄布条缝合在一起织成一块较大的布，在非洲特别常见；布条和成品布都是标准尺寸的。

sumptuary laws：禁奢法令，限制消费的法律，通常针对奢侈品，主要根据社会阶层制定规则。

supplementary weft：补充纬纱，在单独选择的经纱上下插入的纬纱，目的是在织物上增加图案，它们不是织物结构的组成部分。

tadeai：蓼蓝，日本靛蓝，也被称为染料蓼属植物。

tapestry：挂毯，在织物结构上，纬纱以各种颜色创造图案并完全遮盖住经纱。

throwing：捻丝，将丝线加捻在一起。

traje：危地马拉人穿着的传统玛雅套装。

twill：斜纹织物，织物结构带有交叉线，交叉线是通过将纬纱按照一定的顺序而非交替的方式上下穿过多条连续经纱而形成的，每一行新的纬纱将图案移动过一根经纱。

twisting：加捻，纺纱的第二个步骤，将单根纤维结合在一起，形成连续不断的线。

usance：使用期限，汇票的支付期限；最初的目的是预留时间通知遥远城市的代理商，让他们知道有人要来兑换汇票。

vaðmál：标准尺寸的羊毛斜纹布，在中世纪冰岛作为货币使用。

wrap：经纱，结实的线，能保持张力，通过上升或下降以形成开口，使纬纱得以穿过。

weft：纬纱，在上升和下降的经纱之间水平交织，形成织物组织的线，通常比经纱更柔软；也被称为"woof"，尤其是在用古语写作的文学作品中。

260

whitetartar：白酒石，葡萄酒发酵过程中产生的沉淀物，用于染色。

winding：缠绕，纺纱的最后一个步骤，将纱线卷绕成绞纱，以保持其捻度。

woad：菘蓝，欧洲靛蓝。

注　释

前言：文明的经纬

1. Sylvia L. Horwitz, *The Find of a Lifetime: Sir Arthur Evans and the Discovery of Knossos* (New York: Viking, 1981); Arthur J. Evans, *Scripta Minoa: The Written Documents of Minoan Crete with Special Reference to the Archives of Knossos*, Vol. 1 (Oxford: Clarendon Press, 1909), 195–199; Marie-Louise Nosch, "What's in a Name? What's in a Sign? Writing Wool, Scripting Shirts, Lettering Linen, Wording Wool, Phrasing Pants, Typing Tunics," in *Verbal and Nonverbal Representation in Terminology Proceedings of the TOTh Workshop 2013, Copenhagen—8 November 2013*, ed. Peder Flemestad, Lotte Weilgaard Christensen, and Susanne Lervad (Copenhagen: SAXO, Københavns Universitet, 2016), 93–115; Marie– Louise Nosch, "From Texts to Textiles in the Aegean Bronze Age," in *Kosmos: Jewellery, Adornment and Textiles in the Aegean Bronze Age, Proceedings of the 13th International Aegean Conference/13e Rencontre égéenneinternationale, University of Copenhagen, Danish National Research Foundation's Centre for Textile Research, 21–26 April 2010*, ed. Marie-Louise Nosch and Robert Laffineur (Liege: Petters Leuven, 2012), 46.

2. 克拉克的"第三定律"指出，任何非常先进的技术，看起来都与魔法没什么区别。见维基百科（*Wikipedia*）"克拉克的三大定律"，https://en.wikipedia.org/wiki/Clarke's_three_laws，最后更新日期：2020 年 2 月 3 日。

3. 关于文明的定义问题的基本阐述，见 Cristian Violatti, "Civilization: Definition," *Ancient History Encyclopedia*, December 4, 2014, www.ancient.eu /civilization/。这里引用的定义来自 Mordecai M. Kaplan, *Judaism as a Civilization: Toward a Reconstruction of American-Jewish Life* (Philadelphia: Jewish Publication Society of America, 1981), 179。

4. Jerry Z. Muller, *Adam Smith in His Time and Ours: Designing the Decent Society* (New York: Free Press, 1993), 19.

5. Marie-Louise Nosch, "The Loom and the Ship in Ancient Greece: Shared Knowledge, Shared Terminology, Cross-Crafts, or Cognitive Maritime-Textile Archaeology," in *Weben und Gewebe in der Antike. Materialität—Repräsentation—Episteme—Metapoetik*, ed. Henriette Harich-Schwartzbauer (Oxford: Oxbow Books, 2015), 109–132. 组织学（*Histology*）是对组织的研究，来源于同一个单词 "tissue"，而 "tissue" 这个词本身来源于 "texere"。

6. –*teks*, www.etymonline.com/word/*teks–#etymonline_v_52573; Ellen Harlizius-Klück, "Arithmetics and Weaving from Penelope's Loom to Computing," MünchnerWissenschaftstage (poster), October 18–21, 2008; Patricia Marks Greenfield, *Weaving Generations Together: Evolving Creativity in the Maya of Chiapas* (Santa Fe, NM: School of American Research Press, 2004), 151; *sutra*, www.etymonline.com/word/sutra; *tantra*, www.etymonline.com/word/tantra; Cheng Weiji, ed., *History of Textile Technology in Ancient China* (New York: Science Press, 1992), 2.

7. David Hume, "Of Refinement in the Arts," in *Essays, Moral,*

Political, and Literary, ed. Eugene F. Miller (Indianapolis: Liberty Fund, 1987), 273, www.econlib.org/library /LFBooks/Hume/ hmMPL25.html.

8.　斜体的术语，比如这里的条纹布，可以在术语表中查找。

第一章　纤维

1.　Elizabeth Wayland Barber, *Women's Work, the First 20,000 Years: Women, Cloth, and Society in Early Times* (New York: W. W. Norton, 1994), 45.

2.　Karen Hardy, "Prehistoric String Theory: How Twisted Fibres Helped Shape the World," *Antiquity* 82, no. 316 (June 2008): 275. 如今，巴布亚新几内亚人倾向于使用市面上销售的纱线来制作网兜袋，市售纱线在颜色和质地方面都有更广泛的选择性，这种网兜袋称作 *bilums*。Barbara Andersen, "Style and Self-Making: String Bag Production in the Papua New Guinea Highlands," *Anthropology Today* 31, no. 5 (October 2015): 16–20.

3.　M. L. Ryder, *Sheep & Man* (London: Gerald Duckworth & Co., 1983), 3–85; Melinda A. Zeder, "Domestication and Early Agriculture in the Mediterranean Basin: Origins, Diffusion, and Impact," *Proceedings of the National Academy of Sciences* 105, no. 33 (August 19, 2003): 11597–11604; Marie-Louise Nosch, "The Wool Age: Traditions and Innovations in Textile Production, Consumption and Administration in the Late Bronze Age Aegean" (paper presented at the Textile Society of America 2014 Biennial Symposium: New Directions: Examining the Past, Creating the Future, Los Angeles, CA, September 10–14, 2014).

4.　在当代术语中，"linseed oil" 和 "flaxseed oil" 都被称为亚麻籽

油，但含义有时有所区别。"linseed oil"因其加工方式无法食用，而"flaxseed oil"通常作为营养补充剂食用。在史前时代，除了用法以外，两者没有任何区别，即使是今天，"linseed oil"也可以指任何通过压榨亚麻籽制成的油。

5. Ehud Weiss and Daniel Zohary, "The Neolithic Southwest Asian Founder Crops: Their Biology and Archaeobotany," Supplement, *Current Anthropology* 52, no. S4 (October 2011): S237–S254; Robin G. Allaby, Gregory W. Peterson, David Andrew Merriwether, and Yong-Bi Fu, "Evidence of the Domestication History of Flax (*Linumusitatissimum*L.) from Genetic Diversity of the *sad2* Locus," *Theoretical and Applied Genetics* 112, no. 1 (January 2006): 58–65. 植物的改造到底是有意识的还是无意识的，这是一个有相当大争议的学术问题，因为我们只能观察到改变的类型，而不能了解到对植物进行改造的人是如何想的。尽管基因分析显示出选择性育种的迹象，但密集种植也会促使亚麻长得更高。

6. 这些亚麻纱线样本经放射性碳定年法测定显示约有 8850 年（误差值为正负 90 年）和 9210 年（误差值为正负 300 年）的历史，搓拢和打结的织物样本经放射性碳定年法测定显示约有 8500 年（误差值为正负 220 年）和 8810 年（误差值为正负 120 年）的历史。Tamar Schick, "Cordage, Basketry, and Fabrics," in *NahalHemar Cave*, ed. Ofer Bar-Yosef and David Alon (Jerusalem: Israel Department of Antiquities and Museums, 1988), 31–38.

7. 乔纳森·温德尔 2017 年 9 月 21 日和 2018 年 9 月 26 日接受笔者采访，2017 年 9 月 30 日通过电子邮件回答了笔者提出的问题；Susan V. Fisk, "Not Your Grandfather's Cotton," Crop Science Society of America, February 3, 2016, www.sciencedaily.com / releases/2016/02/160203150540.htm; Jonathan Wendel, "Phylogenetic History of *Gossypium*," video, www.eeob.iastate.edu/faculty/

WendelJ/; J. F. Wendel, "New World Tetraploid Cottons Contain Old World Cytoplasm," *Proceedings of the National Academy of Science USA* 86, no. 11 (June 1989): 4132–4136; Jonathan F. Wendel and Corrinne E. Grover, "Taxonomy and Evolution of the Cotton Genus, Gossypium," in *Cotton*, ed. David D. Fang and Richard G. Percy (Madison, WI: American Society of Agronomy, 2015), 25–44, www .botanicaamazonica.wiki.br/labotam/lib/exe/fetch.php?media=bib:wendel2015.pdf; Jonathan F. Wendel, Paul D. Olson, and James McD. Stewart, "Genetic Diversity, Introgression, and Independent Domestication of Old World Cultivated Cotton," *American Journal of Botany* 76, no. 12 (December 1989): 1795–1806; C. L. Brubaker, F. M. Borland, and J. F. Wendel, "The Origin and Domestication of Cotton," in *Cotton: Origin, History, Technology, and Production*, ed. C. Wayne Smith and J. Tom Cothren (New York: John Wiley, 1999): 3–31。

8. 另一种可能性是早开花的棉抗害虫，美国南部就是利用这种方法来抵抗棉铃象甲的。

9. Elizabeth Baker Brite and John M. Marston, "Environmental Change, Agricultural Innovation, and the Spread of Cotton Agriculture in the Old World," *Journal of Anthropological Archaeology* 32, no. 1 (March 2013): 39–53; 麦克·马斯顿 2017 年 7 月 20 日接受笔者采访；伊丽莎白·布赖特 2017 年 7 月 30 日接受笔者采访；Elizabeth Baker Brite, Gairatdin Khozhaniyazov, John M. Marston, Michelle Negus Cleary, and Fiona J. Kidd, "Karatepe, Karakalpakstan: Agropastoralism in a Central Eurasian Oasis in the 4th/5th Century A.D. Transition," *Journal of Field Archaeology* 42 (2017): 514–529, http://dx.doi .org/10.1080/00934690.2017.136 5563。

10. Kim MacQuarrie, *The Last Days of the Incas* (New York: Simon & Schuster, 2007), 27–28, 58, 60; David Tollen, "Pre-Columbian Cotton Armor: Better than Steel," Pints of History, August 10, 2011, https://pintsofhistory.com/2011/08/10/mesoamerican-cotton –armor-better-than-steel/; Frances Berdan and Patricia Rieff Anawalt, *The Essential Codex Mendoza* (Berkeley: University of California Press, 1997), 186.

11. 海岛棉是"Gossypium barbadense"的一个品种，这一物种最初生长于秘鲁；海岛棉还包括长绒皮马棉（以及注册了商标的变种"Supima"），还有一些所谓的埃及棉。更常见的"陆地棉"品种是"Gossypium hirsutum"的多种类型，这是一个最早在尤卡坦半岛种植的短纤维物种。陆地棉目前占世界商用棉花的90%左右，剩下的10%主要由海岛棉构成。无论一个品种是自然随机产生的，还是为了增强某些特性而有意培育的，它都是同一物种的特殊表现，就像贵宾犬和大丹犬都是狗。

12. Jane Thompson-Stahr, *The Burling Books: Ancestors and Descendants of Edward and Grace Burling, Quakers (1600–2000)* (Baltimore: Gateway Press, 2001), 314–322; Robert Lowry and William H. McCardle, *The History of Mississippi for Use in Schools* (New York: University Publishing Company, 1900), 58–59.

13. John Hebron Moore, "Cotton Breeding in the Old South," *Agricultural History* 30, no. 3 (July 1956): 95–104; Alan L. Olmstead and Paul W. Rhode, *Creating Abundance: Biological Innovation and American Agricultural Development* (Cambridge: Cambridge University Press, 2008), 98–133; O. L. May and K. E. Lege, "Development of the World Cotton Industry" in *Cotton: Origin, History, Technology, and Production*, ed. C. Wayne Smith and J. Tom Cothren (New York: John Wiley & Sons, 1999), 77–78.

14.　Gavin Wright, *Slavery and American Economic Development* (Baton Rouge: Louisiana State University Press, 2006), 85; Dunbar Rowland, *The Official and Statistical Register of the State of Mississippi 1912* (Nashville, TN: Press of Brandon Printing, 1912), 135–136.

15.　Edward E. Baptist, "'Stol' and Fetched Here': Enslaved Migration, Ex-slave Narratives, and Vernacular History," in *New Studies in the History of American Slavery*, ed. Edward E. Baptist and Stephanie M. H. Camp (Athens: University of Georgia Press, 2006), 243–274; Federal Writers' Project of the Works Progress Administration, *Slave Narratives: A Folk History of Slavery in the United States from Interviews with Former Slaves*, Vol. IX (Washington, DC: Library of Congress, 1941), 151–156, www.loc.gov/resource/mesn.090/?sp=155.

16.　1860 年，内战前夕，美国生产了 456 万包棉花，1870 年降至 440 万包，1880 年跃升至 660 万包。1860 年至 1870 年，40 公顷或更小面积的美国南部棉花农场数量增长了 55%，这是因为以前的种植园被分割出售。南部的黑人和白人现在都是农场工人，他们要么在自己的土地上工作，要么当佃农，要么当雇工。19 世纪 80 年代出现了有效的施肥和有更大棉铃的新棉花品种，使采摘变得更容易。May and Lege, "Development of the World Cotton Industry," 84–87; David J. Libby, *Slavery and Frontier Mississippi 1720–1835* (Jackson: University Press of Mississippi, 2004), 37–78. 关于奴隶产权所有者的生产率效应和优势，见 Wright, *Slavery and American Economic Development*, 83–122。

17.　Cyrus McCormick, *The Century of the Reaper* (New York: Houghton Mifflin, 1931), 1–2, https://archive.org/details/centuryofthereap000250mbp/page/n23; Bonnie V. Winston,

"Jo Anderson," *Richmond Times-Dispatch*, February 5, 2013, www.richmond.com /special-section/black-history/joanderson/ article_277b0072–700a–11e2–bb3d–001a 4bcf6878.html.

18. Moore, "Cotton Breeding in the Old South," 99–101; M. W. Philips, "Cotton Seed," *Vicksburg (MS) Weekly Sentinel*, April 28, 1847, 1. 有关菲利普斯（Philips）这篇文章的其他背景信息，见 Solon Robinson, *Solon Robinson, Pioneer and Agriculturalist: Selected Writings*, Vol. II, ed. Herbert Anthony Kellar (Indianapolis: Indianapolis Historical Bureau, 1936), 127–131。

19. Alan L. Olmstead and Paul W. Rhode, "Productivity Growth and the Regional Dynamics of Antebellum Southern Development" (NBER Working Paper No. 16494, Development of the American Economy, National Bureau of Economic Research, October 2010); Olmsted and Rhode, *Creating Abundance*, 98–133; 爱德华·巴普蒂斯特（Edward E. Baptist）认为，生产率的提高来自更高效逼迫和折磨奴隶的方法，这些方法使他们能更有效率地采摘。但是这个解释说服力不大，因为生产率的增幅实在是太大了，而且新种子的影响已经被充分证明了。更合理的解释是，种植园管理者迫使奴隶以种子技术允许的速度加快采摘。Edward E. Baptist, *The Half Has Never Been Told: Slavery and the Making of American Capitalism* (New York: Basic Books, 2014),111–144.John E. Murray, Alan L. Olmstead, Trevor D. Logan, Jonathan B. Pritchett, and Peter L. Rousseau, "Roundtable of Reviews for *The Half Has Never Been Told*," *Journal of Economic History*, September 2015, 919–931; "Baptism by Blood Cotton," Pseudoerasmus, September 12, 2014, https://pseudoerasmus.com/2014/09/12 /baptism-by-blood-cotton/, and "The Baptist Question Redux: Emancipation and Cotton Productivity," Pseudoerasmus, November 5, 2015, https://

pseudoerasmus.com/2015/11/05 /bapredux/.

20. Yuxuan Gong, Li Li, Decai Gong, Hao Yin, and Juzhong Zhang, "Biomolecular Evidence of Silk from 8,500 Years Ago," *PLOS One* 11, no. 12 (December 12, 2016): e0168042, http://journals.plos. org/plosone/article?id=10.1371/journal.pone.0168042; "World's Oldest Silk Fabrics Discovered in Central China," Archaeology News Network, December 5, 2019, https://archaeologynewsnetwork. blogspot.com/2019/12/worlds-oldest-silk-fabrics –discovered.html; Dieter Kuhn, "Tracing a Chinese Legend: In Search of the Identity of the 'First Sericulturalist,'" *T'oung Pao*, nos. 4/5 (1984): 213–245.

21. Angela Yu-Yun Sheng, *Textile Use, Technology, and Change in Rural Textile Production in Song, China (960–1279)* (unpublished dissertation, University of Pennsylvania, 1990), 185–186.

22. Sheng, *Textile Use, Technology, and Change*, 23–40, 200–209.

23. J. R. Porter, "Agostino Bassi Bicentennial (1773–1973)," *Bacteriological Reviews* 37, no. 3 (September 1973): 284–288; Agostino Bassi, *Del Mal del Segno Calcinaccio o Moscardino* (Lodi: Dalla TipografiaOrcesi, 1835), 1–16, 引文由笔者译成英文；George H. Scherr, *Why Millions Died* (Lanham, MD: University Press of America, 2000), 78–98, 141–152; Seymore S. Block, "Historical Review," in *Disinfection, Sterilization, and Preservation*, 5th ed., ed. Seymour Stanton Block (Philadelphia: Lippincott Williams & Wilkins, 2001), 12.

24. Patrice Debré, *Louis Pasteur* (Baltimore: Johns Hopkins University Press, 2000), 177–218; Scherr, *Why Millions Died*, 110.

25. "The Cattle Disease in France," *Journal of the Society of the Arts*, March 30, 1866, 347; Omori Minoru, "Some Matters in the Study of von Siebold from the Past to the Present and New Materials

Found in Relation to Siebold and His Works," *Historia Scientiarum: International Journal of the History of Science Society of Japan*, no. 27 (September 1984): 96.

26. Tessa Morris-Suzuki, "Sericulture and the Origins of Japanese Industrialization," *Technology and Culture* 33, no. 1 (January 1992): 101–121.

27. Debin Ma, "The Modern Silk Road: The Global Raw-Silk Market, 1850–1930," *Journal of Economic History* 56, no. 2 (June 1996): 330–355, http://personal.lse.ac.uk/mad1 /ma_pdf_files/modern%20 silk%20road.pdf; Debin Ma, "Why Japan, Not China, Was the First to Develop in East Asia: Lessons from Sericulture, 1850–1937," *Economic Development and Cultural Change* 52, no. 2 (January 2004): 369–394, http://personal.lse.ac.uk/mad1 /ma_pdf_files/ edcc%20sericulture.pdf.

28. 大卫·布雷斯劳尔、苏·莱文、丹·维德迈尔和伊桑·米尔斯基（Ethan Mirsky）2016 年 2 月 19 日接受笔者采访；苏·莱文 2015 年 8 月 10 日接受笔者采访；杰米·班布里奇（Jamie Bainbridge）和丹·维德迈尔 2018 年 2 月 8 日接受笔者采访；丹·维德迈尔 2018 年 3 月 21 日和 5 月 1 日接受笔者采访。

29. Mary M. Brooks, "'Astonish the World with . . . Your New Fiber Mixture': Producing, Promoting, and Forgetting Man-Made Protein Fibers," in *The Age of Plastic: Ingenuity and Responsibility, Proceedings of the 2012 MCI Symposium*, ed. Odile Madden, A. Elena Charola, Kim Cullen, Cobb, Paula T. DePriest, and Robert J. Koestler (Washington, DC: Smithsonian Institution Scholarly Press, 2017), 36–50, https://smithsonian.figshare.com/articles/The_Age_of_Plastic_ Ingenuity_and_Responsibility_Proceedings_of_the_2012 _MCI_ Symposium_/9761735; National Dairy Products Corporation, "The

Cow, the Milkmaid and the Chemist," www.jumpingfrog.com/images/ epm10jun01/era8037b.jpg; British Pathé, "Making Wool from Milk (1937)," YouTube video, 1:24, April 13, 2014, www .youtube.com/ watch?v=OyLnKz7uNMQ&feature=youtu.be; Michael Waters, "How Clothing Made from Milk Became the Height of Fashion in Mussolini's Italy," Atlas Obscura, July 28, 2017, www.atlasobscura.com/articles/ lanital-milk-dress-qmilch; Maggie Koerth-Baker, "Aralac: The 'Wool' Made from Milk," BoingBoing, October 28, 2012, https://boing boing. net/2012/10/28/aralac-the-wool-made-from.html.

30.　丹·维德迈尔 2019 年 12 月 16 日接受笔者采访。

第二章　线

1.　纱线（yarn）和线（thread）是同义词，在本书中交替使用。在纺织工业中，"yarn"通常指所有用于编织或针织的线，而"thread"通常特指用于缝纫或刺绣的线。"string"特指用来系或绑东西的细绳，尽管所有的纱线和线都是细绳。

2.　Cordula Greve, "Shaping Reality through the Fictive: Images of Women Spinning in the Northern Renaissance," *RACAR: Revue d'art canadienne/Canadian Art Review* 19, nos. 1–2 (1992): 11–12.

3.　Patricia Baines, *Spinning Wheels, Spinners and Spinning* (London: B. T. Batsford, 1977), 88–89.

4.　Dominika Maja Kossowska-Janik, "Cotton and Wool: Textile Economy in the Serakhs Oasis during the Late Sasanian Period, the Case of Spindle Whorls from Gurukly Depe (Turkmenistan)," *Ethnobiology Letters* 7, no. 2 (2016): 107–116.

5.　伊丽莎白·巴伯 2016 年 10 月 22 日接受笔者采访；E. J. W. Barber, *Prehistoric Textiles: The Development of Cloth in the*

Neolithic and Bronze Ages with Special Reference to the Aegean (Princeton, NJ: Princeton University Press, 1991), xxii。

6. Steven Vogel, *Why the Wheel Is Round: Muscles, Technology, and How We Make Things Move* (Chicago: University of Chicago Press, 2016), 205–208.

7. Sally Heaney, "From Spinning Wheels to Inner Peace," *Boston Globe*, May 23, 2004, http://archive.boston.com/news/local/articles/2004/05/23/from_spinning_wheels_to _inner_peace/.

8. Giovanni Fanelli, *Firenze: Architettura e città* (Florence: Vallecchi, 1973), 125–126; Celia Fiennes, *Through England on a Side Saddle in the Time of William and Mary* (London: Field &Tuer, 1888), 119; Yvonne Elet, "Seats of Power: The Outdoor Benches of Early Modern Florence," *Journal of the Society of Architectural Historians* 61, no. 4 (December 2002): 451, 466n; Sheilagh Ogilvie, *A Bitter Living: Women, Markets, and Social Capital in Early Modern Germany* (Oxford: Oxford University Press, 2003), 166; Hans Medick, "Village Spinning Bees: Sexual Culture and Free Time among Rural Youth in Early Modern Germany," in *Interest and Emotion: Essays on the Study of Family and Kinship*, ed. Hans Medick and David Warren Sabean (New York: Cambridge University Press, 1984), 317–339.

9. Tapan Raychaudhuri, Irfan Habib, and Dharma Kumar, eds., *The Cambridge Economic History of India: Volume 1, c. 1200–c. 1750* (Cambridge: Cambridge University Press, 1982), 78.

10. Rachel Rosenzweig, *Worshipping Aphrodite: Art and Cult in Classical Athens* (Ann Arbor: University of Michigan Press, 2004), 69; Marina Fischer, "Hetaira's Kalathos: Prostitutes and the Textile Industry in Ancient Greece," *Ancient History Bulletin*, 2011, 9–28,

www.academia.edu/12398486/Hetaira_s_Kalathos_Prostitutes_and_ the_Textile _Industry_in_Ancient_Greece.

11. Linda A. Stone-Ferrier, *Images of Textiles: The Weave of Seventeenth-Century Dutch Art and Society* (Ann Arbor: UMI Research Press, 1985), 83–117; *Incognitiscriptoris nova Poemata, ante hac nunquamedita, Nieuwe Nederduytsche, Gedichten ende Raedtselen*, 1624, trans. Linda A. Stone-Ferrier, https://archive.org/ details/ned-kbn-all–00000845–001.

12. Susan M. Spawn, "Hand Spinning and Cotton in the Aztec Empire, as Revealed by the *Codex Mendoza*," in *Silk Roads, Other Roads: Textile Society of America 8th Biennial Symposium*, September 26– 28, 2002, Smith College, Northampton, MA, https:// digitalcommons. unl.edu/tsaconf/550/; Frances F. Berdan and Patricia Rieff Anawalt, *The Essential Codex Mendoza* (Berkeley: University of California Press, 1997), 158–164.

13. Constance Hoffman Berman, "Women's Work in Family, Village, and Town after 1000 CE: Contributions to Economic Growth?" *Journal of Women's History* 19, no. 3 (Fall 2007): 10–32.

14. 这种计算方法假定有 60 英寸宽的织物为 1.75 码，即总面积为 3780 平方英寸，每平方英寸有 62 根经纱和 40 根纬纱。

15. 牛仔布通常使用每磅 5880 码（3.34 英里）的经纱和每磅 5040 码 （2.86 英里）的纬纱。"Weaving with Denim Yarn," Textile Technology (blog), April 21, 2009, https://textiletechnology.word– press. com/2009/04/21/weaving-with-denim-yarn/; Cotton Incorporated, "An Iconic Staple," Lifestyle Monitor, August 10, 2016, http:// lifestylemonitor.cottoninc.com/an-iconic –staple/; A. S. Bhalla, "Investment Allocation and Technological Choice—a Case of Cotton Spinning Techniques," *Economic Journal* 74, no. 295 (September

1964): 611–622，预计 300 天可以生产 50 磅线，或 6 天可以生产 1 磅线。

16.　一张单人床床单的尺寸是 72 英寸 × 102 英寸，即 7344 平方英寸。每平方英寸有 250 根线，相当于 1836000 英寸（34.9 英里）。一张大号床单的尺寸是 92 英寸 × 102 英寸，即 9384 平方英寸。每平方英寸有 250 根线，约等于 2346200 英寸（37 英里）。

17.　R. Patterson, "Wool Manufacture of Halifax," *Quarterly Journal of the Guild of Weavers, Spinners, and Dyers*, March 1958, 18–19. 帕特森（Patterson）报告，用中等重量纱线纺纱的速度为每天纺 12 小时，可纺出 1 磅羊毛。这个计算假定每磅羊毛长 1100 米。Merrick Posnansky, "Traditional Cloth from the Ewe Heartland," in *History, Design, and Craft in West African Strip-Woven Cloth: Papers Presented at a Symposium Organized by the National Museum of African Art, Smithsonian Institution, February 18–19, 1988* (Washington, DC: National Museum of African Art, 1992), 127–128. 波斯纳斯基（Posnansky）报告，纺一股棉线最少需要 2 天，而一件女装最少需要 17 股棉线。尽管尺寸不尽相同，但一件传统埃维女装的尺寸大约是 1 码 × 2 码。

18.　Ed Franquemont, "Andean Spinning . . . Slower by the Hour, Faster by the Week," in *Handspindle Treasury: Spinning Around the World* (Loveland, CO: Interweave Press, 2011), 13–14. 弗兰基蒙特（Franquemont）写道，"纺一磅纱线大约需要花费 20 小时"，我将其换算为纺一公斤纱线需要花费 44 小时。

19.　Eva Andersson, Linda Mårtensson, Marie-Louise B. Nosch, and Lorenz Rahmstorf, "New Research on Bronze Age Textile Production," *Bulletin of the Institute of Classical Studies* 51 (2008): 171–174. 每千米假定每平方厘米有 10 根线，即每平方英寸约有 65 根线，这明显少于一块标准牛仔布每平方英寸的 102 根线。该

密度在此计算中被忽略了。上述 3780 平方英寸中的数字相当于 2.4 平方米。

20. Mary Harlow, "Textile Crafts and History," in *Traditional Textile Craft: An Intangible Heritage?* 2nd ed., ed. Camilla Ebert, Sidsel Frisch, Mary Harlow, Eva Andersson Strand, and Lena Bjerregaard (Copenhagen: Centre for Textile Research, 2018), 133–139.

21. Eva Andersson Strand, "Segelochsegelduksproduktioniarkeologisk kontext," in *Vikingetidenssejl: Festsrifttilegnet Erik Andersen*, ed. Morten Ravn, Lone Gebauer Thomsen, Eva Andersson Strand, and Henriette Lyngstrøm (Copenhagen: Saxo-Instituttet, 2016), 24; Eva Andersson Strand, "Tools and Textiles—Production and Organisation in Birka and Hedeby," in *Viking Settlements and Viking Society: Papers from the Proceedings of the Sixteenth Viking Congress*, ed. Svavar Sigmunddsson (Reykjavík: University of Iceland Press, 2011), 298–308; Lise Bender Jørgensen, "The Introduction of Sails to Scandinavia: Raw Materials, Labour and Land," *N-TAG TEN. Proceedings of the 10th Nordic TAG Conference at Stiklestad, Norway 2009* (Oxford: Archaeopress, 2012); Claire Eamer, "No Wool, No Vikings," *Hakai Magazine*, February 23, 2016, www. hakaimagazine.com/features /no-wool-no-vikings/.

22. Ragnheidur Bogadóttir, "Fleece: Imperial Metabolism in the Precolumbian Andes," in *Ecology and Power: Struggles over Land and Material Resources in the Past, Present and Future*, ed. Alf Hornborg, Brett Clark, and Kenneth Hermele (New York: Routledge, 2012), 87, 90.

23. Luca Mola, *The Silk Industry of Renaissance Venice* (Baltimore: Johns Hopkins University Press, 2003), 232–234.

24. Dieter Kuhn, "The Spindle-Wheel: A Chou Chinese Invention,"

Early China 5 (1979): 14–24, https://doi.org/10.1017/S0362502800006106.

25. Flavio Crippa, "Garlate e l' IndustriaSerica," Memorie e Tradizioni, Teleunica, January 28, 2015. 2017 年 1 月 25 日，笔者根据达利拉·卡塔尔迪（Dalila Cataldi）准备的抄本译成英文。弗拉维奥·克里帕 2017 年 3 月 27 日和 29 日接受笔者采访，2018 年 5 月 14 日通过电子邮件回答了笔者提出的问题。

26. Carlo Poni, "The Circular Silk Mill: A Factory Before the Industrial Revolution in Early Modern Europe," in *History of Technology*, Vol. 21, ed. Graham Hollister-Short (London: Bloomsbury Academic, 1999), 65–85; Carlo Poni, "Standards, Trust and Civil Discourse: Measuring the Thickness and Quality of Silk Thread," in *History of Technology*, Vol. 23, ed. Ian Inkster (London, Bloomsbury Academic, 2001), 1–16; Giuseppe Chicco, "L'innovazione Tecnologica nella Lavorazi-one della Seta in Piedmonte a Metà Seicento," *Studi Storici*, January–March 1992, 195–215.

27. Roberto Davini, "A Global Supremacy: The Worldwide Hegemony of the Piedmontese Reeling Technologies, 1720s–1830s," in *History of Technology*, Vol. 32, ed. Ian Inkster (London, Bloomsbury Academic, 2014), 87–103; Claudio Zanier, "Le Donne e il Ciclodella Seta," in *Percorsi di Lavoro e Progetti di Vita Femminili*, ed. Laura Savelli and Alessandra Martinelli (Pisa: Felici Editore), 25–46; 克劳迪奥·扎涅 2016 年 11 月 17 日和 29 日通过电子邮件回答了笔者提出的问题。

28. 约翰·斯泰尔斯 2018 年 5 月 16 日接受笔者采访。

29. Arthur Young, *A Six Months Tour through the North of England*, 2nd ed. (London: W. Strahan, 1771), 3:163–164, 3:187–202; Arthur Young, *A Six Months Tour through the North of England* (London: W. Strahan,

1770), 4:582. 纺纱工的工资是计件制的，不一定整天都在纺纱，但是扬一直在询问，如果他们全职工作，一周的收入是多少。Craig Muldrew, "'Th'ancient Distaff' and 'Whirling Spindle': Measuring the Contribution of Spinning to Household Earning and the National Economy in England, 1550–1770," *Economic History Review* 65, no. 2 (2012): 498–526.

30. Deborah Valenze, *The First Industrial Woman* (New York: Oxford University Press, 1995), 72–73.

31. John James, *History of the Worsted Manufacture in England, from the Earliest Times* (London: Longman, Brown, Green, Longmans & Roberts, 1857), 280–281; James Bischoff, *Woollen and Worsted Manufacturers and the Natural and Commercial History of Sheep, from the Earliest Records to the Present Period* (London: Smith, Elder & Co., 1862), 185.

32. Beverly Lemire, *Cotton* (London: Bloomsbury, 2011), 78–79.

33. John Styles, "Fashion, Textiles and the Origins of the Industrial Revolution," *East Asian Journal of British History*, no. 5 (March 2016): 161–189; Jeremy Swan, "Derby Silk Mill," *University of Derby Magazine*, November 27, 2016, 32–34, https://issuu .com/ university_of_derby/docs/university_of_derby_magazine_-_ nove and https://blog .derby.ac.uk/2016/11/derby-silk-mill/; "John Lombe: Silk Weaver," Derby Blue Plaques, http://derbyblueplaques. co.uk/john-lombe/. 财政信息可参见 Clive Emsley, Tim Hitchcock, and Robert Shoemaker, "London History—Currency, Coinage and the Cost of Living," Old Bailey Proceedings Online, www. oldbaileyonline.org/static/Coinage .jsp。

34. Styles, "Fashion, Textiles and the Origins of the Industrial Revolution," 以及 2018 年 5 月 16 日接受笔者采访；R. S. Fitton,

The Arkwrights: Spinners of Fortune (Manchester, UK: Manchester University Press, 1989), 8–17。

35.　Lemire, *Cotton*, 80–83.

36.　Deirdre Nansen McCloskey, *Bourgeois Equality: How Ideas, Not Capital, Transformed the World* (Chicago: University of Chicago Press, 2016), 8.

37.　大卫·萨索 2018 年 5 月 22 日和 23 日接受笔者采访。这一计算的依据是每周纺纱 4 磅，数据来源于 Jane Humphries and Benjamin Schneider, "Spinning the Industrial Revolution," *Economic History Review* 72, no. 1 (May 23, 2018), https://doi.org/10.1111/ehr.12693.。

第三章　布

1.　2015 年 9 月 15 日，吉莉恩·沃格尔桑 – 伊斯特伍德在纺织研究中心举办的强化纺织课程。

2.　Kalliope Sarri, "Neolithic Textiles in the Aegean" (Presentation at Centre for Textile Research, Copenhagen, September 22, 2015)；KalliopeSarri, "In the Mind of Early Weavers: Perceptions of Geometry, Metrology and Value in the Neolithic Aegean" (workshop abstract), "Textile Workers: Skills, Labour and Status of Textile Craftspeople between Prehistoric Aegean and Ancient Near East," Tenth International Congress on the Archaeology of the Ancient Near East, Vienna, April 25, 2016), https://ku-dk.academia.edu /KalliopeSarri.

3.　sarah-marie belcastro, "Every Topological Surface Can Be Knit: A Proof," *Journal of Mathematics and the Arts* 3 (June 2009): 67–83; sarah-marie belcastro and Carolyn Yackel, "About Knitting . . . ," *Math Horizons* 14 (November 2006): 24–27, 39.

4. Carrie Brezine, "Algorithms and Automation: The Production of Mathematics and Textiles," in *The Oxford Handbook of the History of Mathematics*, ed. Eleanor Robson and Jacqueline Stedall (Oxford: Oxford University Press, 2009), 490.

5. Victor H. Mair, "Ancient Mummies of the Tarim Basin," *Expedition*, Fall 2016, 25– 29, www.penn.museum/documents/publications/expedition/PDFs/58-2/tarim_basin.pdf.

6. O. Soffer, J. M. Adovasio, and D. C. Hyland, "The 'Venus' figurines: Textiles, Basketry, Gender, and Status in the Upper Paleolithic," *Current Anthropology* 41, no. 4 (August–October 2000): 511–537.

7. Jennifer Moore, "Doubleweaving with Jennifer Moore," *Weave* podcast, May 24, 2019, Episode 65, 30:30, www.gistyarn.com/blogs/podcast/episode-65-doubleweaving –with-jennifer-moore.

8. 从技术上讲，绸缎（satin）是经面的，绉缎（sateen）是纬面的，但"satin"这个词通常指基本结构，其原理是相同的。

9. 邱田 2018 年 7 月 11 日接受笔者采访。

10. Ada Augusta, Countess of Lovelace, "Notes upon the Memoir by the Translator," in L. F. Menabrea, "Sketch of the Analytical Engine Invented by Charles Babbage," *Bibliothèque Universelle de Genève*, no. 82 (October 1842), www.fourmilab.ch/babbage/sketch .html.

11. E. M. Franquemont and C. R. Franquemont, "Tanka, Chongo, Kutij: Structure of the World through Cloth," in *Symmetry Comes of Age: The Role of Pattern in Culture*, ed. Dorothy K. Washburn and Donald W. Crowe (Seattle: University of Washington Press, 2004), 177–214; Edward Franquemont and Christine Franquemont, "Learning to Weave in Chinchero," *Textile Museum Journal* 26 (1987): 55–78; Ann Peters, "Ed Franquemont (February 17,

1945–March 11, 2003)," *Andean Past* 8 (2007): art. 10, http:// digitalcommons .library.umaine.edu/andean_past/vol8/iss1/10.

12. Lynn Arthur Steen, "The Science of Patterns," *Science* 240, no. 4852 (April 29, 1988): 611–616.

13. 欧几里得《几何原本》，https://mathcs.clarku.edu/~djoyce/java/ elements/elements.html。

14. 埃伦·哈利齐乌斯 – 克卢克 2018 年 8 月 7 日接受笔者采访；2018 年 8 月 28 日、29 日和 9 月 13 日通过电子邮件回答了笔者提出的问题；Ellen Harlizius-Klück, "Arithmetics and Weaving: From Penelope's Loom to Computing," Münchner Wissenschaftstage, October 18–21, 2008, www.academia.edu/8483352/Arithmetic_and_ Weaving._From _Penelopes_Loom_to_Computing; Ellen Harlizius- Klück and Giovanni Fanfani, "(B)orders in Ancient Weaving and Archaic Greek Poetry," in *Spinning Fates and the Song of the Loom: The Use of Textiles, Clothing and Cloth Production as Metaphor, Symbol and Narrative Device in Greek and Latin Literature*, ed. Giovanni Fanfani, Mary Harlow, and Marie– Louise Nosch (Oxford: Oxbow Books, 2016), 61–99。

15. 边带本身可能不是用织机织出的，而是用卡片织法编织的，在这种编织法中，经纱穿过方形卡片边角上的小孔——过去方形卡片是用木材或黏土制作的，现在是用硬纸板或塑料。织布工通过将纱线绑在木杆上，把它们拉得紧紧的，卡片的顶端和底部形成了梭口。通过一次性或有选择地转动卡片，织布工固定纬纱，并可以使用不同的颜色创造图案。

16. Jane McIntosh Snyder, "The Web of Song: Weaving Imagery in Homer and the Lyric Poets," *Classical Journal* 76, no. 3 (February/ March 1981): 193–196; Plato, *The Being of the Beautiful: Plato's Thaetetus, Sophist, and Statesman*, trans. with commentary by Seth

Bernadete(Chicago: University of Chicago Press, 1984), III.31–III.33, III.66–III.67, III.107–III.113.

17.　Sheramy D. Bundrick, "The Fabric of the City: Imaging Textile Production in Classical Athens," *Hesperia: The Journal of the American School of Classical Studies at Athens* 77, no. 2 (April–June 2008): 283–334; Monica Bowen, "Two Panathenaic Peploi: A Robe and a Tapestry," Alberti's Window (blog), June 28, 2017, http://albertis-window.com/2017/06 /two-panathenaic-peploi/; Evy Johanne Håland, "Athena's Peplos: Weaving as a Core Female Activity in Ancient and Modern Greece," *Cosmos* 20 (2004): 155–182, www.academia .edu/2167145/Athena_s_Peplos_Weaving_ as_a_Core_Female_Activity_in_Ancient_and _Modern_Greece; E. J. W. Barber, "The Peplos of Athena," in *Goddess and Polis: The Panathenaic Festival in Ancient Athens*, ed. Jenifer Neils (Princeton, NJ: Princeton University Press, 1992), 103–117.

18.　Donald E. Knuth, *Art of Computer Programming, Volume 2: Seminumerical Algorithms* (Boston: Addison-Wesley Professional, 2014), 294.

19.　Anthony Tuck, "Singing the Rug: Patterned Textiles and the Origins of Indo-European Metrical Poetry," *American Journal of Archaeology* 110, no. 4 (October 2006): 539– 550; John Kimberly Mumford, *Oriental Rugs* (New York: Scribner, 1921), 25. "战争地毯" 起源于阿富汗战争期间, 关于它的例子, 请参见 warrug.com. Mimi Kirk, "Rug-of-War," *Smithsonian*, February 4, 2008, www.smithsonianmag.com /arts-culture/ rug-of-war-19377583/。关于地毯编织工吟唱地毯图案的例子, 见 Roots Revival, "Pattern Singing in Iran— 'The Woven Sounds' —Demo Documentary by Mehdi Aminian," YouTube video, 10:00, March 15, 2019, www.youtube.com /watch?v=vhgHJ6xiau8&feature=youtu.be。

20. Eric Boudot and Chris Buckley, *The Roots of Asian Weaving: The He Haiyan Collection of Textiles and Looms from Southwest China* (Oxford: Oxbow Books, 2015), 165–169.

21. Malika Kraamer, "Ghanaian Interweaving in the Nineteenth Century: A New Perspective on Ewe and Asante Textile History," *African Arts*, Winter 2006, 44. 关于这一主题的更多内容，见第六章。

22. "Ancestral Textile Replicas: Recreating the Past, Weaving the Present, Inspiring the Future" (exhibition, Museum and Catacombs of San Francisco de Asís of the City of Cusco, November 2017).

23. Nancy Arthur Hoskins, "Woven Patterns on Tutankhamun Textiles," *Journal of the American Research Center in Egypt* 47 (2011): 199–215, www.jstor.org/stable/24555392.

24. Richard Rutt, *A History of Hand Knitting* (London: B. T. Batsford, 1987), 4–5, 8–9, 23, 32–39. 委内瑞拉、圭亚那和巴西部分地区的土著民族各自发展了自己的针织形式。拉特（Rutt）注意到，用于描述针织的词语出现的时间不早于近代早期，在许多地方，这些词语要么是从其他国家借鉴来的，例如，俄罗斯采用了法国的术语"tricot"；要么是从其他纺织工艺中借鉴来的。他写道："与表示'编织'的词语形成了鲜明的对比"；"在大多数语言中，'编织'有一个精确、古老且发达的词汇。编织比历史更古老。看起来很简单的针织工艺并不那么古老"。

25. 安妮·德斯莫伊内斯 2019 年 12 月 8 日接受笔者采访；Anne DesMoines, "Eleanora of Toledo Stockings," www.ravelry.com/patterns/library/eleonora-di –toledo-stockings。德斯莫伊内斯表示，与她精确复原出来的图案相比，她所织出的实物的图案有些简化，前者包含了更加复杂的纹样。

26. 尽管这种布料幸存了下来，但在西班牙征服后的一段时间，安第斯山脉的织布工已经忘记了一种叫作双层组织拾取的图案编织技术，这是一种他们已经使用了数千年的技术。2012 年，库斯科传统纺织品中心（Center for Traditional Textiles of Cusco）聘请了美国双层组织艺术家兼教师珍妮弗·穆尔（Jennifer Moore），将这种技术重新介绍给织布能手们，他们可以将这种技术传授给其他人。珍妮弗·穆尔讲英语，习惯了使用落地织机，她花了一年的时间准备。Jennifer Moore, "Teaching in Peru," www. doubleweaver.com/peru.html.

27. Patricia Hilts, *The Weavers Art Revealed: Facsimile, Translation, and Study of the First Two Published Books on Weaving: Marx Ziegler's Weber Kunst und Bild Buch (1677) and Nathaniel Lumscher's Neu eingerichtetes Weber Kunst und Bild Buch (1708)*, Vol. I (Winnipeg, Canada: Charles Babbage Research Centre, 1990), 9–56, 97–109.

28. Joel Mokyr, *The Gifts of Athena: Historical Origins of the Knowledge Economy* (Princeton, NJ: Princeton University Press, 2002), 28–77.

29. Ellen Harlizius-Klück, "Weaving as Binary Art and the Algebra of Patterns," *Textile* 1, no. 2 (April 2017): 176–197.

30. 如果底布和补充纬纱颜色相同，那么织出的织物叫作"花缎"（damask）。

31. 2018 年 6 月 1~4 日，在杭州中国丝绸博物馆举办的展览"神机妙算：世界织机与织造艺术"（A World of Looms）。在使用廉价的尼龙细绳之前，人们使用的是细竹条，它们现在仍然用于制作简单的图案。Deb McClintock, "The Lao Khao Tam Huuk, One of the Foundations of Lao Pattern Weaving," Looms of Southeast Asia, January 31, 2017, https://simplelooms.com/2017/01/31/the-lao-khao-tam-huuk-one-of-the-foundations-of-lao –pattern-weaving/; 德布·麦克林托克 2018 年 10 月 18 日接受笔者采访；Wendy Garrity, "Laos:

Making a New Pattern Heddle," Textile Trails, https://textiletrails. com .au/2015/05/22/laos-making-a-new-pattern-heddle/。

32. E. J. W. Barber, *Prehistoric Textiles: The Development of Cloth in the Neolithic and Bronze Ages with Special Reference to the Aegean* (Princeton, NJ: Princeton University Press, 1991), 137–140.

33. Boudot and Buckley, *The Roots of Asian Weaving*, 180–185, 292–307, 314–327; 克里斯·巴克利 2018 年 10 月 21 日通过电子邮件回答了笔者提出的问题。

34. Boudot and Buckley, *The Roots of Asian Weaving*, 422–426.

35. Boudot and Buckley, *The Roots of Asian Weaving*, 40–44.

36. Claire Berthommier, "The History of Silk Industry in Lyon" (Presentation at the Dialogue with Silk between Europe and Asia: History, Technology and Art Conference, Lyon, November 30, 2017).

37. Daryl M. Hafter, "Philippe de Lasalle: From *Mise-en-carte* to Industrial Design," *Winterthur Portfolio*, 1977, 139–164; Lesley Ellis Miller, "The Marriage of Art and Commerce: Philippe de Lasalle's Success in Silk," *Art History* 28, no. 2 (April 2005): 200–222; Berthommier, "The History of Silk Industry in Lyon"; RémiLabrusse, "Interview with Jean-Paul Leclercq," trans. Trista Selous, *Perspective*, 2016, https://journals.openedition. org/perspective/6674; Guy Scherrer, "Weaving Figured Textiles: Before the Jacquard Loom and After" (Presentation at Conference on World Looms, China National Silk Museum, Hangzhou, May 31, 2018), YouTube video, 18:27, June 29, 2018, www.youtube.com / watch?v=DLAzP53l-D4; Alfred Barlow, *The History and Principles of Weaving by Hand and by Power* (London: Sampson Low, Marston, Searle, & Rivington, 1878), 128–139.

38.　Metropolitan Museum of Art, "Joseph Marie Jacquard, 1839," www. metmuseum. org/art/collection/search/222531; Charles Babbage, *Passages in the Life of a Philosopher* (London: Longman, Green, Longman, Roberts & Green, 1864), 169–170.

39.　Rev. R. Willis, "On Machinery and Woven Fabrics," in *Report on the Paris Exhibition of 1855*, Part II, 150, quoted in Barlow, *The History and Principles of Weaving by Hand and by Power*, 140–141.

40.　James Payton, "Weaving," in *Encyclopaedia Britannica*, 9th ed., Vol. 24, ed. Spencer Baynes and W. Robertson Smith (Akron: Werner Co., 1905), 491–492, http://bit.ly /2AB1JVU; Victoria and Albert Museum, "How Was It Made? Jacquard Weaving," YouTube video, 3:34, October 8, 2015, www.youtube.com/ watch?v=K6NgMNvK52A; T. F. Bell, *Jacquard Looms: Harness Weaving* (Read Books, 2010), Kindle editon T. F. Bell, *Jacquard Weaving and Designing* (London: Longmans, Green, & Co., 1895).

41.　James Essinger, *Jacquard's Web: How a Hand-Loom Led to the Birth of the Information Age* (Oxford: Oxford University Press, 2007), 35–38; Jeremy Norman, "The Most Famous Image in the Early History of Computing," HistoryofInformation.com, www .historyofinformation. com/expanded.php?id=2245; YivaFernaeus, Martin Jonsson, and Jakob Tholander, "Revisiting the Jacquard Loom: Threads of History and Current Patterns in HCI," *CHI '12: Proceedings of the SIGCHI Conference on Human Factors in Computing Systems*, May 5–10, 2012, 1593–1602, https://dl.acm.org/citation.cfm?doid=2207676.220 8280.

42.　Gadagne Musées, "The Jacquard Loom," inv.50.144, Room 21: Social Laboratory— 19th C., www.gadagne.musees.lyon.fr/index. php/history_en/content/down– load/2939/27413/file/zoom_jacquard_ eng.pdf; Barlow, *The History and Principles of Weaving by Hand and by Power*, 144–147; Charles Sabel and Jonathan Zeitlin, "Historical Alternatives to Mass Production: Politics, Markets and Technology in Nineteenth-Century Industrialization," *Past and Present*, no. 108 (August 1985): 133–176; Anna Bezanson, "The Early Use of the Term Industrial Revolution," *Quarterly Journal of Economics* 36, no. 2 (February 1922): 343–349; Ronald Aminzade, "Reinterpreting Capitalist Industrialization: A Study of Nineteenth-Century France," *Social History* 9, no. 3 (October 1984): 329–350. 尽管里昂工人最终接受了这项新技术，但他们并没有保持沉默。1831 年和 1834 年的丝绸工人起义是法国劳工和政治史上的里程碑。

43. James Burke, "Connections Episode 4: Faith in Numbers," https:// archive.org /details/james-burke-connections_s01e04; F. G. Heath, "The Origins of the Binary Code," *Scientific American*, August 1972, 76–83.

44. 罗宾·康 2018 年 1 月 9 日接受笔者采访；Rolfe Bozier, "How Magnetic Core Memory Works," Rolfe Bozier (blog), August 10, 2015, https://rolfebozier.com /archives/113; Stephen H. Kaisler, *Birthing the Computer: From Drums to Cores* (Newcastle upon Tyne, UK: Cambridge Scholars Publishing, 2017), 73–75; Daniela K. Rosner, Samantha Shorey, Brock R. Craft, and Helen Remick, "Making Core Memory: Design Inquiry into Gendered Legacies of Engineering and Craftwork," *Proceedings of the 2018 CHI Conference on Human Factors in Computing Systems (CHI '18)*, paper 531, https://faculty.washington .edu/dkrosner/files/CHI–2018– Core-Memory.pdf。

45. 磁芯存储器是 RAM（随机存取存储器），而线存储器是 ROM（只读存储器）。

46. David A. Mindell, *Digital Apollo: Human and Machine in Spacefight*(Cambridge, MA: MIT Press, 2008), 154–157; David Mindell interview in *Moon Machines: The Navigation Computer*, YouTube video, Nick Davidson and Christopher Riley (directors), 2008, 44:21, www.youtube.com/watch?v=9YA7X5we8ng; Robert McMillan, "Her Code Got Humans on the Moon—and Invented Software Itself," *Wired*, October 13, 2015, www.wired .com/2015/10/margaret-hamilton-nasa-apollo/.

47. Frederick Dill, quoted in Rosner et al., "Making Core Memory."

48. Fiber Year Consulting, *The Fiber Year 2017* (Fiber Year, 2017), www.groz-beckert .com/mm/media/web/9_messen/bilder/veranstaltungen_1/2017_6/the_fabric_year/Fabric _Year_2017_Handout_EN.pdf. 2016 年，针织占全球织物销售额的 57%（按重量计算），而编织占 32%，针织的销售额每年增长 5%，编织销售额每年增长 2%。

49. Stanley Chapman, *Hosiery and Knitwear: Four Centuries of Small-Scale Industry in Britain c. 1589–2000* (Oxford: Oxford University Press, 2002), xx–27, 66–67. 查普曼（Chapman）令人信服地论证说，在针织机盛行的英格兰中部地区，普通铁匠——而不是银匠或钟表匠——发展了制造针织机所需部件的技能。当地的铁匠以其精湛的技艺而闻名，但没有关于其他技艺的记录。Pseudoerasmus, "The Calico Acts: Was British Cotton Made Possible by Infant Industry Protection from Indian Competition?" Pseudoerasmus (blog), January 5, 2017, https://pseudoerasmus.com/2017/01/05/ca/. 关于织袜机如何运作的视频，请参见 https://youtu.be/WdVDoLqg2_c。

50. 维德娅·纳拉亚南和吉姆·麦卡恩 2019 年 8 月 6 日接受笔者采

访；维德娅·纳拉亚南 2019 年 12 月 11 日接受笔者采访，2019
年 12 月 11 日通过电子邮件回答了笔者提出的问题；迈克尔·塞
兹 2019 年 12 月 10 日和 12 月 11 日接受笔者采访；兰德尔·哈沃
德 2019 年 11 月 12 日接受笔者采访；Vidya Narayanan, Kui Wu,
CemYuksel, and James McCann, "Visual Knitting Machine Pro-
gramming," *ACM Transactions on Graphics* 38, no. 4 (July 2019),
https://textiles-lab.github .io/publications/2019–visualknit/。

第四章　染料

1. Tom D. Dillehay, "Relevance," in *Where the Land Meets the Sea:
   Fourteen Millennia of Human History at Huaca Prieta, Peru*, ed.
   Tom D. Dillehay (Austin: University of Texas Press, 2017), 3–28;
   Jeffrey Splitstoser, "Twined and Woven Artifacts: Part 1: Textiles,"
   in *Where the Land Meets the Sea*, 458–524; Jeffrey C. Splitsoser,
   Tom D. Dillehay, Jan Wouters, and Ana Claro, "Early Pre-Hispanic
   Use of Indigo Blue in Peru," *Science Advances* 2, no. 9 (September
   14, 2016), http://advances.sciencemag.org/content/2/9/e1501623.
   full. 这些蓝白条纹的棉花残片上的白色条纹是用棉线和一种从类
   似乳草的灌木中提取而来的亮白色纤维混合织出的。

2. Dominique Cardon, *Natural Dyes: Sources, Tradition Technology
   and Science*, trans. Caroline Higgett (London: Archetype, 2007), 1,
   51, 167–176, 242–250, 360, 409–411.

3. Zvi C. Koren, "Modern Chemistry of the Ancient Chemical
   Processing of Organic Dyes and Pigments," in *Chemical Technology
   in Antiquity*, ed. Seth C. Rasmussen, ACS Symposium Series
   (Washington, DC: American Chemical Society, 2015), 197; Cardon,
   Natural Dyes, 51.

4. John Marshall, *Singing the Blues: Soulful Dyeing for All Eternity* (Covelo, CA: Saint Titus Press, 2018), 11–12. 一些靛蓝植物，包括菘蓝，也含有其他吲哚酚前体。

5. 植物染料比人工合成的染料颜色看起来更丰富，因为它们包含多种颜色化合物。

6. Deborah Netburn, "6,000-Year-Old Fabric Reveals Peruvians Were Dyeing Textiles with Indigo Long Before Egyptians," *Los Angeles Times*, September 16, 2016, www.latimes .com/science/sciencenow/la-sci-sn-oldest-indigo-dye-20160915-snap-story.html.

7. 高酸性溶液也能起作用，但历史上靛蓝染色工使用的是碱性添加剂。Cardon, *Natural Dyes*, 336–353.

8. Jenny Balfour-Paul, *Indigo: Egyptian Mummies to Blue Jeans* (Buffalo, NY: Firefly Books, 2011), 121–122.

9. Balfour-Paul, *Indigo*, 41–42.

10. Alyssa Harad, "Blue Monday: Adventures in Indigo," Alyssa Harad, November 12, 2012, https://alyssaharad.com/2012/11/blue-monday-adventures-in-indigo/; Cardon, *Natural Dyes*, 369; Graham Keegan workshop, December 14, 2018.

11. Balfour-Paul, *Indigo*, 9, 13.

12. Cardon, *Natural Dyes*, 51, 336–353.

13. 格雷厄姆·基根 2018 年 12 月 14 日接受笔者采访。

14. Cardon, *Natural Dyes*, 571; Mark Cartwright, "Tyrian Purple," *Ancient History Encyclopedia*, July 21, 2016, www.ancient.eu/Tyrian_Purple; Mark Cartwright, "Melqart," *Ancient History Encyclopedia*, May 6, 2016, www.ancient.eu/Melqart/.

15. Cardon, *Natural Dyes*, 551–586; Zvi C. Koren, "New Chemical Insights into the Ancient Molluskan Purple Dyeing Process," in *Archaeological Chemistry VIII*, ed. R. Armitage et al. (Washington,

DC: American Chemical Society, 2013), chap. 3, 43–67.

16.   Inge Boesken Kanold, "Dyeing Wool and Sea Silk with Purple Pigment from *Hexaplextrunculus,*" in *Treasures from the Sea: Purple Dye and Sea Silk*, ed. Enegren Hedvig Landenius and Meo Francesco (Oxford: Oxbow Books, 2017), 67–72; Cardon, *Natural Dyes*, 559–562; Koren, "New Chemical Insights."

17.   Brendan Burke, *From Minos to Midas: Ancient Cloth Production in the Aegean and in Anatolia* (Oxford: Oxbow Books, 2010), Kindle locations 863–867. 伯克（Burke）在 2019 年 12 月 2 日通过电子邮件回答笔者问题时阐述道："会产生自相残杀的想法是因为，如果把它们关在一个鱼缸里，暂时不给它们进食，它们可能会开始同类相食。（我一直认为，任何照顾它们的人都可能知道他们需要喂养这些骨螺——但也许他们并不知道。）这就解释了为什么一些与紫色染料有关的骨螺壳挖掘沉积物中带有钻孔——但只在大型骨螺沉积物中出现。所以，是的，这些钻孔是一个问题，我怀疑较大规模／专业的生产中心会不会了解到这一点，在考古发掘中，它们不会像较小规模的作坊那样频繁出现这种情况。钻孔进一步表明，无论谁是骨螺饲养员，都没有很好地喂养它们。"

18.   Cardon, *Natural Dyes*, 559–562; Koren, "New Chemical Insights"; Zvi C. Koren, "Chromatographic Investigations of Purple Archaeological Bio-Material Pigments Used as Biblical Dyes," *MRS Proceedings* 1374 (January 2012): 29–47, https://doi.org/10.1557 / opl.2012.1376.

19.   我在这里口语化使用了"彩色印片法"这个术语。这部电影实际上是用不同的色彩技术拍摄的。

20.   Meyer Reinhold, *History of Purple as a Status Symbol in Antiquity* (Brussels: Revue d'ÉtudesLatines, 1970), 17; Pliny, *Natural History*, Vol. III, Book IX, sec. 50, trans. Harris Rackham, Loeb

Classical Library (Cambridge, MA: Harvard University Press, 1947), 247–259, https://archive.org/stream/naturalhistory03plinuoft#page/n7/mode/2up; Cassiodorus, "King Theodoric to Theon, VirSublimis," *The Letters of Cassiodorus*, Book I, trans. Thomas Hodgkin (London: Henry Frowde, 1886), 143–144, www.gutenberg.org / files/18590/18590–h/18590–h.htm; Martial, "On the Stolen Cloak of Crispinus," in *Epigrams*, Book 8, Bohn's Classical Library, 1897, adapted by Roger Pearse, 2008, www. tertullian.org/fathers/martial_epigrams_book08.htm; Martial, "To Bassa," in *Epigrams*, Book 4, www.tertullian.org/fathers/martial_epigrams_book04.htm; and Martial, "On Philaenis," in *Epigrams*, Book 9, www.tertullian.org/fathers/martial_epigrams_book09.htm . 与普遍的看法相反，推罗紫染料在古代并不是皇室专用的，只有在拜占庭帝国晚期才这样。

21. Strabo, *Geography*, Vol. VII, Book XVI, sec. 23, trans Horace Leonard Jones, Loeb Classical Library (Cambridge, MA: Harvard University Press, 1954), 269, archive.org /details/in.gov.ignca.2919/page/n279/mode/2up.

22. pH 值是对数，因此 pH 值为 8 的溶液的碱性是 pH 值为 7 的溶液的 10 倍。

23. Deborah Ruscillo, "Reconstructing Murex Royal Purple and Biblical Blue in the Aegean," in *Archaeomalacology: Molluscs in Former Environments of Human Behaviour*, ed. Daniella E. Bar-Yosef Mayer (Oxford: Oxbow Books, 2005), 99–106, www.academia .edu/373048/Reconstructing_Murex_Royal_Purple_and_Biblical_Blue_in_the_Aegean; 德博拉·鲁西洛·科斯莫普洛斯 2019 年 1 月 12 日接受笔者采访。

24. Gioanventura Rosetti, *The Plictho: Instructions in the Art of the Dyers which Teaches the Dyeing of Woolen Cloths, Linens, Cottons,*

and Silk by the Great Art as Well as by the Common, trans. Sidney M. Edelstein and Hector C. Borghetty (Cambridge, MA: MIT Press, 1969), 89, 91, 109–110. 译者认为，这本书奇怪的书名可能与现代意大利语"plico"有关，意思是"信封"或"包裹"，暗示这本书收集了一些操作指南或重要文件。

25. Cardon, *Natural Dyes,* 107–108; Zvi C. Koren (Kornblum), "Analysis of the Masada Textile Dyes," in *Masada IV. The Yigael Yadin Excavations 1963–1965. Final Reports,* ed. Joseph Aviram, Gideon Foerster, and Ehud Netzer (Jerusalem: Israel Exploration Society, 1994), 257–264.

26. Drea Leed, "Bran Water," July 2, 2003, www.elizabethancostume.net/dyes/lyteldye book/branwater.html and "How Did They Dye Red in the Renaissance," www.elizabethan costume.net/dyes/university/renaissance_red_ingredients.pdf.

27. Koren, "Modern Chemistry of the Ancient Chemical Processing," 200–204.

28. Cardon, *Natural Dyes,* 39.

29. Cardon, *Natural Dyes,* 20–24; Charles Singer, *The Earliest Chemical Industry: An Essay in the Historical Relations of Economics and Technology Illustrated from the Alum Trade* (London: Folio Society, 1948), 114, 203–206. 这句话引用自万诺乔·比林古乔（Vannoccio Biringuccio）1540 年出版的关于金属加工的里程碑式著作《火法技艺》（*De la Pirotechnia*）。

30. Rosetti, *The Plictho,* 115.

31. Mari-TereÁlvarez, "New World *Palo de Tintes*and the Renaissance Realm of Painted Cloths, Pageantry and Parade"（论文提交于 From Earthly Pleasures to Princely Glories in the Medieval and Renaissance Worlds conference, UCLA Center for Medieval and

Renaissance Studies, May 17, 2013); Elena Phipps, "Global Colors: Dyes and the Dye Trade," in *Interwoven Globe: The Worldwide Textile Trade, 1500–1800*, ed. Amelia Peck (New Haven, CT: Yale University Press, 2013), 128–130。

32. Sidney M. Edelstein and Hector C. Borghetty, "Introduction," in Gioanventura Rosetti, *The Plictho*, xviii. 埃德尔斯坦（Edelstein）是一位杰出的工业化学家和企业家，他的业务爱好是研究染料史，收集了许多关于染色的重要历史著作，并为化学史和染料历史的研究给予慈善支持。Anthony S. Travis, "Sidney Milton Edelstein, 1912–1994," Edelstein Center for the Analysis of Ancient Artifacts, https://edelsteincenter.wordpress.com/about/the-edelstein-center /dr-edelsteins-biography/; 德雷亚·利德（Drea Leed）2019 年 1 月 25 日接受笔者采访。

33. 到了 16 世纪 70 年代，墨西哥胭脂虫红基本上取代了欧洲胭脂虫红，但在《染色工艺指南》出版时，两种红色染料都在使用。

34. Amy Butler Greenfield, *A Perfect Red: Empire, Espionage, and the Quest for the Color of Desire* (New York: HarperCollins, 2005), 76.

35. "The Evils of Cochineal, Tlaxcala, Mexico (1553)," in *Colonial Latin America: A Documentary History*, ed. Kenneth Mills, William B. Taylor, and Sandra Lauderdale Graham (Lanham, MD: Rowman & Littlefield, 2002), 113–116.

36. Raymond L. Lee, "Cochineal Production and Trade in New Spain to 1600," *The Americas* 4, no. 4 (April 1948): 449–473; Raymond L. Lee, "American Cochineal in European Commerce, 1526–1625," *Journal of Modern History* 23, no. 3 (September 1951): 205–224; John H. Munro, "The Medieval Scarlet and the Economics of Sartorial Splendour," in *Cloth and Clothing in Medieval Europe*, ed. N. B. Harte and K. G. Ponting (London: Heinemann Educational

Books, 1983), 63–64.

37.　Edward McLean Test, *Sacred Seeds: New World Plants in Early Modern Literature* (Lincoln: University of Nebraska Press, 2019), 48; Marcus Gheeraerts the Younger, *Robert Devereux, 2nd Earl of Essex*, National Portrait Gallery, www.npg.org.uk/collections/search /portrait/mw02133/Robert-Devereux–2nd-Earl-of-Essex.

38.　Lynda Shaffer, "Southernization," *Journal of World History* 5 (Spring 1994): 1–21, https://roosevelt.ucsd.edu/_files/mmw/mmw12/ SouthernizationArgumentAnalysis2014 .pdf; Beverly Lemire and Giorgio Riello, "East & West: Textiles and Fashion in Early Modern Europe," *Journal of Social History* 41, no. 4 (Summer 2008): 887–916, http://wrap .warwick.ac.uk/190/1/WRAP_Riello_Final_Article. pdf; John Ovington, *A Voyage to Suratt: In the Year 1689* (London: Tonson, 1696), 282. 最终，印度布料对欧洲各国的国内纺织业构成了巨大威胁，除了荷兰外，大多数欧洲政府都限制或禁止进口印度布。

39.　John J. Beer, "Eighteenth-Century Theories on the Process of Dyeing," *Isis* 51, no. 1 (March 1960): 21–30.

40.　Jeanne-Marie Roland de La Platière, *Lettres de madame Roland, 1780–1793*, ed. Claude Perroud (Paris: Imprimerie Nationale, 1900), 375, https://gallica.bnf.fr/ark:/12148 /bpt6k46924q/f468.item, 引文由笔者译成英文。

41.　Société d'histoire naturelle et d'ethnographie de Colmar, *Bulletin de la Société d'histoire naturelle de Colmar: Nouvelle Série 1, 1889–1890* (Colmar: Imprimerie Decker, 1891), 282–286, https:// gallica.bnf.fr/ark:/12148/bpt6k9691979j/f2.item.r=haussmann, 引文由笔者译成英文；Hanna Elisabeth Helvig Martinsen, *Fashionable Chemistry: The History of Printing Cotton in France in the*

Second Half of the Eighteenth and First Decades of the Nineteenth Century (PhD thesis, University of Toronto, 2015), 91–97, https://tspace.library .utoronto.ca/bitstream/1807/82430/1/Martinsen_Hanna_2015_PhD_thesis.pdf。

42. American Chemical Society, "The Chemical Revolution of Antoine-Laurent Lavoisier," June 8, 1999, www.acs.org/content/acs/en/education/whatischemistry/landmarks /lavoisier.html.

43. Martinsen, *Fashionable Chemistry*, 64.

44. Charles Coulston Gillispie, *Science and Polity in France at the End of the Old Regime* (Princeton, NJ: Princeton University Press, 1980), 409–413.

45. Claude-Louis Berthollet and Amedée B. Berthollet, *Elements of the Art of Dyeing and Bleaching*, trans. Andrew Are (London: Thomas Tegg, 1841), 284.

46. *Demorest's Family Magazine*, November 1890, 47, 49, April 1891, 381, 383, and January 1891, 185, www.google.com/books/edition/Demorest_s_Family_Magazine/dRQ7A QAAMAAJ?hl=en&gbpv=0; Diane Fagan Affleck and Karen Herbaugh, "Bright Blacks, Neon Accents: Fabrics of the 1890s," Costume Colloquium, November 2014.

47. John W. Servos, "The Industrialization of Chemistry," *Science* 264, no. 5161 (May 13, 1994): 993–994.

48. Catherine M. Jackson, "Synthetical Experiments and Alkaloid Analogues: Liebig, Hofmann, and the Origins of Organic Synthesis," *Historical Studies in the Natural Sciences* 44, no. 4 (September 2014): 319–363; Augustus William Hofmann, "A Chemical Investigation of the Organic Bases contained in Coal-Gas," *London, Edinburgh, and Dublin Philosophical Magazine and Journal of*

Science, February 1884, 115–127; W. H. Perkin, "The Origin of the Coal-Tar Colour Industry, and the Contributions of Hofmann and His Pupils," *Journal of the Chemical Society*, 1896, 596–637.

49. Sir F. A. Abel, "The History of the Royal College of Chemistry and Reminiscences of Hofmann's Professorship," *Journal of the Chemical Society*, 1896, 580–596.

50. Anthony S. Travis, "Science's Powerful Companion: A. W. Hofmann's Investigation of Aniline Red and Its Derivatives," *British Journal for the History of Science* 25, no.1 (March 1992): 27–44; Edward J. Hallock, "Sketch of August Wilhelm Hofmann," *Popular Science Monthly*, April 1884, 831–835; Lord Playfair, "Personal Reminiscences of Hofmann and of the Conditions which Led to the Establishment of the Royal College of Chemistry and His Appointment as Its Professor," *Journal of the Chemical Society*, 1896, 575–579; Anthony S. Travis, *The Rainbow Makers: The Origins of the Synthetic Dyestuffs Industry in Western Europe* (Bethlehem, NY: Lehigh University Press, 1993), 31–81, 220–227, 35.

51. Simon Garfield, *Mauve: How One Man Invented a Colour that Changed the World* (London: Faber & Faber, 2000), 69.

52. Travis, *The Rainbow Makers*, 31–81, 220–227; Perkin, "The Origin of the Coal-Tar Colour Industry."

53. Robert Chenciner, *Madder Red: A History of Luxury and Trade* (London: Routledge Curzon, 2000), Kindle locations 5323–5325; J. E. O' Conor, *Review of the Trade of India, 1900–1901* (Calcutta: Office of the Superintendent of Government Printing, 1901), 28–29; Asiaticus, "The Rise and Fall of the Indigo Industry in India," *Economic Journal*, June 1912, 237–247.

54. 索迈亚·卡拉·维迪亚主要是一所面向技艺精湛的工匠，提供更好的设计和营销实践培训的学校，但它也为感兴趣的业余爱好者举办工作坊，比如我在 2019 年 2 月 27 日至 3 月 10 日参加的工作坊，www.somaiya-kalavidya.org/about.html。

55. 从技术上讲，这里有四家独立的公司："Swisstex California"是最早的染厂；"Swisstex Direct"是一家购买纱线并外包针织业务的织物公司；"Swisstex El Salvador"是萨尔瓦多的一家染厂；"Unique"是萨尔瓦多的一家织物生产公司。染色业务在洛杉矶更为重要，而织物在萨尔瓦多占主导地位，那里靠近服装组装的地方。这四家公司由四位合伙人平等拥有。达特利是"Swisstex Direct"的总裁。

56. Badri Chatterjee, "Why Are Dogs Turning Blue in This Mumbai Suburb? Kasadi River May Hold Answers," *Hindustan Times*, August 11, 2017, www.hindustantimes .com/mumbai-news/industrial-waste-in-navi-mumbai-s-kasadi-river-is-turning-dogs-blue /story-FcG0fUpioHGWUY1zv98HuN.html; Badri Chatterjee, "Mumbai's Blue Dogs: Pollution Board Shuts Down Dye Industry After HT Report," *Hindustan Times*, August 20, 2017, www.hindustantimes. com/mumbai-news/mumbai-s-blue-dogs-pollution-board –shuts-down-dye-industry-after-ht-report/story-uhgaiSeIk7UbxV93WLniaN. html.

57. 基思·达特利 2019 年 9 月 16 日和 9 月 26 日接受笔者采访，2019 年 9 月 27 日通过电子邮件回答了笔者提出的问题；Swisstex California, "Environment," www.swisstex-ca.com/Swisstex_Ca/ Environment.html。"Swisstex"得到了蓝标的认证，这是一家总部位于瑞士的环境标准制定和监测公司，见 www .bluesign. com/en。

第五章 商人

1. Cécile Michel, *Correspondance des marchands de Kaniš au début du IIemillénaireavant J.-C.* (Paris: Les Éditions du Cerf, 2001), 427–431（由笔者从法文译成英文）; Cécile Michel, "The Old Assyrian Trade in the Light of Recent Kültepe Archives," *Journal of the Canadian Society for Mesopotamian Studies*, 2008, 71–82, https://halshs.archives-ou- vertes.fr/halshs–00642827/document; Cécile Michel, "Assyrian Women's Contribution to International Trade with Anatolia," *Carnet de REFEMA*, November 12, 2013, https:// refema.hypotheses.org/850; Cécile Michel, "Economic and Social Aspects of the Old Assyrian Loan Contract," in *L'economiadell'antica Mesopotamia (III-I millennioa.C.) Per un dialogointerdisciplinare*, ed. Franco D'Agostino (Rome: Edizioni Nuova Cultura, 2013), 41–56, https://halshs.archives-ouvertes.fr/ halshs–01426527/document; Mogens Trolle Larsen, *Ancient Kanesh: A Merchant Colony in Bronze Age Anatolia* (Cambridge: University of Cambridge Press, 2015), 1–3, 112, 152–158, 174, 196–201; Klaas R. Veenhof, "'Modern' Features in Old Assyrian Trade," *Journal of the Economic and Social History of the Orient* 40, no. 4 (January 1997): 336–366。

2. 关于社会技术，见 Richard R. Nelson, "Physical and Social Technologies, and Their Evolution" (LEM Working Paper Series, Scuola Superiore Sant' Anna, Laboratory of Economics and Management [LEM], Pisa, Italy, June 2003), http://hdl.handle .net/10419/89537。

3. Larsen, *Ancient Kanesh*, 54–57.

4. Larsen, *Ancient Kanesh*, 181–182.

5. Jessica L. Goldberg, *Trade and Institutions in the Medieval*

Mediterranean: The Geniza Merchants and Their Business World (Cambridge: Cambridge University Press, 2012), 65.

6. 粟特人是中亚的一个民族，他们的主要居住地位于现在乌兹别克斯坦境内的撒马尔罕和布哈拉（Bukhara），他们是中国和伊朗之间重要的贸易商。

7. Valerie Hansen and Xinjiang Rong, "How the Residents of Turfan Used Textiles as Money, 273–796 CE," *Journal of the Royal Asiatic Society* 23, no. 2 (April 2013): 281–305, https://history.yale.edu/sites/default/files/files/VALERIE%20HANSEN%20and%20XIN JIANG%20RONG.pdf.

8. Chang Xu and Helen Wang (trans.), "Managing a Multicurrency System in Tang China: The View from the Centre," *Journal of the Royal Asiatic Society* 23, no. 2 (April 2013): 242.

9. 这样的故事被称为 "þáttr"，在古挪威语中指的是一缕纱线。

10. William Ian Miller, *Audun and the Polar Bear: Luck, Law, and Largesse in a Medieval Tale of Risky Business* (Leiden: Brill, 2008), 7, 22–25.

11. 作为一种记账单位，法律规定一块标准的羊毛斜纹布（*vaðmál*）相当于一盎司白银。

12. Michèle Hayeur Smith, "*Vaðmál* and Cloth Currency in Viking and Medieval Iceland," in *Silver, Butter, Cloth: Monetary and Social Economies in the Viking Age*, ed. Jane Kershaw and Gareth Williams (Oxford: Oxford University Press, 2019), 251–277; Michèle Hayeur Smith, "Thorir's Bargain: Gender, *Vaðmál* and the Law," *World Archaeology* 45, no. 5 (2013): 730–746, https://doi.org/10.1080/0 0438243.2013.860272; Michèle Hayeur Smith, "Weaving Wealth: Cloth and Trade in Viking Age and Medieval Iceland," in *Textiles and the Medieval Economy: Production, Trade, and Consumption*

of Textiles, 8th–16th Centuries, ed. Angela Ling Huang and Carsten Jahnke (Oxford: Oxbow Books, 2014), 23–40, www.researchgate. net/publication/272818539_Weaving_Wealth_Cloth_and _Trade_in_ Viking_Age_and_Medieval_Iceland. 虽然白银经常被用作名义上的记账单位，有时候被称为"鬼钱"，但实际上它的交易频率远低于布料。关于货币基本特征的简单概述，参见 Federal Reserve Bank of St. Louis, "Functions of Money," Economic Lowdown Podcast Series, Episode 9, www.stlouisfed.org/education/economic-lowdown-podcast-series/episode–9–functions-of –money。

13. Marion Johnson, "Cloth as Money: The Cloth Strip Currencies of Africa," *Textile History* 11, no. 1 (1980): 193–202.

14. Peter Spufford, *Power and Profit: The Merchant in Medieval Europe* (London: Thames & Hudson, 2002), 134–136, 143–152.

15. Alessandra Macinghi degli Strozzi, *Lettere di una Gentildonna Fiorentina del Secolo XV ai FigliuoliEsuli*, ed. Cesare Guasti (Firenze: G. C. Sansone, 1877), 27–30. (Translation by the author.)

16. Spufford, *Power and Profit*, 25–29.

17. Jong Kuk Nam, "The *Scarsella*between the Mediterranean and the Atlantic in the 1400s," *Mediterranean Review*, June 2016, 53–75.

18. Telesforo Bini, "Letteremercantili del 1375 di Venezia a Giusfredo Cenami setaiolo," appendix to *Su I lucchesi a Venezia: Memorie dei Secoli XII e XIV*, Part 2, in *Atti dell'Accademia Lucchese di Scienze, Lettere ed Arti*, (Lucca, Italy: Tipografia di Giuseppe Giusti, 1857), 150–155, www.google.com/books/edition/_/ OLwAAAAAYAAJ?hl=en.

19. Spufford, *Power and Profit*, 28–29.

20. Warren Van Egmond, *The Commercial Revolution and the Beginnings of Western Mathematics in Renaissance Florence*,

1300–1500 (unpublished dissertation, History and Philosophy of Science, Indiana University, 1976), 74–75, 106. 以下大部分内容来自范·埃格蒙德的研究。我只给引文和一些具体事实标注页码。

21. Van Egmond, *The Commercial Revolution*, 14, 172, 186–187, 196–197, 251.

22. L. E. Sigler, *Fibonacci's Liber Abaci: A Translation into Modern English of Leonardo Pisano's Book of Calculation* (New York: Springer-Verlag, 2002), 4, 15–16.

23. Paul F. Grendler, *Schooling in Renaissance Italy: Literacy and Learning, 1300–1600* (Baltimore: Johns Hopkins University Press, 1989), 77, 306–329; Margaret Spufford, "Literacy, Trade, and Religion in the Commercial Centers of Europe," in *A Miracle Mirrored: The Dutch Republic in European Perspective*, ed. Karel A. Davids and Jan Lucassen (Cambridge: Cambridge University Press, 1995), 229–283. Paul F. Grendler, "What Piero Learned in School: Fifteenth-Century Vernacular Education," *Studies in the History of Art* (Symposium Papers XXVIII: Piero della Francesca and His Legacy, 1995), 160–174; Frank J. Swetz, *Capitalism and Arithmetic: The New Math of the 15th Century, Including the Full Text of the Treviso Arithmetic of 1478*, trans. David Eugene Smith (La Salle, IL: Open Court, 1987).

24. Edwin S. Hunt and James Murray, *A History of Business in Medieval Europe, 1200– 1550* (Cambridge: Cambridge University Press, 1999), 57–63.

25. Van Egmond, *The Commercial Revolution*, 17–18, 173.

26. 如今，"factor"这个词在服装行业中具有技术意义，指的是根据服装制造商当前的发票提供信贷的实体。然而，在纺织史上的大部分时间里，它仅仅指代理商或中间商。

27. James Stevens Rogers, *The Early History of the Law of Bills and Notes: A Study of the Origins of Anglo-American Commercial Law* (Cambridge: Cambridge University Press, 1995), 104–106.

28. Hunt and Murray, *A History of Business in Medieval Europe*, 64.

29. Francesca Trivellato, *The Promise and Peril of Credit: What a Forgotten Legend About Jews and Finance Tells Us About the Making of European Commercial Society* (Princeton, NJ: Princeton University Press, 2019), 2. 尽管这些契据起源于意大利，但还有一个传说是犹太人在 1492 年被驱逐出西班牙时，为了将他们的财富从西班牙转移出去，发明了汇票。特里韦拉托的书探讨了这一传说的起源和延续。

30. Spufford, *Power and Profit*, 37. 随着汇票演变并最终成为可流通的，它越来越接近于经济学家所认为的货币供应的一部分。

31. Meir Kohn, "Bills of Exchange and the Money Market to 1600" (Department of Economics Working Paper No. 99–04, Dartmouth College, Hanover, NH, February 1999), 21, cpb-us-e1.wpmucdn.com/sites.dartmouth.edu/dist/6/1163/files/2017/03/99–04.pdf; Peter Spufford, *Handbook of Medieval Exchange* (London: Royal Historical Society, 1986), xxxvii.

32. Spufford, *Handbook of Medieval Exchange*, 316, 321.

33. Kohn, "Bills of Exchange and the Money Market," 3, 7–9; Trivellato, *The Promise and Peril of Credit*, 29–30. 也可以参见 Raymond de Roover, "What Is Dry Exchange: A Contribution to the Study of English Mercantilism," in *Business, Banking, and Economic Thought in Late Medieval and Early Modern Europe: Selected Studies of Raymond de Roover*, ed. Julius Kirshner (Chicago: University of Chicago Press, 1974), 183–199.

34. Iris Origo, *The Merchant of Prato: Daily Life in a Medieval City*

(New York: Penguin, 1963), 146–149.

35. Hunt and Murray, *A History of Business in Medieval Europe*, 222–225; K. S. Mathew, *Indo-Portuguese Trade and the Fuggers of Germany: Sixteenth Century* (New Delhi: Manohar, 1997), 101–147.

36. Kohn, "Bills of Exchange and the Money Market," 28.

37. Alfred Wadsworth and Julia de Lacy Mann, *The Cotton Trade and Industrial Lancashire 1600–1780* (Manchester, UK: Manchester University Press, 1931), 91–95.

38. Wadsworth and Mann, *The Cotton Trade and Industrial Lancashire*, 91–95; T. S. Ashton, "The Bill of Exchange and Private Banks in Lancashire, 1790–1830," *Economic History Review* a15, nos. 1–2 (1945): 27.

39. Trivellato, *The Promise and Peril of Credit*, 13–14.

40. John Graham, "History of Printworks in the Manchester District from 1760 to 1846," quoted in J. K. Horsefield, "Gibson and Johnson: A Forgotten Cause Célèbre," *Economica*, August 1943, 233–237.

41. Trivellato, *The Promise and Peril of Credit*, 32–34; Kohn, "Bills of Exchange and the Money Market," 24–28; Lewis Loyd testimony, May 4, 1826, in House of Commons, *Report from the Select Committee on Promissory Notes in Scotland and Ireland* (London: Great Britain Parliament, May 26, 1826), 186.

42. Alexander Blair testimony, March 21, 1826, in House of Commons, *Report from the Select Committee on Promissory Notes in Scotland and Ireland* (London: Great Britain Parliament, May 26, 1826), 41; Lloyds Banking Group, "British Linen Bank (1746–1999)," www. lloydsbankinggroup.com/Our-Group/our-heritage/our-history2/bank-of-scotland /british-linen-bank/.

43. Carl J. Griffin, *Protest, Politics and Work in Rural England, 1700–1850* (London: Palgrave Macmillan, 2013), 24; Adrian Randall, *Riotous Assemblies: Popular Protest in Hanoverian England* (Oxford: Oxford University Press, 2006), 141–143; David Rollison, *The Local Origins of Modern Society: Gloucestershire 1500–1800* (London: Routledge, 2005), 226 –227.

44. "毛料"（woolen）指的是一种比较重的经过了缩绒处理的羊毛布料，即利用水分和摩擦使表面起毡。一旦经过缩绒处理，毛料就会被修剪成光滑的表面。这种毛料使用的是用粗梳过的短羊毛纤维纺成的柔软纱线。"精纺毛料"（worsted）指的是一种较轻的羊毛布料，通常未经缩绒处理，由紧密纺制的纱线编织而成；在纺纱前，羊毛经过了精梳处理，而不是粗梳。精梳会使纤维变得蓬松，而粗梳则会使它们朝同一方向排列。

45. "An Essay on Riots; Their Causes and Cure," *Gentleman's Magazine*, January 1739, 7–10. See also, "A Letter on the Woollen Manufacturer," *Gentleman's Magazine*, February 1739, 84–86; A Manufacturer in Wiltshire, "Remarks on the Essay on Riots," *Gentleman's Magazine*, March 1739, 123–126; Trowbridge, "Conclusion," *Gentleman's Magazine*, 126; "Case between the Clothiers and Weavers," *Gentleman's Magazine*, April 1739, 205–206; "The Late Improvements of Our Trade, Navigation, and Manufactures," *Gentleman's Maga– zine*, September 1739, 478–480.

46. Trowbridge, untitled essay,*Gentleman's Magazine*, February 1739, 89–90. Trowbridge, "Conclusion," *Gentleman's Magazine*, 126.

47. Ray Bert Westerfield, *The Middleman in English Business* (New Haven, CT: Yale University Press, 1914), 296, archive.org/details/ middlemeninengli00west. 虽然这项法律没有明确限制他们的人数，但法律承认了他们的作用并将他们登记在册（可能会控制他们的

人数），这将赋予他们更大的经济权力。

48. Luca Molà, *The Silk Industry of Renaissance Venice* (Baltimore: Johns Hopkins University Press, 2000), 365n11.

49. Conrad Gill, "Blackwell Hall Factors, 1795–1799," *Economic History Review*, August 1954, 268–281; Westerfield, *The Middleman in English Business*, 273–304.

50. Trowbridge, "Conclusion," *Gentleman's Magazine*, 126.

51. 所有引文均摘自 2019 年 4 月 4 日在纽约公园大道军械库演出的《雷曼兄弟三部曲》。

52. Harold D. Woodman, "The Decline of Cotton Factorage After the Civil War," *American Historical Review* 71, no. 4 (July 1966): 1219–1236; Harold D. Woodman, *King Cotton and His Retainers: Financing and Marketing the Cotton Crop of the South, 1800–1925* (Lexington: University of Kentucky Press, 1968). 伍德曼（Woodman）认为棉花代理商在美国南部出现的时间最早可以追溯到 1800 年。

53. Italian Playwrights Project, "Stefano Massini's SOMETHING ABOUT THE LEHMANS," YouTube video, 1:34:04, December 5, 2016, www.youtube.com/watch?time_continue=112&v=gETKm6El85o.

54. Ben Brantley, "'The Lehman Trilogy' Is a Transfixing Epic of Riches and Ruin," *New York Times*, July 13, 2018, C5, www.nytimes.com/2018/07/13/theater/lehman-trilogy –review-national-theater-london.html; Richard Cohen, "The Hole at the Heart of 'The Lehman Trilogy,'" *Washington Post*, April 8, 2019, www.washingtonpost.com/opinions /the-hole-at-the-heart-of-the-lehman-trilogy/2019/04/08/51f6ed8c–5a3e–11e9–842d–7d3ed7eb3957_story.html?utm_term=.257ef2349d55; Jonathan Mandell, "The

Lehman Trilogy Review: 164 Years of One Capitalist Family Minus the Dark Parts," *New York Theater*, April 7, 2019, https://newyorktheater.me/2019/04/07/the-lehman-trilogy-review–164–years-of-one-capitalist-family-minus-the-dark-parts/; Nicole Gelinas, "The Lehman Elegy," *City Journal*, April 12, 2019, www.city-journal.org/the-lehman-trilogy.

第六章　消费者

1. Angela Yu-Yun Sheng, "Textile Use, Technology, and Change in Rural Textile Production in Song, China (960–1279)" (unpublished diss., University of Pennsylvania, 1990), 53, 68–113.

2. Roslyn Lee Hammers, *Pictures of Tilling and Weaving: Art, Labor, and Technology in Song and Yuan China* (Hong Kong: Hong Kong University Press, 2011), 1–7, 87–98, 210, 211. 引文由哈默斯译成英文，并经她许可出版。

3. 宋朝从公元 960 年持续到公元 1279 年，分为北宋和南宋。北宋结束于 1127 年，当时女真人控制了中国北方地区，包括北宋的都城（现在的开封）。南宋在现在的杭州建立了一个新的都城，统治着长江以南的地区。官员和大量人口的南迁永久地改变了中国的经济地理。

4. William Guanglin Liu, *The Chinese Market Economy 1000–1500* (Albany: State University of New York Press, 2015), 273–275; Richard von Glahn, *The Economic History of China: From Antiquity to the Nineteenth Century* (Cambridge: Cambridge University Press, 2016), 462.

5. Liu, *The Chinese Market Economy*, 273–278; Sheng, "Textile Use, Technology, and Change," 174.

6. Thomas T. Allsen, *Commodity and Exchange in the Mongol Empire: A Cultural History of Islamic Textiles* (Cambridge: Cambridge University Press, 1997), 28; Sheila S. Blair, "East Meets West Under the Mongols," *Silk Road* 3, no. 2 (December 2005): 27–33, www. silkroadfoundation.org/newsletter/vol3num2/6_blair.php.

7. 鞑靼人是成吉思汗最早统治的民族之一，从而拥有了蒙古人的新身份，成吉思汗称他们是"毛毡墙之民"。Jack Weatherford, *Genghis Khan and the Making of the Modern World* (New York: Crown, 2004), 53–54.

8. Joyce Denney, "Textiles in the Mongol and Yuan Periods," and James C. Y. Watt, "Introduction," in James C. Y. Watt, *The World of Khubilai Khan: Chinese Art in the Yuan Dynasty* (New York: Metropolitan Museum of Art, 2010), 243–267, 7–10.

9. Peter Jackson, *The Mongols and the Islamic World* (New Haven, CT: Yale University Press, 2017), 225; Allsen, *Commodity and Exchange in the Mongol Empire*, 38–45, 101; Denney, "Textiles in the Mongol and Yuan Periods."

10. Helen Persson, "Chinese Silks in Mamluk Egypt," in *Global Textile Encounters*, ed. Marie-Louise Nosch, Zhao Feng, and LotikaVaradarajan (Oxford: Oxbow Books, 2014), 118.

11. James C. Y. Watt and Anne E. Wardwell, *When Silk Was Gold: Central Asian and Chinese Textiles* (New York: Metropolitan Museum of Art, 1997), 132.

12. Allsen, *Commodity and Exchange in the Mongol Empire*, 29. 成吉思汗敦促他的指挥官们训练他们的儿子，让他们像商人了解自己的货物一样了解战争的艺术。

13. Yuan Zujie, "Dressing the State, Dressing the Society: Ritual, Morality, and Conspicuous Consumption in Ming Dynasty China"

(unpublished diss., University of Minnesota, 2002), 51.

14. Craig Clunas, *Superfluous Things: Material Culture and Social Status in Early Modern China* (Urbana: University of Illinois Press, 1991), 150; Zujie, "Dressing the State, Dressing the Society," 93.

15. 第一次修订发生在 1528 年，制定了官员下朝后的着装规则。

16. BuYun Chen, "Wearing the Hat of Loyalty: Imperial Power and Dress Reform in Ming Dynasty China," in *The Right to Dress: Sumptuary Laws in a Global Perspective, c. 1200–1800*, ed. Giorgio Riello and Ulinka Rublack (Cambridge: Cambridge University Press, 1019), 418.

17. Zujie, "Dressing the State, Dressing the Society," 94–96, 189–191.

18. Ulinka Rublack, "The Right to Dress: Sartorial Politics in Germany, c. 1300–1750," in *The Right to Dress*, 45; Chen, "Wearing the Hat of Loyalty," 430–431.

19. Liza Crihfield Darby, *Kimono: Fashioning Culture* (Seattle: University of Washington Press, 2001), 52–54; Katsuya Hirano, "Regulating Excess: The Cultural Politics of Consumption in Tokugawa Japan," in *The Right to Dress*, 435–460; Howard Hibbett, *The Floating World in Japanese Fiction* (Boston: Tuttle Publishing, [1959] 2001).

20. Catherine Kovesi, "Defending the Right to Dress: Two Sumptuary Law Protests in Sixteenth-Century Milan," in *The Right to Dress*, 186; Luca Molà and Giorgio Riello, "Against the Law: Sumptuary Prosecutions in Sixteenth- and Seventeenth-Century Padova," in *The Right to Dress*, 216; Maria Giuseppina Muzzarelli, "Sumptuary Laws in Italy: Financial Resource and Instrument of Rule," in *The Right to Dress*, 171, 176; Alan Hunt, *Governance of the Consuming Passions: A History of Sumptuary Law* (New York: St. Martin's

Press, 1996), 73; Ronald E. Rainey, "Sumptuary Legislation in Renaissance Florence" (unpublished diss., Columbia University, 1985), 62.

21.　Rainey, "Sumptuary Legislation in Renaissance Florence," 54, 468–470, 198.

22.　Rainey, "Sumptuary Legislation in Renaissance Florence," 52–53, 72, 98, 147, 442– 443. "夏米托（*sciamito*）"这个词可能特指"samite"，这是一种双面锦缎，通常用金线或银线织成，但雷尼发现它也有更广泛的含义。

23.　Carole Collier Frick, *Dressing Renaissance Florence: Families, Fortunes, and Fine Clothing* (Baltimore: Johns Hopkins University Press, 2005), Kindle edition.

24.　Rainey, "Sumptuary Legislation in Renaissance Florence," 231–234; Franco Sacchetti, *Tales from Sacchetti*, trans. by Mary G. Steegman (London: J. M. Dent, 1908), 117–119; Franco Sacchetti, *Delle Novelle di Franco Sacchetti* (Florence: n.p., 1724), 227. The original phrase is "Ciò chevuoledunna [*sic*], vuolsignò; e ciò vuolsignò, Tirli in Birli."

25.　Muzzarelli, "Sumptuary Laws in Italy," 175, 185.

26.　Rainey, "Sumptuary Legislation in Renaissance Florence," 200–205, 217; William Caferro, "Florentine Wages at the Time of the Black Death" (unpublished ms., Vanderbilt University), https://economics. yale.edu/sites/default/files/florence_wages-caferro.pdf.

27.　Kovesi, "Defending the Right to Dress," 199–200.

28.　Felicia Gottmann, *Global Trade, Smuggling, and the Making of Economic Liberalism: Asian Textiles in France 1680–1760* (Basingstoke, UK: Palgrave Macmillan, 2016), 91. 这一部分内容最初刊登于 Virginia Postrel, "Before Drug Prohibition, There Was the War on Calico," *Reason*, July 2018, 14–15, https://reason.com/2018/06/25/

before-drug-prohibition-there/。

29. Michael Kwass, *Contraband: Louis Mandrin and the Making of a Global Underground* (Cambridge, MA: Harvard University Press, 2014), 218–220; Gillian Crosby, *First Impressions: The Prohibition on Printed Calicoes in France, 1686–1759* (unpublished diss., Nottingham Trent University, 2015), 143–144.

30. Kwass, *Contraband*, 56.

31. 有关英国《印花税法》（the British Calico Acts）的史学概述，包括相关文献的链接，见 "The Calico Acts: Was British Cotton Made Possible by Infant Industry Protection from Indian Competition?" Pseudoerasmus, January 5, 2017, https:// pseudoerasmus. com/2017/01/05/ca/。

32. Giorgio Riello, *Cotton: The Fabric that Made the Modern World* (Cambridge: Cambridge University Press, 2013), 100; Kwass, *Contraband*, 33.

33. Gottmann, *Global Trade, Smuggling*, 7; Kwass, *Contraband*, 37–39.

34. Gottmann, *Global Trade, Smuggling*, 41.

35. Gottmann, *Global Trade, Smuggling*, 153.

36. Kwass, *Contraband*, 294.

37. Julie Gibbons, "The History of Surface Design: Toile de Jouy," Pattern Observer, https://patternobserver.com/2014/09/23/history-surface-design-toile-de-jouy/.

38. George Metcalf, "A Microcosm of Why Africans Sold Slaves: Akan Consumption Patterns in the 1770s," *Journal of African History* 28, no. 3 (November 1987): 377–394. 这本书汇编的数据可以证实纺织品的流行。Stanley B. Alpern, "What Africans Got for Their Slaves: A Master List of European Trade Goods," *History in Africa* 22 (January 1995): 5–43.

39. 在这一时期，大部分西非俘虏被送往西印度群岛的甘蔗种植园。

40. Chambon, *Le commerce de l'Amérique par Marseille*, quoted and translated in Michael Kwass, *Contraband*, 20. Original available at https://gallica.bnf.fr/ark:/12148 /bpt6k1041911g/f417.item.zoom. Venice Lamb, *West African Weaving* (London: Duck– worth, 1975), 104.

41. Colleen E. Kriger, "'Guinea Cloth': Production and Consumption of Cotton Textiles in West Africa before and during the Atlantic Slave Trade," in *The Spinning World: A Global History of Cotton Textiles, 1200–1850*, ed. Giorgio Riello and Prasannan Parthasarathi (Oxford: Oxford University Press, 2009), 105–126; Colleen E. Kriger, *Cloth in West African History* (Lanham, MD: Altamira Press, 2006), 35–36.

42. Suzanne Gott and Kristyne S. Loughran, "Introducing African-Print Fashion," in *African-Print Fashion Now! A Story of Taste, Globalization, and Style*, ed. Suzanne Gott, Kristyne S. Loughran, Betsy D. Smith, and Leslie W. Rabine (Los Angeles: Fowler Museum UCLA, 2017), 22–49; Helen Elanda, "Dutch Wax Classics: The Designs Introduced by Ebenezer Brown Fleming circa 1890–1912 and Their Legacy," in *African-Print Fashion Now!*, 52–61; Alisa LaGamma, "The Poetics of Cloth," in *The Essential Art of African Textiles: Design Without End*, ed. Alisa LaGamma and Christine Giuntini (New Haven, CT: Yale University Press, 2008), 9–23, www. metmuseum.org/art/metpublications /the_essential_art_of_african_ textiles_design_without_end.

43. Kathleen Bickford Berzock, "African Prints/African Ownership: On Naming, Value, and Classics," in *African-Print Fashion Now!*, 71–79 [贝佐克 (Berzock) 就是上文提到的艺术史学家]。Susan Domowitz, "Wearing Proverbs: Anyi Names for Printed Factory

Cloth," *African Arts*, July 1992, 82–87, 104; Paulette Young, "Ghanaian Woman and Dutch Wax Prints: The Counter-appropriation of the Foreign and the Local Creating a New Visual Voice of Creative Expression," *Journal of Asian and African Studies* 51, no. 3 (January 10, 2016), https://doi.org/10.1177/0021909615623811 （扬就是上文提到的博物馆馆长）。Michelle Gilbert, "Names, Cloth and Identity: A Case from West Africa," in *Media and Identity in Africa*, ed. John Middleton and Kimani Njogu (Bloomington: Indiana University Press, 2010), 226–244.

44. Tunde M. Akinwumi, "The 'African Print' Hoax: Machine Produced Textiles Jeopardize African Print Authenticity," *Journal of Pan African Studies* 2, no. 5 (July 2008): 179–192; Victoria L. Rovine, "Cloth, Dress, and Drama," in *African-Print Fashion Now!*, 274 – 277.

45. 尽管科琳·克里格（Colleen Kriger）将这种布料称为肯特布，但它更应该被视为肯特布的前身。Malika Kraamer, "Ghanaian Interweaving in the Nineteenth Century: A New Perspective on Ewe and Asante Textile History," *African Arts*, Winter 2006, 36–53, 93–95.

46. 根据纬纱的插入方式，图案可能不是垂直的或水平的。这只是最常见的排列方式。纺织学者约翰·皮克顿（John Picton）和约翰·马克（John Mack）观察到："这当然是为了混淆视听，通过交替使用两种颜色的纬纱元素，可以在纬面编织的区域织出经向条纹，一种颜色的纬纱元素将全部覆盖在一个经面单元之上，隐藏于下一个经面单元之下，另一种颜色的纬纱元素也是这样。"John Picton and John Mack, *African Textiles* (New York: Harper & Row, 1989), 117.

47. Malika Kraamer, "Challenged Pasts and the Museum: The Case

of Ghanaian *Kente*," in *The Thing about Museums: Objects and Experience, Representation and Contesta- tion*, ed. Sandra Dudley, Amy Jane Barnes, Jennifer Binnie, Julia Petrov, Jennifer Walklate (Abingdon, UK: Routledge, 2011), 282–296.

48. Lamb, *West African Weaving*, 141.

49. Lamb, *West African Weaving*, 22; Doran H. Ross, "Introduction: Fine Weaves and Tangled Webs" and "Kente and Its Image Outside Ghana," in *Wrapped in Pride: Ghanaian Kente and African American Identity*, ed. Doran H. Ross (Los Angeles: UCLA Fowler Museum of Cultural History, 1998), 21, 160–176; James Padilioni Jr., "The History and Significance of Kente Cloth in the Black Diaspora," Black Perspectives, May 22, 2017, www.aaihs.org/the-history-and-significance-of-kente-cloth-in-the-black-diaspora//; Betsy D. Quick, "Pride and Dignity: African American Perspective on Kente," in *Wrapped in Pride*, 202–268. 肯特布可以被视为魅力的体现，参见 Virginia Postrel, *The Power of Glamour: Longing and the Art of Visual Persuasion* (New York: Simon & Schuster, 2013)。

50. Anita M. Samuels, "African Textiles: Making the Transition from Cultural Statement to Macy's," *New York Times*, July 26, 1992, sec. 3, 10, www.nytimes.com/1992/07/26 /business/all-about-african-textiles-making-transition-cultural-statement-macy-s.html. 可能是进口商或记者把肯特布与蜡防印花布搞混了，蜡防印花布是在布料正反面都印花的。

51. Ross, *Wrapped in Pride*, 273–289.

52. Kwesi Yankah, "Around the World in Kente Cloth," *Uhuru*, May 1990, 15–17, quoted in Ross, *Wrapped in Pride*, 276; John Picton, "Tradition, Technology, and Lurex: Some Comments on Textile History and Design in West Africa," in *History, Design, and Craft in*

West African Strip-Woven Cloth: Papers Presented at a Symposium Organized by the National Museum of African Art, Smithsonian Institution, February 18–19, 1988 (Washington, DC: Smithsonian Institution, 1992), 46. 关于肯特布瑜伽裤，见 www.etsy.com / market/kente_leggings。关于真实性更全面的讨论，见 Virginia Postrel, *The Substance of Style: How the Rise of Aesthetic Value Is Remaking Culture, Commerce, and Consciousness* (New York: HarperCollins, 2003), 95–117。

53.　以美国纺织品为例，见 Virginia Postrel, "Making History Modern," *Reason*, December 2017, 10–11, https://vpostrel.com/articles/ making-history-modern. 以墨西哥纺织品为例，见 Virginia Postrel, "How Ponchos Got More Authentic After Commerce Came to Chiapas," *Reason*, April 2018, 10–11, https://vpostrel.com/articles / how-ponchos-got-more-authentic-after-commerce-came-to-chiapas。

54.　雷蒙德·塞努克 2018 年 8 月 31 日接受笔者采访，2019 年 8 月 2 日通过电子邮件回答了笔者提出的问题；丽萨·菲茨帕特里克 2018 年 8 月 24 日接受笔者采访；Barbara Knoke de Arathoon and Rosario Miralbés de Polanco, *Huipiles Mayas de Guatemala/Maya Huipiles of Guatemala* (Guatemala City: Museo Ixchel del Traje Indigene, 2011); Raymond E. Senuk, *Maya Traje: A Tradition in Transition* (Princeton, NJ: Friends of the Ixchel Museum, 2019); Rosario Miralbés de Polanco, *The Magic and Mystery of Jaspe: Knots Revealing Designs* (Guatemala City: Museo Ixchel del TrajeIndigena, 2005)。在照片墙上，见 www.instagram.com/explore/tags/chicasdecorte/。

55.　Chris Anderson, *The Long Tail: Why the Future of Business Is Selling Less of More* (New York: Hachette Books, 2008), 52.

56.　加特·戴维斯 2016 年 5 月 11 日接受笔者采访，2019 年 8 月 2 日通过电子邮件回答了笔者提出的问题；亚历克斯·克雷格 2019

年 9 月 23 日通过电子邮件回答了笔者提出的问题；琼娜·海登 2016 年 5 月 10 日和 2019 年 8 月 3 日通过脸谱与笔者交流。

第七章　创新者

1.　　Sharon Bertsch McGrayne, *Prometheans in the Lab: Chemistry and the Making of the Modern World* (New York: McGraw-Hill, 2001), 114. 以下材料曾刊登于 Virginia Postrel, "The iPhone of 1939 Helped Liberate Europe. And Women," Bloomberg Opinion, October 25, 2019, www.bloomberg.com/opinion/articles/2019–10–25 /nylon-history-how-stockings-helped-liberate-women。

2.　　Yasu Furukawa, *Inventing Polymer Science: Staudinger, Carothers, and the Emergence of Macromolecular Chemistry* (Philadelphia: University of Pennsylvania Press, 1998), 103–111; Joel Mokyr, *The Gifts of Athena: Historical Origins of the Knowledge Economy* (Princeton, NJ: Princeton University Press, 2002), 28–77.

3.　　Herman F. Mark, "The Early Days of Polymer Science," in *Contemporary Topics in Polymer Science*, Vol. 5, ed. E.J. Vandenberg, Proceedings of the Eleventh Biennial Polymer Symposium of the Division of Polymer Chemistry on High Performance Polymers, November 20–24, 1982 (New York: Plenum Press, 1984), 10–11.

4.　　McGrayne, *Prometheans in the Lab*, 120–128; Matthew E. Hermes, *Enough for One Lifetime: Wallace Carothers, Inventor of Nylon* (Washington, DC: American Chemical Society and Chemical Heritage Foundation, 1996), 115.

5.　　"Chemists Produce Synthetic 'Silk,'" *New York Times*, September 2, 1931, 23.

6. Hermes, *Enough for One Lifetime*, 183.

7. McGrayne, *Prometheans in the Lab*, 139–142; Hermes, *Enough for One Lifetime*, 185–189.

8. "The New Dr. West's Miracle Tuft" ad, *Saturday Evening Post*, October 29, 1938, 44–45, https://archive.org/details/the-saturday-evening-post–1938–10–29/page/n43; "DuPont Discloses New Yarn Details," *New York Times*, October 28, 1938, 38; "Du Pont Calls Fair American Symbol," *New York Times*, April 25, 1939, 2; "First Offering of Nylon Hosiery Sold Out," *New York Times*, October 25, 1939, 38; "Stine Says Nylon Claims Tend to Overoptimism," *New York Times*, January 13, 1940, 18.

9. Kimbra Cutlip, "How 75 Years Ago Nylon Stockings Changed the World," *Smithsonian*, May 11, 2015, www.smithsonianmag.com/smithsonian-institution/how –75–years-ago-nylon-stockings-changed-world–180955219/.

10. David Brunnschweiler, "Rex Whinfield and James Dickson at the Broad Oak Print Works," in *Polyester: 50 Years of Achievement*, ed. David Brunnschweiler and John Hearle (Manchester, UK: Textile Institute, 1993), 34–37; J. R. Whinfield, "The Development of Terylene," *Textile Research Journal*, May 1953, 289–293, https://doi .org/10.1177/004051755302300503; J. R. Whinfield, "Textiles and the Inventive Spirit" (Emsley Lecture), in *Journal of the Textile Institute Proceedings*, October 1955, 5–11; IHS Markit, "Polyester Fibers," *Chemical Economics Handbook*, June 2018, https://ihsmarkit .com/products/polyester-fibers-chemical-economics-handbook.html.

11. Hermes, *Enough for One Lifetime*, 291.

12. "Vogue Presents Fashions of the Future," *Vogue*, February 1, 1939,

71–81, 137–146; "Clothing of the Future—Clothing in the Year 2000," Pathetone Weekly, YouTube video, 1:26, www.youtube.com/ watch?v=U9eAiy0IGBI.

13. Regina Lee Blaszczyk, "Styling Synthetics: DuPont's Marketing of Fabrics and Fashions in Postwar America," *Business History Review*, Autumn 2006, 485–528; Ronald Alsop, "Du Pont Acts to Iron Out the Wrinkles in Polyester's Image," *Wall Street Journal*, March 2, 1982, 1.

14. Jean E. Palmieri, "Under Armour Scores $1 Billion in Sales through Laser Focus on Athletes," *WWD*, December 1, 2011, https://wwd.com/ wwd-publications/wwd-special –report/2011–12–01–2104533/; Jean E. Palmieri, "Innovating the Under Armour Way," *WWD*, August 10, 2016, 11–12; Kelefa Sanneh, "Skin in the Game," *New Yorker*, March 24, 2014, www.newyorker.com/magazine/2014/03/24/skin-in-the-game.

15. 菲尔·布朗（Phil Brown）2015 年 3 月 4 日接受笔者采访；Virginia Postrel, "How the Easter Bunny Got So Soft," Bloomberg Opinion, April 2, 2015, https://vpostrel.com /articles/how-the-easter-bunny-got-so-soft。

16. Brian K. McFarlin, Andrea L. Henning, and Adam S. Venable, "Clothing Woven with Titanium Dioxide-Infused Yarn: Potential to Increase Exercise Capacity in a Hot, Humid Environment?" *Journal of the Textile Institute* 108 (July 2017): 1259–1263, https://doi .org/1 0.1080/00405000.2016.1239329.

17. Elizabeth Miller, "Is DWR Yucking Up the Planet?" SNEWS, May 12, 2017, www.snewsnet.com/news/is-dwr-yucking-up-the-planet; John Mowbray, "Gore PFC Challenge Tougher than Expected," *EcoTextile News*, February 20, 2019, www.ecotextile .com/

2019022024078/dyes-chemicals-news/gore-pfc-challenge-tougher-than-expected .html. 这些化合物是否真的会带来重大风险还存在争议。但作为一个消费品牌，安德玛不需要裁定这些说法，就像它不需要决定蓝色和红色哪个颜色更好一样。它的任务是让消费者满意。

18. 凯尔·布莱克利 2019 年 7 月 31 日接受笔者采访。

19. Christian Holland, "MassDevice Q&A: OmniGuide Chairman Yoel Fink," MassDevice, June 1, 2010, www.massdevice.com/massdevice-qa-omniguide-chairman –yoel-fink/; Bruce Schechter, "M.I.T. Scientists Turn Simple Idea Into 'Perfect Mirror,'" *New York Times*, December 15, 1998, sec. F, 2, www.nytimes.com/1998/12/15/science/mit –scientists-turn-simple-idea-into-perfect-mirror.html.

20. 约尔·芬克 2019 年 7 月 28 日和 8 月 16 日接受笔者采访；鲍勃·达梅利奥和托莎·海斯 2019 年 7 月 29 日和 8 月 28 日接受笔者采访；Jonathon Keats, "This Materials Scientist Is on a Quest to Create Functional Fibers That Could Change the Future of Fabric," *Discover*, April 2018, http://discovermagazine .com/2018/apr/future-wear; David L. Chandler, "AFFOA Launches State-of-the-Art Fa– cility for Prototyping Advanced Fabrics," MIT News Office, June 19, 2017, https://news .mit.edu/2017/affoa-launches-state-art-facility-protoyping-advanced-fabrics–0619。芬克和海斯在 2019 年底离开了 AFFOA，但芬克的 MIT 团队继续研究功能性纤维。

21. 芬克在美国出生，在 2 岁时随全家移民以色列。

22. Hiroyasu Furukawa, Kyle E. Cordova, Michael O'Keeffe, and Omar M. Yaghi, "The Chemistry and Applications of Metal-Organic Frameworks," *Science* 341, no. 6149 (August 30, 2013): 974.

23. 胡安·伊诺斯特罗萨 2019 年 8 月 23 日、8 月 30 日和 9 月 3 日接受笔者采访，2019 年 9 月 2 日、9 月 5 日和 9 月 25 日通过电子邮件回答了笔者提出的问题；College of Textiles, NC State University, "Researchers Develop High-Tech, Chemical-Resistant Textile Layers," *Wolftext*, Summer 2005, 2, https://sites. textiles.ncsu. edu/wolftext-alumni-newsletter/wp-content/uploads/sites/53/2012/ 07 /wolftextsummer2005.pdf; Ali K. Yetisen, Hang Qu, Amir Manbachi, Haider Butt, Mehmet R. Dokmeci, Juan P. Hinestroza, Maksim Skorobogatiy, Ali Khademhosseini, and SeokHyun Yun, "Nanotechnology in Textiles," *ACS Nano*, March 22, 2016, 3042–3068。

24. 2016 年，艾尔建将这项技术出售给了索弗根医疗（Sofregen Medical），这是塔夫茨大学另一家以蚕丝为主要原料生产医疗衍生品的公司。Sarah Faulkner, "Sofregen Buys Allergan's Seri Surgical Scaffold," MassDevice, November 14, 2016, www.massdevice.com/ sofregen –buys-allergans-seri-surgical-scaffold/.

25. Rachel Brown, "Science in a Clean Skincare Direction," *Beauty Independent*, December 6, 2017, www.beautyindependent.com/silk-therapeutics/.

26. Benedetto Marelli, Mark A. Brenckle, and David L. Kaplan, "Silk Fibroin as Edible Coating for Perishable Food Preservation," *Science Reports* 6 (May 6, 2016): art. 25263, www.nature.com/articles/ srep25263.

27. Kim Bhasin, "Chanel Bets on Liquid Silk for Planet-Friendly Luxury," Bloomberg, June 11, 2019, www.bloomberg.com/news/ articles/2019–06–11/luxury-house-chanel –takes-a-minority-stake-green-silk-maker.

28. Department of Energy Advanced Research Projects Agency (ARPA-E), "Personal Thermal Management to Reduce Energy Consumption

Workshop," https://arpa-e.energy.gov/?q=events/personal-thermal-management-reduce-building-energy-consumption –workshop.

29. Centre for Industry Education Collaboration, University of York, "Poly(ethene) (Polyethylene)," *Essential Chemical Industry (ECI)—Online*, www.essentialchemicalindustry .org/polymers/polyethene.html; Svetlana V. Boriskina, "An Ode to Polyethylene," *MRS Energy & Sustainability* 6 (September 19, 2019), https://doi.org/10.1557/mre.2019.15.

30. 斯维特拉娜·博里斯基纳 2019 年 7 月 30 日接受笔者采访，2019 年 8 月 15 日和 9 月 2 日通过电子邮件回答了笔者提出的问题。

索 引

（页码为原书页码，即本书页边码）

This index does not include the references. For a searchable reference list, see
https://vpostrel.com/the-fabric-of-civilization/references.

Page numbers followed by n or nn indicate notes. Artwork and figures are indicated by page number and "(fig.)"; photographs are indicated by page number and "(photo)"; tables are indicated by page number and "(table)."

图书在版编目（CIP）数据

文明的经纬：纺织品如何塑造世界 / (美) 弗吉尼
亚·波斯特雷尔 (Virginia Postrel) 著；张洁译. --
北京：社会科学文献出版社，2024.5
　　书名原文：The Fabric of Civilization: How
Textiles Made the World
　　ISBN 978-7-5228-3173-2

　　Ⅰ.①文… 　Ⅱ.①弗… ②张… 　Ⅲ.①世界史－文化
史 　Ⅳ.①K103

中国国家版本馆CIP数据核字（2024）第031303号

文明的经纬：纺织品如何塑造世界

著　　者 / ［美］弗吉尼亚·波斯特雷尔（Virginia Postrel）
译　　者 / 张　洁

出 版 人 / 冀祥德
责任编辑 / 周方茹　樊霖涵
文稿编辑 / 卢　玥
责任印制 / 王京美

出　　版 / 社会科学文献出版社·教育分社（010）59367151
　　　　　　地址：北京市北三环中路甲29号院华龙大厦　邮编：100029
　　　　　　网址：www.ssap.com.cn
发　　行 / 社会科学文献出版社（010）59367028
印　　装 / 北京盛通印刷股份有限公司

规　　格 / 开　本：889mm×1194mm　1/32
　　　　　　印　张：12　字　数：299千字
版　　次 / 2024年5月第1版　2024年5月第1次印刷
书　　号 / ISBN 978-7-5228-3173-2
著作权合同
登 记 号 / 图字01-2021-6523号
定　　价 / 89.00元

读者服务电话：4008918866